社会工作硕士教学丛书

XIANGMU PINGGU

SHEHUI GONGZUOZHE DE SHIJIAO

项目评估
——社会工作者的视角

张欢 王啸宇 著

中国社会出版社

国家一级出版社·全国百佳图书出版单位

图书在版编目（CIP）数据

项目评估：社会工作者的视角／张欢，王啸宇著．－－北京：中国社会出版社，2023.9（2024.10 重印）

（社会工作硕士教学丛书）

ISBN 978-7-5087-6917-2

Ⅰ．①项…　Ⅱ．①张…　①王…　Ⅲ．①项目评价－研究生－教材　Ⅳ．① F224.5

中国国家版本馆 CIP 数据核字（2023）第 111451 号

项目评估：社会工作者的视角

出 版 人：程　伟
终 审 人：李新涛
责任编辑：张　杰
装帧设计：时　捷
出版发行：中国社会出版社
　　　　　（北京市西城区二龙路甲 33 号　邮编 100032）
印刷装订：北京九州迅驰传媒文化有限公司
版　　次：2023 年 9 月第 1 版
印　　次：2024 年 10 月第 2 次印刷
开　　本：170mm×240mm　1/16
字　　数：252 千字
印　　张：17.5
定　　价：55.00 元

序言
PREFACE

社会工作是完善社会治理体系的重要一环。党的二十大站在推进国家安全体系和能力现代化的战略高度，对完善社会治理体系作出新的部署。2023 年 3 月，中共中央、国务院印发的《党和国家机构改革方案》中提出组建中央社会工作部，作为党中央职能部门，并要求省、市、县级党委组建社会工作部门。这是社会工作发展的时代要求。

社会工作发展的基础是社会工作人才队伍建设，社会工作专业硕士（MSW）培养是社会工作人才队伍建设的重要内容。本书《项目评估——社会工作者的视角》是在总结北京师范大学社会工作专业硕士项目中相关课程教学实践的基础上写作的一本教材，可供社会工作硕士（MSW）专业学位《项目评估》《社会工作项目评估》《项目管理和评估》等课程使用，也可以作为项目设计课程、项目规划课程、社会政策课程以及研究方法课程的参考书。在学习此教材之前，学生应该完成基础研究方法课程。

编写本书的目的是为学生展示项目评估需要的理论体系及知识，便于他们理解社会服务项目评估实践的过程和步骤。为此，我们努力实现两个目标：第一，让学生毕业后乐于参加受雇单位的项目评估活动；第二，让学生充分理解项目评估将帮助他们提高从事社会服务的有效性和热情。

项目评估是一项系统性的设计活动。无论一个机构提供的是社会服务、社会工作服务、公共服务还是志愿服务，服务提供者（或组织者）都会被要求进行合理、系统和清晰的评估。一方面，基于成效的问责，要求服务机构向资助者（购买者）证明所提供的服务项目是有意义的；另一方面，在考察成本、收益等具体指标的过程中，评估者能够找到更好的行动方案，帮助评估委托方（即服务机构）进一步提升服务质量。同时，社会服务项目之间也存在竞争，由于资金、人员等限制，只有效率最高且效果最好的项目才能被支持。拥有了项目评估知识，社会工作者及项目管理者就能够认识到项目评估的理论意义和实践价值，更深刻地领悟到社会服务的价值和真谛。在社会工作学习和实践中，问题和实践情境也激发我们去了解项目评估，探索提高项目服务质量的依据。

区别于工程项目评估，本书所撰写的项目评估，旨在对在社会服务领域、社会工作服务领域以及公共服务领域开展的项目进行评估。其中，提供服务的主体不局限于社会工作专业人士，也可以是由非营利组织、政府及其他服务主体提供的社会服务。项目评估的目的在于提升社会服务的效率、效益和质量。本书阐释的项目评估，可以是社会福利部门、社会服务机构或社会工作机构开展的项目评估，也可以是社会组织的等级评估，还可以是专门针对政府购买社会服务项目的评估（如社区矫正服务、老年人日间照料服务、家庭综合服务项目等）。此外，基金会、群团组织或其他出资人资助或购买的社会工作服务项目评估，如留守儿童教育、老年人服务、艾滋病干预项目等也包括其中。

本教材的编写以项目评估为核心，从社会工作者出发，面向研究生水平的社会工作专业学生介绍项目评估的内涵和过程，阐释项目评估的基本原理和方法技术，描绘项目评估的地图。学生可以在检索、阅读和理解专业评估文献的基础上，进一步学习高级评估课程。

社会服务领域引入项目评估的时间并不长，目前对于社会工作服务评估尚未形成体系，现有的评估方法还在不断探索和发展中。相应地，项目评估的教学模式也一直在摸索中。社会工作项目评估既是一门专业，更是一门科学。在社会工作服务实践迅猛发展的今天，我们应善用评估知识和方法，提升社会工作服务项目的科学性。因此，我们有必要了解项目评估的知识，提升项目评估的理论素养，为实务评估筑牢扎实的基础。

　　本书主要基于教学实践，在参考国内外资料的基础上进行编写，内容难免有疏漏之处，敬请广大读者批评指正。

张　欢　王啸宇

2023 年 4 月于北京师范大学

目录
CONTENTS

| 第三编 项目及评估设计 |

| 第四编　项目评估的基本形式 |

| 第五编　应用评估结果 |

图 目 录

表 目 录

第一编
项目评估的准备

　　在社会工作领域，越来越多的社会服务组织采用项目的方式开展工作。如今，项目已经成为被社会各个层面和领域广泛使用的一种工作开展方式。项目的主要特点是围绕某一明确目标，汇集所需资源，按计划在一定时间内有序完成。为了保障项目的有效实施及项目目标的充分达成，评估是不可或缺的工作环节。社会工作者必须了解项目评估的产生历史和发展脉络，并在社会服务实践中积极磨炼项目评估的技能（第一章）。社会工作是一种具有极高专业使命的职业，对职业伦理规范有着高度的要求。项目评估同样是一种专业化的活动，加之评估本身涉及价值判断，因此，评估者要遵守并加强伦理建设（第二章）。

第一章 导论：社会工作、项目和项目评估

　　项目虽然就本质而言是人类的基本活动之一，但人们对项目的认识和实践却同路而殊途。项目评估同样如此，不同领域及学科一定程度上各自发展出神同形异的项目评估体系。社会工作领域的项目评估虽然与其他领域的项目评估分享大量共同的理论、方法和技术等，但在对象、术语、规范和步骤等诸多方面均有自己的一套体系。本书作为针对社会工作者了解项目评估的入门指南，有必要首先界定清楚项目评估的范围。

　　如今，社会工作不仅在社会服务领域快速发展，也日渐成为一个完善的专业学科和一个社会性的概念。社会工作者在国家制度中被纳入专业技术人员范畴①，国家组织职业水平考试对其进行职业水平评价，这些措施使得社会工作专业人才大量增加。因此，无论从社会工作专业还是从社会工作者的视角来审视社会工作项目评估，逻辑脉络都相对清楚，同时也具有一定的实践操作性。

---

　　① 参见 2006 年 7 月 20 日，人事部、民政部联合发布的《社会工作者职业水平评价暂行规定》以及《助理社会工作师、社会工作师职业水平考试实施办法》。

第一节　社会工作

对于社会工作的定义，不同时期、不同地区的学者有不同的理解。从实践来看，社会工作活动也较为复杂和多样。因此，理解社会工作的内涵，有必要追溯社会工作的发展历史。

一、西方社会工作发展史

(一) 社会工作的起源

从"助人""人道主义""利他主义"等方面的行动和思想来看，社会工作在人类社会的早期就已经存在，但我们对社会工作的历史溯源一般自工业革命开始。工业革命所引发的工业化、市场化和城市化促进了社会的根本转型。这种革命性的变化，不仅极大地推动了生产力进步和社会发展，也造成了贫困、失业、疾病、犯罪等尖锐的社会问题。于是，向社会困难群体提供帮助便成为一种制度性需要 (顾东辉，2008)。

工业革命先行的一些国家最早开始了通过扶助困难群体解决社会问题的制度性尝试，这些制度性尝试既有基于国家和政府层面的实践，也有基于社会机构层面的探索。被认为对社会工作的出现和发展有重要影响的相关实践主要包括以下几项。

1. 英国济贫法

早在 1601 年，伊丽莎白女王执政时，英国为了应对因圈地运动引发的社会不安，就颁布了《济贫法》，该法案明确规定政府有济贫责任。同时，初步建立了救济行政制度及其工作方法。1834 年，议会通过了《济贫法 (修正案)》，又称"新济贫法"。基于《济贫法》规定的原则，英国还陆续颁布了一系列相关法律，不断完善社会福利制度。直到第二次世界大战后，英国在"福利国家"的思想下，1946 年和 1948 年先后通过《国民保险法》和《国民救助法》，《济贫法》才完全失去作用，并退出历史舞台。

虽然英国的《济贫法》无论在制度内容还是在执行过程中都存在大量不足，但其推行还是逐步将政府社会救助工作正式化、规范化，并影响了政府对社会福利的认识，将社会福利与解决社会问题、推动社会经济发展更深刻地联系起来。

2. 德国汉堡制和爱尔伯福制

德国也是工业化较早的国家，但因为德国统一较晚，所以是从地方层面开始尝试解决贫困问题的。1788 年，汉堡市开始实行所谓的"汉堡制"，在市中心设立中央办事处，综合管理全市救济业务。1852 年，爱尔伯福仿照并改良了汉堡制，提出"爱尔伯福制"，特点是有效吸纳地方人士义务参与，并注重救助和扶助，建立起有效的三级工作组织。

德国汉堡制和爱尔伯福制因为基于地方主办，能力有限，有其局限性，但是也因为如此，它们形成了助人自助、借重社会资源、倡导服务精神、重视调查研究等原则，对后来的社会工作产生了深远影响。

3. 英美的慈善组织会社

英国虽然采取了《济贫法》等制度措施，但在实施中并不尽如人意。另外，沿袭宗教传统，自 19 世纪早期，由牧师和宗教团体倡导就出现了各类社会福利机构。因为这些机构的私人属性，以及其资金来源于宗教或"做好事的人"，所以这些慈善性质的机构各行其是，出现了重复浪费甚至相互冲突的现象。1868 年，在牧师索里（Rev. H. Solly）的建议下，英国成立了慈善组织会社（Charity Organization Society，COS）。慈善组织会社对社会工作的影响不仅在于奠定了价值观基础，而且开启了个案工作的方法。1877 年，慈善组织会社扩展到美国。美国慈善组织会社的贡献是独立发展出了"科学慈善"（scientific charity）思想（卢成仁，2013）。

4. 英美的睦邻组织运动

在 19 世纪中期的英美慈善活动中，一些牧师和社会科学研究者开始倡导住进贫民社区从事贫民教育的理念。1884 年，牧师巴涅特（Samuel Barnett）在伦敦东区贫民区建立了首个睦邻组织"汤恩比馆"（Toynbee Hall）。1887 年，美国纽约出现了第一个睦邻组织"邻里协会"（Neighborhood

Guild)。1889 年，亚当斯（Jane Addams）在芝加哥建立了"赫尔馆"（Hull House）（卢成仁，2013）。睦邻组织运动将社会工作的视角从个人扩展到社会，同时也促进了群体和社区工作方法的兴起。

（二）社会工作的行业化和专业化

社会工作真正的确立，在于其从一种志愿性的工作逐步转变为行业性及专业性工作。这种转变主要发生在如下一些重要方面。

1. 受薪社会工作岗位

早期的社会工作事务主要包括由宗教人士或"好心人"从事的志愿服务，然而随着社会工作的发展，志愿人士无法提供足够可信赖的人力资源。19 世纪末，美国环境卫生委员会紧急救济署设立了第一个受薪社会工作岗位（Morales & Sheafor，1980）。之后，设立受薪岗位聘请有专业知识的人员来处理社会工作事务成为一种普遍的做法。

2. 社会工作专业训练和专业教育

纽约慈善组织会社有感于不受薪的"友善访问员"的不足，在 1898 年成立了纽约慈善学院（New York School of Philanthropy，NYSP），开办了一个为期 6 周的暑期训练班，训练"友善访问员"，并为其提供一定的薪水。同期，荷兰阿姆斯特丹成立了社会工作学院，开展社会工作专业教育。1910 年，美国哥伦比亚大学和芝加哥大学也开始建立社会工作专业，并设立相关理论和实操课程。随后，越来越多的大学成立社会工作系或社会工作学院。到 20 世纪 60 年代，社会工作专业已经形成包括学士、硕士和博士等多层次的社会工作教育体系。社会工作服务由经过专业训练的人员主导与实施转变为一种普遍的认知和实践做法。

3. 社会工作行业协会的成立

1919 年，美国社会工作学院协会成立。1942 年，美国社会行政学校协会成立。1946 年，美国社会工作教育委员会成立，并于 1952 年取代上述两个组织。1955 年，为了协调不同的专业组织，美国全国社会工作者行业协会成立。行业协会的成立，意味着"作为一个行业从业人员的社会工作者"与许多关心社会福利的志愿群体正式区分开来（Morales &

Sheafor，1980）。

4. 社会工作的反思和研究

19 世纪末出现的"科学慈善"已经开始要求关注社会工作的科学基础。1917 年，里士满（Mary Richmond）出版《社会诊断》（*Social Diagnosis*）一书，从专业性和学术性视角对个案工作进行了批判性反思。20 世纪20—30 年代，查德希（Mildred Chadsey）等人提出了"小组工作"理论和方法；20 世纪 30—40 年代，心理分析学派和功能主义学派开始影响社会工作实践，"人在情境中"等系统的社会工作理论和方法相继出现；20 世纪 50—60 年代，"过程理论"、危机介入模式、任务中心模式、"心理-社会"模式以及社区工作模式等理论纷纷呈现（范燕宁，2004），社会工作理论和方法随着实践的发展不断深化拓展。如此循环，对社会工作理论进行总结和实践反思，不断夯实社会工作专业活动的基础。

5. 社会工作专业标准的讨论

1915 年，弗莱克斯纳（Flexner）在美国慈善与矫治委员会会议上首次提出了社会工作专业 6 条标准：知识性操作、基于科学和学习的专业素材、实用而清晰的目标、可传授和沟通的技术、自我组织、动机利他，并基于此认为，当时的社会工作还不是一个专业，应向专业方向努力。1957 年，格林伍德（Greenwood）提出了社会工作专业的 5 个特质：系统化理论体系、专业权威、社区认可、伦理守则、专业文化，并认为社会工作已经成为一个专业。1972 年，托伦（Toren）提出，当时社会工作还缺少权威和社区认可，其他方面发展也不同步，因此属于准专业。1992 年，加文（Garvin）和特罗普曼（Tropman）基于知识体系、理论基础、大学训练、产生收入、对实践者专业控制、对专业活动内在道德或伦理控制以及可测量或观察的结果 7 项标准，认为社会工作既是专业也是非专业。社会工作是否为一个专业的长期讨论，表明社会工作一直在追求专业化，这本身也恰恰体现了社会工作的专业化性质。

（三）社会工作在世界范围内的扩展

社会工作在英国、美国发展的同时，也向世界其他国家迅速扩展。第二次世界大战后，西方国家纷纷建立起福利国家制度体系，社会工作获得了重要发展，甚至进入政府机构。例如，英国最早在各地方政府中设立了两级建制的社会工作机构。20世纪60年代，英国、美国、德国、挪威以及瑞典等国家，逐步形成了社会工作代理系统，由社会工作机构代理政府，充任社会福利的递送者（范燕宁，2004）。20世纪80年代之后，西方福利国家面临经济增长减缓、财政困难、政府失灵等多重挑战，普遍进行了广泛而持续的社会福利制度改革，强调引入市场机制、鼓励社会多元参与、加强个人责任等。社会工作因为其本身存在行业化和专业化性质，所以得到更大程度的重视和发展。此外，在吸收和借鉴西方发达国家经验的基础上，一些发展中国家和地区的社会工作也有了自身的发展。目前，世界上主要有两个国际性社会工作专业组织：一是国际社会工作者联合会（IFSW），目前有116个国家会员[1]；二是国际社会工作学校联合会（IASSW），会员包括436个社会工作学校，分布在近70个国家和地区[2]。

二、社会工作在中国的发展

（一）社会工作在中国早期的传播

中国古代社会就有慈善和互助的观念，历代王朝也有不少社会救助的官方行为和制度安排，如南朝梁武帝创办的"孤独园"、武则天时期创设的"悲田养病院"以及官府设立的义仓、社仓、广惠仓等，但这并未形成现代意义的社会福利，也没有发展成为社会工作。

社会工作进入中国与基督教会有关。20世纪初，一些教会大学最早引入社会工作。1913年上海私立沪江大学创立社会学系，1917年又建立"沪东公社"，开展社区社会服务工作（张敏杰，2011）。1922年，燕京大学创立了社会学系，侧重培养社会福利工作者（吴桢，1989）。其后，金陵大学、东吴大学、金陵女子文理学院、复旦大学、齐鲁大学以及清华大

---

① http://www.ifsw.org/.

② http://www.iassw-aiets.org.

学等高校先后开设了社会工作相关课程，并培养了一批本科生和硕士生。同时，在社会实践中也涌现出许多社会工作研究和行动探索。但是总体而言，因为当时战乱不休、社会动荡，社会工作并不发达。

（二）1949 年后社会工作专业的中断

1949 年新中国成立后，迅速建立起社会主义制度和计划经济体制。由于整个高校体系向苏联学习，1952 年院系调整时，社会学系和社会福利行政系等被取消，社会工作相关课程及专业人才培养也就此中断。与此同时，中国共产党自创立革命根据地及解放区起，就开始较为系统地开展民生和社会福利相关工作。新中国成立后，民政等政府部门和工会、青年团、妇联等社会团体延续了与社会工作相似的工作方法和内容。但在计划经济体制内，单位成为社会活动的组织单元，大量社会福利和社会服务事务依托单位完成，挤占了社会工作的空间。这些社会服务亦可称为行政性、非专业的社会工作（王思斌，2014）。

（三）20 世纪 80 年代后社会工作的发展

1979 年，我国恢复社会学学科建设，一些大学再次陆续开设社会工作、应用社会学等相关课程。1986 年，在北京大学的带头申请下，国家教委批准高等学校根据实际情况开设社会工作与管理专业，招收社会工作与管理相关专业的本科生和研究生。1991 年，民政部推动建立了中国社会工作者协会，并于 1992 年加入国际社会工作者协会。1994 年，开展社会工作教育的学校纷纷成立了社会工作教育协会。2003 年，一些高校在社会学或公共管理等学科下开始招收培养社会工作方向的研究生。可以说，改革开放后，中国社会工作的发展形成了"教育先行"的发展模式。

进入 21 世纪，随着我国市场经济体系的全面建立和经济的持续高速增长，经济社会发展失衡问题日益突出。在时代背景下，我国必须建立完善一套适合于市场经济体系和中国特色的社会福利体系，打造一支行业化、专业化的社会工作人才队伍，提高社会工作专业教育和研究水平。2006年，人事部、民政部联合发布了《社会工作者职业水平评价暂行规定》和

《助理社会工作师、社会工作师职业水平考试实施办法》，首次从国家制度上将社会工作者纳入专业技术人员范畴。2008 年，首次在全国范围内举行社会工作者职业水平考试。2009 年，国务院学位委员会办公室发布《关于开展社会工作硕士专业学位教育试点工作的通知》，自 2010 年开始招生培养社会工作硕士（MSW）专业学位。2011 年，中组部等 18 部门出台了《关于加强社会工作专业人才队伍建设的意见》。2012 年，中组部等 19 部门进一步制定了《社会工作专业人才队伍建设中长期规划（2011—2020年）》。自此，我国社会工作进入一个蓬勃发展、专业教育与社会实践相互促进、加快发展的新时期。

三、社会工作的内涵

（一）社会工作的基本内涵

首先，从以上社会工作在西方和中国的发展历史来看，社会工作与社会福利制度有着密切的关系，是一国社会福利体系的组成部分。多米内利（2008）称社会工作是"一种依赖国家的职业"。她虽然主要是针对英国社会工作实践作出以上结论的，但有其普遍意义。正是基于此，在一些国家，社会工作活动也被称为社会服务或社会福利服务。其次，社会工作并不是纯物质性的帮助，而是饱含着利他主义和人文关怀的服务。此外，社会工作强调专业性，是一种专业化助人活动，要求运用科学方法，对社会工作实践不断进行反思和研究。也正是基于此，项目评估成为社会工作必不可少的工作环节和业务内容。

（二）社会工作的要素

社会工作主要包含如下 5 种要素。

1. 社会工作者

社会工作者，常简称为社工，是提供服务和帮助的人，是社会工作的主体。社会工作者是社会工作首要的构成要素。纵观社会工作的发展历史，社会工作的发展主要是由社会工作者的发展推动的。

从我国社会工作实践来看，存在两类社会工作主体。一类是沿袭自计划经济和行政系统，实际从事社会工作的人员，包括政府中民政、人力资源和社会保障、卫健等部门中提供各类社会服务的人员，街道（乡镇）及基层社区提供各类社会服务的人员，工会、共青团、妇联、残联等人民团体和群众团体提供各类社会服务的人员等。这些人员开展的服务工作，包括部分管理工作，本质上都属于社会工作，因此，虽然他们大多运用传统的行政工作和群众工作方法，但也属于社会工作者，可称为行政性、非专业性或半专业性的社会工作者，简称行政性社会工作者。另一类是经过社会工作专业教育或培训，秉持社会工作价值观，运用社会工作专业方法，开展各类专业化社会服务的人员，他们可称为专业性社会工作者。在我国的社会福利体系中，两类社会工作者并存是一种长期存在的普遍现象。2006 年，我国社会工作者职业评价制度开始建立后，不仅专业性社会工作者普遍取得不同级别的社会工作职业资格，也有越来越多的行政性社会工作者取得职业资格。可以预见，随着我国社会工作者职业评价制度不断完善，两类社会工作者之间专业性方面的差别将逐渐消失。

2. 服务对象

社会工作的服务对象或工作对象，也被称为受助者，是社会工作的客体。服务对象是社会工作能够存在的前提，是社会服务的接受者，通过社会服务来满足自己无法满足的需要、解决自己不能解决的问题。但是，社会工作实践通常要求服务对象能够表达自己的意愿，采取行动与社会工作者互动。社会工作的成效以长期内服务对象生活状态的改善为衡量标准。

3. 价值观

社会工作是一种以价值为本的专业（Levy，1976）。美国社会工作者协会制定的《专业伦理守则》在前言就开宗明义地指出"社会工作专业的使命根植于核心价值观"（NASW，1999）。社会工作价值观是社会工作实践的灵魂，是社会工作者的精神动力。社会工作价值观的核心是利他主义（Altruism），包括尊重他人、助人自助、服务对象自决、换位思考和同理心以及保密原则等内容。在我国，社会工作价值观还应与社会主义核心价值观保持内在的一致。正是由于价值观的差异，社会工作与其他助人活动有所区别。

4. 专业关系

社会工作是一种助人自助的专业服务，基于服务对象对专业服务的需要，社会工作者会与服务对象频繁互动。虽然在助人自助的过程中，难免涉及物质帮助，但社会工作的核心是人性化服务，这种人际关系是一种专业关系，虽然不可避免地附带一定的情感联系，但社会工作者必须恪守专业关系的原则，紧密围绕预期的助人目标开展专业服务，避免因其他因素干扰服务的专业性。

5. 助人活动

社会工作始终围绕助人活动展开。所谓助人活动，是指社会工作者帮助服务对象达成某种目标的全部过程。社会工作直接指向满足服务对象未得到满足的需要或解决导致这种需要的满足无法实现的社会问题，因此，助人活动常表现为干预行动，即社会工作者通过对某些不合理或负面现象的干预，促使这些现象向服务对象期望的方向改变。

（三）社会工作的内容

社会工作作为一种助人自助的专业社会服务，可以从社会问题、工作对象和工作方法3个维度来理解其工作内容。

1. 社会问题

社会工作助人活动或干预行动最终都是指向特定的社会问题。正是由于存在某种社会问题，才导致服务对象的需要无法得到满足。在我国，社会问题主要包括相对贫困、疾病、婚姻家庭、残疾、失业、犯罪、吸毒、环境保护等。

2. 工作对象

社会工作的对象既包括不同类型群体，如老年人、妇女、儿童、青少年、外来务工者等，也包括不同场所，如院舍、学校、医院、企业等。

3. 工作方法

如今，社会工作的发展已经形成了一整套的工作方法体系，包括个案工作、小组工作、社区工作、社会工作行政、社会政策和社会工作研究等。

以上三个维度相互结合，构成了丰满立体的社会工作内容，见图1-1。

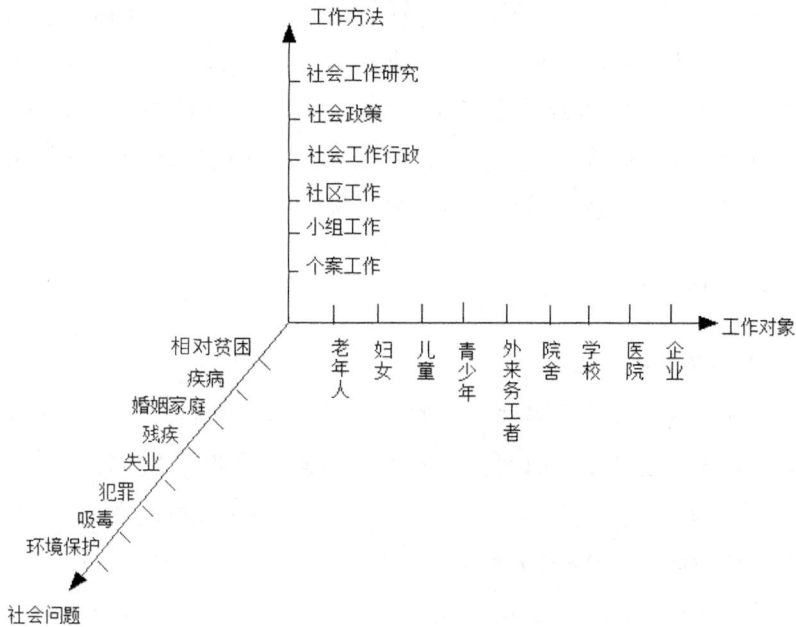

图1-1　社会工作内容

第二节　项　目

人类活动有两类基本形式：一类是连续不断、周而复始的活动，称为"运作"；另一类是临时性、一次性的活动，就是"项目"（张卓，2009）。20世纪以来，随着社会经济和科学技术的发展，人类活动规模不断扩大，为了更好地组织大规模的活动，人们开始深入探索如何运用科学方法提高管理能力和水平。在这一背景下，项目的概念逐步明晰。到20世纪70年代，随着项目管理科学的进步，项目被越来越多的领域、行业和组织所重视、采用，项目管理也成长为一门科学、一个职业，以及一种思想（张卓，2009）。当今世界，项目已经成为人们认识世界、改造世界的一种重要方式。

20 世纪 80 年代，随着利用世界银行贷款、按照国际惯例实行国际招标建设鲁布革水电站等工程的发展，项目管理的思想和方法等开始传入中国，项目的概念也传播到社会各个层面，并迅速得到广泛使用。时至今日，在中国，无论政府、企业还是社会组织，无论哪行哪业，从复杂如登月到简单如婚礼，都普遍采用项目的方式来开展。

一、项目的概念

（一）项目①的定义

虽然项目的类型多种多样、千差万别，但每个项目都是为了实现一定的目的，在既定的费用、时间、资源以及其他条件约束下，较好地完成一项活动。美国项目管理协会（Project Management Institute，2013）发布的项目管理知识体系（PMBOK）中，项目被定义为"为创造某种独特的产品、服务或成果而从事的临时性工作"。然而，这尚不足以阐明项目的概念，还需要从各种不同类型的项目所共有的特征中分析项目的内涵。

---

① 中文"项目"一词实际对应两个英文单词"project"和"program"。英文文献中，在项目管理领域，项目主要指 project，而在社会福利体系以及社会工作领域，项目更多使用 program。按照 PMBOK 的解释，project 是一个独立的项目，而 program 则是一个项目集，项目集可以由几个相关的项目组成。有人因此认为，project 指相对规模比较小的活动，而 program 指规模很大的活动，这显然是错误的。project 也可以规模非常大，如第二次世界大战期间，美国陆军部研制原子弹的计划——曼哈顿工程（Manhattan Project），也使用 project，而曼哈顿工程是人类历史上数得上的规模宏大的活动。program 也可以规模很小，例如社会工作领域，大量规模很小的个案工作也被称为项目。从中外社会福利及社会工作的实践来看，虽然广泛使用 program 而很少使用 project，但这些program 规模上无论是全国性计划，还是个案工作，层次上无论是政府部门还是小型社会工作机构，内涵上与项目管理领域的 project 是一致的。因此，本书认为，项目管理和项目评估中所指的项目是一致的，不作区分。

（二）项目的特征

1. 过程的一次性

虽然项目间有许多类同的地方，一些成功的项目还会引发后继的模仿者或复制者，甚至在某些领域存在开发多个相同项目甚至并行项目的工作方式，但对于每一个项目而言，都是一次性的活动过程，从项目开始到项目结束，可以有后继的二期、三期项目，但不会存在周而复始的循环式工作方式。

2. 活动的独特性

项目过程的一次性，意味着每一个项目都是独特的，具有特殊性。除极个别领域外，不存在两个完全相同的项目。每个项目都具有其独特的目标，进而在实施环境、约束条件、组织方式、活动过程等诸多方面有特殊之处。

3. 目标的明确性

每个项目都具有特定的目标，整个项目都是围绕这一特定目标而展开的。为了确保目标的达成，任何项目都会通过项目合同、项目章程或项目任务书等项目规范性文件阐述明确的项目目标。项目的全过程都将围绕这一目标展开。约束性目标又称为约束性条件，是指限制项目工作开展的客观条件和主观约束。项目的所有活动都受到项目约束性条件的限制，因而约束性目标是项目管理过程中的主要目标。

4. 资源的冲突性

项目存在的约束性目标必然导致项目的生命周期内总是充满冲突，并主要围绕对资源的竞争展开。由于冲突贯穿项目的始终，因此项目管理者必须高度重视和充分预见资源冲突的存在，掌握高超的冲突解决技巧。

5. 要素的依赖性

由于项目资源的冲突性，项目要素间相互依赖。一方面，为了达成约束性目标，项目所有要素关联的功效、费用、时间、技术等都紧密地联系在一起，相互影响，互为依赖；另一方面，为了实现成果性目标，项目内部的所有活动以及项目活动和组织内其他活动之间也相互依赖，必须统筹协调项目的所有要素，才能有效完成项目任务。

6. 项目的整体性（系统性）

项目所有要素间的相互依赖，使得项目必须是一个系统性的整体，项目目标的达成有赖于项目整体性的努力，而非简单的多项相关工作的叠加。

7. 结果的不可挽回性

因为项目是在一个约束性的条件下，围绕项目目标开展的多项相关工作系统性结合的一次性过程，所以其中任何环节或工作出现纰漏，造成的对成果性目标或约束性目标的影响也就无可挽回。

8. 组织的临时性和开放性

项目是以项目目标而非组织为核心的一次性过程，项目团队的构成完全为项目服务，虽然一个项目团队可以长期存在，不断实施不同项目，但就一个项目而言，项目团队是临时性的，随着项目的结束，相应的项目团队的使命也会结束。同时，项目团队也是开放性的，会随时根据项目本身的需要，增减团队人员。

（三）项目与运作的对比

除了归纳项目的特征，还可以通过对比项目和运作①两类活动来辨析项目的内涵。见表1-1。

表1-1　项目与运作的比较

比较内容	项目	运作
目的	特殊的	常规的
责任人	项目经理	部门经理
时间	有限的	相对无限的
管理方法	变更管理，改变已有惯例	保持连贯，保护已建立的惯例
持续性	一次性	重复性
特性	独特性	普遍性

---

① 运作（Operation）也称为日常运作（Ongoing Operation），以更明确与项目对比。

续表

比较内容	项目	运作
组织结构	项目组织	职能部门
考核指标	以项目目标为导向	效率和有效性
资源需求	多变性	稳定性
风险	不确定	相对确定
工作文件	运用预先制订的计划	运用标准化的作业指导书

二、社会项目与社会工作项目

因为项目是一种广泛使用的人类活动方式，所以在社会领域，项目也得到越来越广泛的应用。社会领域中的项目，可泛指为社会项目。因为对于"社会"及"社会领域"存在多层次的理解，社会项目的界定本身较为模糊。

首先，从广义的角度看，社会是相对于自然的存在，是与人相关的部分，以此可区别出人类社会和自然环境，于是任何与人相关的都属社会范畴。因此，只要是人类组织和参与的项目，都属于社会项目。显然，这是一个过于宽泛的界定，缺乏实践意义。

其次，在现代社会中，特别是在市场经济体系下，经济领域是人类活动的中心，而社会则是经济领域以外的人类活动的内容。之所以将经济和社会相对比，是因为现代社会市场经济体系下，市场机制不仅推动经济的增长，而且客观上也具有促进社会各个方面发展的作用，进而扩张渗透到其他领域。但是市场机制以效率为原则，也有其弊端，如市场的扩张难免造成和放大市场失灵的状况，酿成严重的经济和社会危机。对此，人们进行了深刻反思，认识到经济和社会有着不同的价值取向，社会活动的原则是公平、正义，必须采取不同于市场的机制开展社会活动。因此，社会项目就是指采用非市场机制的方式开展的项目，此类项目最终极的目的是在实现社会公正的原则下增进人类的福祉。

最后，当代社会从部门的角度把整个社会分为政府（第一部门）、市场组织（第二部门）及二者之外其他所有组织（第三部门）。第三部门是介于国家和市场之间的非政府组织、非营利组织、志愿组织等，可统称为社会组织，亦被视为社会部门。由此而言，由社会组织实施、参与的项目就属于社会项目。第三部门出现的背景是20世纪中后期，为矫正市场失灵实施的政府干预也出现了政府失灵的现象，为了解决市场失灵和政府失灵并存的困局，以志愿精神为原则的社会组织获得了普遍重视和高度发展。

从以上3个层次的理解可知，基于第三部门的社会项目相对于经济领域的社会项目范围更窄一些。实践中，人们更多强调社会项目以社会发展为直接目标的内涵，以上第二和第三层次对社会项目的理解常常被混杂使用。此外，近年来，随着社会的发展和进步，跨界融合的现象越来越普遍，例如，政府与私营和社会部门的合作、企业社会责任运动的深化、社会企业的出现和发展等，都使得社会项目的外延复杂化，呈现越来越丰富多样的图景。

本书侧重于从社会工作者的角度讨论项目评估，而社会工作者主要服务于各类社会组织，特别是社会工作服务机构，同时也就职于政府部门及其附属机构，甚至是营利性组织。因此，本书讨论项目采用一种既宽泛又严格限制的方式来界定社会项目。宽泛是指本书讨论的社会项目，虽然更多是指社会组织，特别是社会工作服务机构实施和参与的项目，但也不排斥由政府或企业主导的社会福利项目和社会公益项目。严格限制，是指本书所讨论的社会项目，是由社会工作者参与，并采用社会工作专业方法提供服务的项目。为了便于讨论，本书将所针对的社会项目统称为社会工作项目或社会工作服务项目。

第三节　项目评估

评估既是社会生活中一种广泛存在的活动，也已经成为一种专业工作。评估在社会工作领域同样占有重要地位，并主要表现为项目评估。

一、评估的概念

评估，在各级部门的工作中也常被称为调查评估，宽泛而言就是指评价、估量特定对象价值的优劣，以及为了准确而有效评价和估量所进行的了解、考察等工作，评估集实证性与规范性研究于一体。而作为一种正式的专业活动时，评估对于对象价值的判断必然被要求建立在严格的科学理论和方法之上，于是，科学地评估和科学研究具有内在的一致性，评估也常被称为评估研究。美国的《评估辞典》（*Evaluation Thesaurus*）指出，评估具有 4 个层次的含义（Scriven，1991）。

第一层次是最宽泛意义的评估，泛指所有评判某个对象好坏、优劣或价值多少的过程及其结果。通常包括如下步骤：其一，确定与所需要评判好坏、优劣或价值相联系的评判标准；其二，基于这些标准对被评估对象加以了解、考察；其三，对调查结果进行关联分析及综合处理，最终得到一个概括性的结论。显然，完成这一过程可能包含相当广泛的行动，如估价、分析、评判、检验、评级、督查、测算、回顾以及实验等。从这一层次的含义出发，可以发现，社会生活中到处都存在评估活动。基于此，所有以规范性判断为目标的活动都可以称为评估。

第二层次的评估指评估学科。一方面，由于评估的普遍性和重要性，现代科学体系必然高度重视评估，这无疑会促使评估逐步成为独立的学科领域，并最终发展成为一门单独的学科；另一方面，评估活动内在的要求不断应用社会科学和自然科学的前沿理论和方法，最终会促使评估本身科学化和学科化，最终成为评估学科。20 世纪 70 年代以来，评估或评估学成为许多高等学术教育和专业教育的重要课程；有一批学者专门从事评估研究；大量有关评估的专著和专业学术期刊出版；在一些大型的图书馆中，评估甚至被单列为一个类别；在美国，一些大学甚至设置有评估专业的研究生学位。因此，评估也常用于指代评估学科。Scriven（1991）归纳评估学科，将其分为项目评估、产品评估、人事评估、执行评估、可行性评估和政策评估六大领域。从学科性质而言，评估是一种交叉应用学科，应用各类社会科学及工程和自然科学（如经济学、社会学、政治学、管理学、心理学以及统计学等）的理论和方法于各类社会生活的评估活动。中国在改革开放后才开始向西方国家学习评估学科，目前高校中许多相关专业的本科、学术和专业研究生教育中开设了评估课程，吸引了不少学者研究和讨论评估问题，有关评估的专著和学术论文也在逐渐增多。

第三层次的评估指在评估学科指导下，由专业评估者开展的评估活动。评估的学科化与评估的专业化是同时进行并相互强化的。在西方发达国家，评估已经成为一种专业性行为。一方面，从事评估活动的人员普遍接受过系统的专业评估学科训练，或者接受过评估学科相关课程的教育或培训；另一方面，公共领域中的主流从业人员，也就是绝大多数评估活动的发起者、资助者、管理者和使用者，本身都接触过评估学科，很多人或多或少接受过评估学科相关课程的教育或培训，甚至同样经过系统的专业评估训练。这些公共领域的负责人自然而然地要求他们所主导的评估活动必须由专业评估者执行。同时，评估活动的专业化参与者又会将评估实践活动直接或间接地反馈回评估学科领域，并经过与评估学科相关的学术会议、学术论文、学术专著以及专业评估学术委员会的活动，强化评估学科本身的专业性、学术性和学科性。最终，专业性的评估活动成为社会中对评估认知的主流和权威，从而取代一般意义的、泛化的评估概念，成为对评估的现代意义的理解和解释。在我国，评估的专业化在深度和广度方面还存在不足。但是，越来越多的政府各级决策者和各类评估活动的组织者已经认识到专业性评估的重要性和必要性，评估活动的专业化正在越来越深入。

第四层次的评估特指专业性评估活动使用的方法和技巧等。评估活动的专业性本质体现在评估方法和技巧的专业性。这种方法和技巧，实际上是现代社会科学方法在评估实践活动中的应用，是以规范性判断为目标的量性、质性、社会实验以及准社会实验等一切科学方法和科学方法论的总称。在此意义上，评估与一般意义的社会科学研究除了目的不同外，并无根本上的差异，这也是评估被称为评估研究的原因。

以上 4 个层次评估含义的讨论，提供了一个从广义到狭义的如何理解评估的光谱。本书讨论的社会工作项目评估，是指由社会工作者主导或参与的、围绕社会工作项目开展的所有类型的专业性评估活动。

二、项目评估

项目评估是评估学科的六大领域之一。评估学科的发展与项目评估，特别是对社会项目评估的需求有着密切的关系。

（一）社会项目与项目评估

20 世纪初期，西方国家基于各种原因开始逐步增加社会发展类开支，公共教育、公共卫生及社会福利等领域都出现了政府主导的社会项目。相应地，政府开始重视社会科学研究，多种社会科学方法被应用于评价社会项目的活动（Freeman，1977）。20 世纪 30 年代的经济大危机和第二次世界大战，客观上促进了各国政府大力发展社会项目。第二次世界大战后，美国在城市发展、房屋建设、职业培训、社区规划、公共卫生以及国际发展等领域迅速启动了大量社会项目。与政府庞大的社会发展支出相伴而生的，是对社会项目实施结果认知的迫切需要。到 20 世纪 50 年代末，项目评估已经成为一种普遍而理所当然的实践，大量社会科学家开始从事各种类型的项目评估活动。项目评估不仅在发达国家被广泛运用，随着国际发展援助项目，在欠发达的亚洲、拉丁美洲和非洲国家也逐渐开展起来（Freeman et al.，1980；Levine et al.，1981）。

20 世纪 60 年代，在美国，大量旨在消除贫困的社会项目，特别是"伟大社会"（the Great Society）项目的实施，使得无论是政府还是社会公众都迫切要求采取有效的措施监控这些数量庞大的社会项目。为此，政府建立了项目规划系统（Planning-Programming-Budgeting System，PPB），以科学地规划、实施和评估社会项目。同时，美国联邦政府向教育及公共服务项目注入大量的资金，这也为社会项目评估的发展奠定了一定的经济基础（戴维·罗伊斯等，2018）。这种需求和实践不仅加速了评估研究的兴盛，也直接推动评估研究成为一门独立学科（Haveman，1987）。

20 世纪七八十年代以后，随着石油危机和滞胀，西方国家出现了对政府社会福利责任的质疑，投入社会项目的预算大幅缩减，大量社会项目被关停。为此，对社会项目成本-效用比的关注大为增加，项目评估进一步得到扩展和加强。Rossi 等（2004）认为，评估研究已经不仅是一门独立的学术学科，而且渗透于整个社会政策和公共行政领域，成为一种基本的思维模式和行动方式。无论是批评、削减社会项目，还是维持、调整社会项目，都离不开对社会项目的评估活动。于是，社会项目的争论与评估研究形成一种"钟摆式"（Chelimsky，1983）的互相促进模式。20 世纪 90年代之后，人们发现，尽管西方国家不断缩减政府所提供的社会项目，但是整体而言，社会福利开支并没有实质缩减，更多的只是不同社会项目之间的协调以及资金使用方式的调整（尚晓援，2007；巴尔，2002）。围绕社会福利制度和社会项目的争论，反而激发学者开始思考评估研究的重要性（Rossi & Freeman，1993）。

（二）社会工作项目评估

在社会工作发展早期，学者们就比较重视对实践的反思和研究，这种传统与评估具有内在的一致性。第二次世界大战后，发达国家普遍建立起覆盖较为广泛、保障水平较高的社会福利体系，社会工作作为一种专业化的服务，成为其中的重要组成部分。由于大量社会福利项目主要是社会工作项目，当社会福利项目被要求进行评估时，社会工作项目也面临同样的要求。然而，社会工作项目通常只提供服务而产出较少，或者很难达成具体有形的产品或结果，因此，社会工作项目受到诸多怀疑，评估就越发举足轻重。

社会工作项目评估可以追溯到 20 世纪 30 年代，当时发达国家（如美国）的一些地方政府尝试进行社会服务项目评估。随着社会福利项目的不断发展，项目的规模、实施方式以及效果等方面也受到诸多争议，这进一步促进了社会工作项目评估研究、方案比较及评估的制度化。到 20 世纪60 年代，几乎所有的社会工作项目都设置了评估的要求（Ginsberg，2005）。

　　社会工作项目评估与一般性社会项目评估相比较，除了都存在对项目争论与评估研究间的互相促进外，其特殊之处在于，社会工作作为一种专业性学科对评估有着内在要求，评估服务效果已成为当今社会工作实务的重要组成部分（Ginsberg，2005）。一名社会工作者除了自认为已经为服务对象尽心尽力以外，还必须量化所提供的服务及其结果，这是社会工作专业性对所有社会工作者提出的基本技能和实务要求。同时，社会工作机构也普遍面临同样的要求，即向公众、服务对象和资助机构等利益相关者书面证明其专业性及有效性。

　　我国的项目评估是在改革开放以后逐渐引入的，项目评估的理论和方法最先运用于投资决策实践。随着社会服务实践中应用效果的展现，项目评估不断发展，并逐渐规范化（何俊德，2015）。社会工作普遍以项目的方式开展服务。社会工作者基于项目的实施需求和自身的专业要求，必须开展或参与各类项目评估工作。因此，社会工作者必须熟悉并掌握项目评估的知识和技能。

参考文献

Chelimsky E. Program Evaluation and Appropriate Governmental Change. The ANNALS of the American Academy of Political and Social Science, 1983, 466（1）.

Flexner A. Is Social Work a Profession? Proceedings of the National Conference of Charities and Corrections at the Forty-second Annual Session, Baltimore, Mayland, 1915.

Freeman H. E., Rossi P. H., Wright S. R. Doing Evaluations. Paris: Organization for Economic Cooperation and Development, 1980.

Freeman H. E., Guttentag M. A. The Present Status of Evaluation Research. Evaluation Studies Review Annual, 1977, 2.

Garvin C. D., Tropman J. E. Social Work in Contemporary Society. Englewood Cliffs：Prentice-Hall，1992.

Greenwood E. Attributes of a Profession. Social Work，1957，2（3）.

Haveman R. H. Policy Analysis and Evaluation Research after Twenty Years. Policy Studies Journal，1987，16（2）.

Levine R. A.，Solomon M. A.，Hellstern G. M. Evaluation Research and Practice：Comparative and International Perspectives. Beverly Hills，CA：Sage，1981.

Levy C. S. Social Work Ethics. New York：Human Science Press，1976.

Morales A.，Sheafor B. W. Social Work：A Profession of Many Face. Boston：Allyn and Bacon，1980.

NASW. Code of Ethics. Washington. DC：National Association of Social Workers，1999.

Rossi P. H.，Freeman H. E. Evaluation：a Systematic Approach（5th ed.）Newbury Park，CA：Sage，1993.

Rossi P. H.，Lipsey M. W.，Freeman H. E. Evaluation：a Systematic Approach（7th ed.）. Thousand Oaks·London·New Delhi：Sage Publications，2004.

Scriven M. Evaluation Thesaurus（4th ed.）. Newbury Park，CA：Sage，1991.

Toren N. Social Work：the Case of a Semi-profession. London：Sage，1972.

Ginsberg L. H. 社会工作评估：原理与方法［M］. 上海：华东理工大学出版社，2005.

PMI. 项目管理知识体系指南［M］. 北京：电子工业出版社，2013.

戴维·罗伊斯，布鲁斯·A. 赛义，德博拉·K. 帕吉特. 项目评估：循证方法导论（第六版）［M］. 王海霞，王海洁，译. 北京：中国人民大学出版社，2018.

巴尔. 福利国家经济学［M］. 北京：中国劳动社会保障出版

社，2002.

丽娜·多米内利．社会工作社会学［M］．北京：中国人民大学出版社，2008.

范燕宁．社会工作专业的历史发展与基础价值理念［J］．首都师范大学学报（社会科学版），2004（1）.

顾东辉．社会工作概论［M］．上海：复旦大学出版社，2008.

何俊德．项目评估理论与方法（第三版）［M］．武汉：华中科技大学出版社，2015.

卢成仁．社会工作的源起与基督教公益慈善——以方法和视角的形成为中心［J］．华东理工大学学报（社会科学版），2013（1）.

尚晓援．中国社会保护体制改革研究［M］．北京：中国劳动社会保障出版社，2007.

王思斌．社会工作概论［M］．北京：高等教育出版社，2014.

吴桢．试论社会工作的职业化专业化［J］．江海学刊，1989（3）.

张敏杰．二十世纪中国社会工作的学科发展进程［J］．浙江学刊，2011（2）.

张卓．项目管理（第二版）［M］．北京：科学出版社，2009.

第二章 项目评估的伦理

无论社会工作还是社会工作项目评估，都有着较高的伦理要求。社会工作是一种具有极高专业使命的职业，因此对职业伦理规范有着高度的要求。项目评估同样是一种专业化的活动，并且评估本身涉及价值判断，因此，社会工作项目评估要重视伦理问题。

第一节 项目评估伦理概述

所谓伦理，是一种基于道德责任义务，主要处理人与人、人与社会以及人与自然之间关系的行为规范。西蒙斯认为，"伦理规定是社会成员（个人）在与他人交往时如何行动或行为的准则"（Shaw et al.，2006）。因此，任何涉及人与人之间交往的活动都涉及伦理。对于专业性强的活动，因为交往双方存在巨大的专业知识和信息差距，所以必须提出更高的伦理要求，即形成了专业伦理。无论社会工作还是项目评估，都是专业性活动，都有其专业性的伦理要求。

一、社会工作伦理

社会工作伦理是对社会工作者的伦理责任要求，是社会工作者的道德操守（王思斌，2014）。社会工作专业伦理的形成与社会工作的行业化和专业化相伴而行，并被普遍认为是社会工作成为专业的标准之一。虽然不同国家的社会工作者协会大多制定了各自的伦理守则，但其基本内容具有一定的通用性。以美国社会工作者协会（National Association of Social Workers，NASW，1999）制定的伦理守则为例，其主要包括 6 方面内容。

（1）社会工作者对服务对象的伦理责任：把服务对象的利益放在首位，特别应保障缺乏行为能力的服务对象的权益；尊重和推动当事人的自决权；知情原则；基于能力谨慎提供服务；尊重文化和社会多元性；警惕和避免利益冲突；尊重隐私和保密；尊重服务对象获取记录的权利；避免与服务对象发生性行为，确保与服务对象身体接触的恰当性；不得使用诽谤性语言；公平合理地收取服务费用；确保服务的延续性；妥当地安排服务终止等。

（2）社会工作者对同事的伦理责任：尊重同事；保密；妥善处理与同事间跨学科合作时产生的争议；公平处理涉及同事的争议；积极向同事咨询；坚持服务转介的原则；避免与同事发生性关系或性接触导致利益冲突；不得对同事实施性骚扰；在同事工作能力受损或不能胜任工作时，尽可能提供帮助或采取适当行动，弥补工作损失；同事操守有悖伦理时，应采取恰当行动等。

（3）社会工作者对工作机构的伦理责任：提供力所能及的督导和咨询；担负教育和培训的责任；公平审慎的绩效评估；准确、充分、及时、妥善保存服务对象记录并保密；订立恰当的收费方式；妥当移交服务对象；社会工作行政人员应积极获取和公平分配资源；提供继续教育和员工发展机会；信守对雇主承诺；组建或加入工会，以专业价值观和伦理为前提处理劳资争议等。

（4）社会工作者作为专业人员的伦理责任：持之以恒提高能力，竭尽所能为服务对象提供服务；不得有歧视行为；不因私人因素干扰专业任务；不得参与、纵容或涉及不诚实和蒙骗行为；不得因个人因素影响专业判断和表现；不得误导他人自己的能力资格和授权范围；绝不诱导或操纵服务对象；公正归属功劳等。

（5）社会工作者对社会工作专业的伦理责任：具有高度专业诚信；坚持开展与促进评估和研究；坚守评估和研究的伦理原则等。

（6）社会工作者对全社会的伦理责任：促进社会福利；参与社会政策制定；在紧急公共事件中尽其所能提供专业服务；投身促进社会福祉和正义的社会和政治行动等。

从以上 6 方面内容看，除个别受特定政治背景影响的条款外，基本囊括了所有社会工作者共识的伦理责任。

早在 20 世纪 90 年代，中国社会工作者协会就制定了《中国社会工作者守则》，包括总则、职业道德、专业修养和职业规范四部分（中国社会工作者协会，1994）。该守则反映了中国国情下大量对社会工作者的伦理要求内容，但不够详细明确。近年来，一些地方开始尝试制定更细致的社会工作者守则，在此过程中，更符合中国实践的社会工作伦理也逐步得到完善。以北京社会工作者协会 2015 年制定的《北京社会工作者职业道德守则》为例，该守则涵盖 7 章 26 条，包括总则及处理不同关系的基本原则，内容有尊重服务对象、信任支持同事、推动机构发展、提升专业素养、维护专业形象以及促进社会和谐等方面。

二、项目评估伦理

作为专业性活动的评估与社会科学研究具有内在的一致性，因此项目评估伦理就是社会科学研究的伦理。

科学研究作为一种社会活动，需要遵循社会道德要求。当科学研究活动直接涉及与人相关的行为时，就需要建立直接约束这种行为的特定的道德规范，即科学研究伦理。早期的科学研究活动并未系统性强调研究伦理，自第二次世界大战中发生以研究的名义进行人体实验的暴行后，人们开始重视和强调科学研究的伦理问题（Loue，2000）。1946 年的《纽伦堡法典》和 1964 年的《赫尔辛基宣言》系统明确了科学研究伦理的基本原则和机制。《纽伦堡法典》和《赫尔辛基宣言》主要针对的是医学研究，然而社会科学研究中同样存在大量与人直接相关的工作，因此伦理研究也迅速得到重视和强调。20 世纪 70 年代后，在全世界范围内，越来越多的大学开设科学研究伦理课程，其中一些大学把伦理研究列为必修课程。许多大学和研究资助机构设立专门的研究伦理委员会或类似的机构，负责审查和监控每一项研究是否符合相关伦理要求。20 世纪 90 年代以来，随着我国同世界各国合作项目的增加，以及对西方社会科学研究理论和方法学习的深入，中国社会科学领域也逐步接纳了研究伦理原则及机制（黄盈盈、潘绥铭，2009）。

研究伦理不仅是一项明确的道德和制度要求，更是顺利完成研究过程，有效实现研究目的的根本保障。社会科学研究以社会为研究对象，需要人的参与，只有坚持研究伦理，才能保护参与者的积极性，确保研究过程的可靠和顺利进行。同时，社会科学研究的目的是促进社会的发展，让每个人受益。如果研究过程本身都不能确保参与者的利益，又怎么能让人相信它以促进个人和社会的发展为目的呢？因此，只有坚持研究伦理原则，规范研究者的研究行为，才能够保障社会科学研究本身的健康发展。

美国 1978 年发布的《贝尔蒙特报告》[①]，确定了以人为对象的科学研究中应遵循尊重、有益和公正三个伦理原则。虽然当前各界对《贝尔蒙特报告》有一些批评，认为研究伦理有必要扩展对文化、性别、种族以及地理等差异的考虑（Shore，2006），但该报告仍是研究伦理的基础。

（1）尊重原则。尊重原则即尊重个人，包含至少两个道德信条：第一，尊重个人的自治权；第二，保护丧失自治力的个人。

（2）有益原则。有益原则也称为善行，可理解为超出义务的仁慈或慈善的行为。在科学研究中，"有益"是一种必需的义务，它要求首先不伤害他人；其次要尽可能为他人增加获得的益处，减少潜在受到的害处。

（3）公正原则。公正原则强调如何分配科学研究带来的好处和如何承

[①]　National Commission for the Protection of Human Subjects of Biomedical and Behavioral Research, Department of Health, Education and Welfare (DHEW) (1978). The Belmont Report. Washington, DC: United States Government Printing Office.

担科学研究的责任问题。公正问题长期以来与社会实践相关。需要承认，科学研究带来的好处更多被社会优势群体所享受，而研究对象更多是困难群体。公正原则要求平等地对待双方，无故拒绝应受益者或过度地施加责任都是不公正的。因此，在项目评估中不应过度使用这些不可能享受科研成果的社会困难群体，也不能将项目评估带来的好处只给那些有支付能力的人。

以上原则在具体的科学研究中主要体现为如下一些要求。

（1）知情同意。知情同意指要尽可能让参与者有选择是否应参与某项研究的机会。公认的同意过程应包括3个因素：信息、理解及自愿。

信息指要公开研究的目的、过程、潜在的危险和预计的好处以及如何挑选对象、实验负责人等信息，以使研究参与者了解足够的情况，告知参与者有提问的机会以及可在任何时候退出研究等。

理解强调传达信息的方式方法和信息本身同样重要。因此，必须基于对方的能力决定传达信息的方式，让参与者充分理解所传达的信息是研究者的责任。如果参与者无相应能力，则要善于利用第三方帮助理解参与者的情况，捍卫他们的切实利益。第三方还应有机会参与决策，以便基于参与者的切身利益考虑是否让其退出研究。

自愿，即参与者完全自愿参与研究，通常是以签字的书面形式确认，但也可以采用口头同意的形式。完全自愿要求不能强迫或过分地影响参与者，如采用蒙骗、恐吓及其他不正当手段让对方屈服，或者利用自身的特殊优势攻击对方的脆弱性等。

（2）评估风险和好处。研究者开展一项研究前，必须先审慎地权衡风险和好处，以此判断研究设计是否合理。如是否给参与者带来潜在的危险、参与者是否能够参与研究等。其中，风险指可能造成的伤害，好处指对健康或福利有益的东西。研究会影响参与者本人、他们的家庭以及社会或特定社会团体，预期的好处应超过潜在的危险。其中，又以对参与者的直接影响为首要考虑因素。研究者首先要保护参与者免遭伤害及利益损失。

（3）公正地选择参与者。选择参与者应具有公正性，包括选择程序、实施方式以及遵循特定的优先顺序等（如成人先于儿童）。如果选择参与者本身因社会问题而存在不可避免的非公正性，研究者亦应考虑参与者的平等分布。如果由于社会因素导致某些群体更容易被不断挑选为参与者或承受过多负担，研究者应采取措施给予他们更多保护。

（4）匿名和保密。社会科学研究不要求掌握个别参与者的个别现象，所以研究者必须尊重参与者的隐私权。研究者应在研究程序和实施等方面采取积极措施严格进行匿名和保密研究。研究者还应主动向参与者承诺并始终坚持保密的原则。这样也可以消除参与者的顾虑，促使他们更积极配合，从而提高研究质量。

（5）不伤害参与者。除了在研究前要评估风险，保护参与者免遭伤害以外，在研究过程中及研究完成后，研究者也要始终保护参与者免受身体和心理的伤害。研究者和参与者之间是一种特殊的专业性关系，研究者对参与者具有高于一般社会人际关系的伦理责任。对此，研究者应当时刻警惕自身言行，宽容对待参与者，严守对参与者的承诺，设身处地为参与者考虑，以避免伤害性言行。

此外，研究伦理还包括坚持研究的客观性，不得剽窃、不当引用他人成果，禁止伪造、修改研究数据，要客观分析研究数据、如实呈现研究结果等。

第二节　社会工作项目评估伦理的内容

社会工作项目评估伦理，既要遵循对社会工作者的伦理要求，也要遵循项目评估的伦理原则。社会工作项目评估虽然包括多种形式，但都遵循基本的步骤或环节。相应地，在社会工作项目评估中不同的步骤或环节会涉及不同的伦理内容和要求。本节采用 Ivanoff & Blythe（2012）划分的 7 个步骤，分别讨论相关的伦理内容（如图 2-1 所示）。

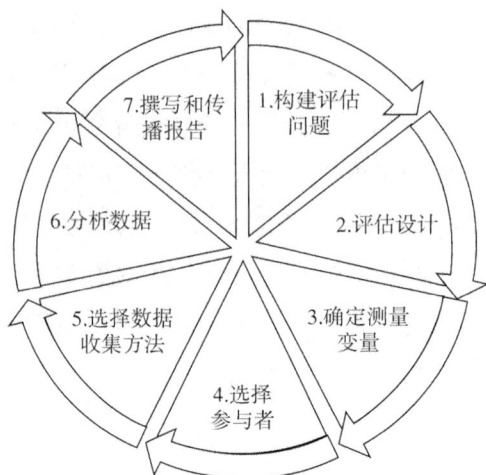

图 2-1 项目评估伦理内容的框架

一、构建评估问题

任何项目评估都有着明确的目的，这一目的可归纳为评估问题，即项目评估活动起始于一种疑惑，结束于较为圆满地解答了这种疑惑。确定评估问题对于项目评估至关重要，构建错误的评估问题意味着整个项目评估工作丧失意义而彻底失败。构建错误的问题也被称为第三类错误，德鲁克认为这是最严重的错误。

评估问题一定程度上取决于评估活动的发起者和组织者，但因为社会工作是一种助人自助的专业性社会服务，所以对于社会工作项目而言，构建评估问题必须考虑如下一些要求。

第一，评估问题是否对项目参与者有直接或间接的益处。虽然社会工作项目类型多种多样，但无论什么项目，都需要秉承践行社会正义、服务大众及服务对象的宗旨，以服务对象的利益为重，优先考虑服务对象的需要，尽力让项目的所有利益相关者受益。评估一个社会工作项目，无论是基于总结性目的还是形成性目的，应与项目的目标具有内在一致性，同样应以项目参与者的利益为优先考虑，至少不会损害项目参与者的利益。

第二，评估问题是否对社会工作的专业知识基础有贡献。不同国家的社会工作者守则虽有差异，但都强调研究的重要性，即以证据为基础开展服务工作。《中国社会工作者守则》不仅对社会工作者的专业修养提出要求，而且强调工作中重视调查研究，并通过不断的调查研究提高社会工作的服务水平。项目评估的过程也是社会研究的过程。无论项目评估的直接目标是什么，都蕴含着生产知识的目标。如果项目评估不能直接或间接使项目参与者受益，那么至少必须对社会工作的专业知识有贡献。

第三，评估问题是否有助于提高评估者的评估能力和水平。项目评估不仅依赖于专业的理论、知识和方法，也是一种专业技能。项目评估者最终只有通过专业实践，才能真正熟练掌握评估技能。这就意味着每个项目评估都需要考虑所承担的评估人才培养的任务。当然，如果一个项目评估考虑了在评估过程中训练评估者的专业能力，就必须确保不会因此而对项目参与者造成损害。

总之，无论基于对项目和评估参与者的责任，还是基于对整个社会工作专业共同体的责任，都必须审慎地选择评估问题，确保这个问题确实值得调查研究，并且在可信和有效的基础上，所发现的研究结果有意义、具体且具有实用性。

二、评估设计

评估设计指根据评估问题，选择最为适宜的研究策略和研究方法，以确保能够有效完成评估工作。评估设计是项目评估伦理关注的主要环节。

评估设计多采用经典实验设计方法，将研究参与者随机分配为两组，即实验组和控制组，两组均需在项目实施前同时测量项目目标变量，然后只有实验组实施项目活动或干预，而控制组不进行干预，项目完成后再同时测量两组项目目标变量，以比较项目活动或干预的效果。这种实验设计可以有效鉴别出如果发生了改变，是否真的是由干预引起的。然而，在这种设计下，对于控制组而言，其中参与者同样面临特定问题的困扰或需要无法得到满足的困境，他们参加了项目，却被置之不理，这样是恰当的吗？

解决以上伦理问题的主要策略是，如果研究结束后证明实验组确实比控制组的效果好，那么如果控制组同意，就应该获得与实验组已经接受过的同样的干预。如果评估设计了这样的安排，并得到有效实施，那么就不存在违背评估伦理的问题，因为控制组同样获得了干预，只是稍晚一些。当然，采用以上策略前还应慎重考虑，以上这种干预的延迟是否会对参与者造成严重甚至致命的损害。如果存在严重损害，就有必要重新考虑如何设计评估方案。

评估研究中常常使用将参与者随机分配到不同的治疗组的方法，但使用这种方法的前提是对于多种可选治疗方法间效果的差异存在真实的不确定性。这一原则意味着，社会工作者应该尽自己所知所能向服务对象提供最优的干预，如果明知某种干预方式的效果要差于另一种却还将之用于服务对象，或者明知存在效果更好的第三种干预方式，却仍使用原有的两种干预方式，这样均有悖评估伦理。

三、确定测量变量

评估设计后，就需要明确在评估研究中测量哪些变量。对于许多项目而言，项目目标已经包含了产出变量，它们也自然是项目评估所需测量的变量。但对于一些项目而言，项目目标并没有直接提供可供评估测量的变量，此时就需要构建评估的测量变量。本书将在后文具体讨论如何构建测量变量。这一步骤所涉及的伦理问题主要是测量的方法或工具存在明显的偏见，如在性别、年龄、文化背景、民族、性取向等方面对特定群体有意或无意的歧视。社会工作者需要更深刻地理解当今社会多元化的趋势，相应地，社会工作项目服务的服务对象及所涉及的其他利益相关者也越来越多样化。对此，非歧视原则和尊重多样性原则是社会工作者应坚持的重要伦理原则。因此，在确定评估测量变量及测量方法时，必须审慎地考虑是否尊重了个体差异性。

另一个社会工作者需要关注的是研究的客观性。评估过程本质上是一个研究过程，确定评估测量变量亦需要严格遵循研究的客观性要求。首先尽可能开展文献调研，依据文献和理论来确定评估测量变量，其次再进行测量和检验，而非先研究各种变量，再从中挑选出"显著的"变量作为评估测量变量。此外，变量的测量仅针对变量本身，直接反映变量的实际状况，而绝不能要求或诱导评估参与者直接提供对于回答评估核心命题的"有价值的信息"。

四、选择参与者

在一个项目中，社会工作者总是希望研究的结果具有普遍意义，因此，如何选择能够代表总体的样本就显得至关重要。不同项目评估的样本选择过程会有较大差异，其中涉及的伦理问题主要是如何选择参与者。选择参与者的方法不当会影响数据收集的质量和研究本身的真实性。在这一过程中，所涉及的伦理问题主要是如何在保证研究科学性的基础上维护参与者自身的权益。主要包括如下几方面的问题。

（一）知情同意

在参与者参与评估之前，项目评估者有义务让每一位参与者充分了解项目的研究目的、过程以及评估对参与者可能造成的影响。参与者在了解项目评估的这些信息之后可自主选择是否参与评估过程，一般项目评估者还必须和参与者签订知情同意书。

（二）保密和匿名

社会工作强调每一个服务对象都是平等的，需要尊重其尊严和权利。保密原则是社会工作者伦理守则中重要的部分。在评估开始之前，项目评估者应该向参与者完整解释保密原则，并以口头或书面的形式向参与者作出保密的承诺。匿名与保密密不可分。在对某些项目的评估中，评估者并不需要去了解和曝光参与者的个人信息，因此，匿名本身就使参与者处于"安全"的状态。评估者在采用访谈法时如果无法匿名，那么就需要向参与者承诺保密，使参与者感到安心。保密的承诺本身有助于提升参与者回答问题的客观性，因此，保密不仅是伦理要求，也具有实用的价值。

（三）自愿参与

评估者不得以贿赂、欺骗和其他任何形式的胁迫手段强迫参与者参与评估过程。不得贿赂，即评估者在招募参与者的过程中所许诺的补偿不得对潜在的参与者形成诱惑。此外，在评估过程中，评估者在不得已（确实有教育、科学方面的实用价值，没有其他办法）的情形下采取某种程度的蒙蔽是可以接受的，但评估结束时，评估者必须告诉参与者整个过程真实的情况。评估者要尊重参与者的选择意愿，不得以任何形式的胁迫手段逼迫参与者参与评估过程。

评估者应充分认识到，对于某些类型的项目，或对于某些对象群体，社会工作者及评估者天然具有一定的地位或权力优势。此时，评估者更应该采取主动行动，确保参与者的自愿性。

五、选择数据收集方法

确定好参与者后，评估者要着手准备收集数据，在这一过程中通常用到的方法包括观察、访谈以及非接触性的方法等。数据收集方法的选择不仅要从评估或研究目的本身出发，而且要考虑选择收集数据的方式是否会对参与者造成伤害。例如，社会工作项目常常服务有污名性质的对象，如有服刑经历的青少年、艾滋病患者、吸毒或酗酒者等，当评估者在工作时间拨打这些服务对象的电话或使用其他隐私信息，且被其他无关的同事无意听到或获知时，就泄露了参与者的个人隐私，继而会对参与者的利益造成损害。

确定了数据收集方法后，评估者在选择调查员时也需要格外注意。如果调查员有一定的权威，会影响参与者享受某项资源，那么参与者可能会作出违背自己意愿的选择。在评估过程中，参与者回答问题也会以调查员的回应为依据，这样不仅有违伦理原则，而且会影响数据的客观性。

数据收集时间过长也会增加参与者隐私泄露的风险，因此评估者在与参与者签订知情同意书时，需要告知参与者数据收集的时间范围和频次。

六、分析数据

社会工作项目评估要求评估者具有相应的资质和经验，能够熟练掌握和运用科学的研究方法，采用适当的方法对所有收集到的数据和资料进行分析。

在有些项目评估中，收集完数据后，评估者可能希望交由其他专业数据分析人员外包或者接管分析数据的任务。此时，需要注意，承担数据分析的人员是否对整个项目的过程和细节有充分的了解，是否会出于功利性的原因，以评估者的研究假设为依据，故意排除负面的以及不符合预期的数据，进而使数据分析结果符合项目评估的研究假设。如果出现这种做法，是与社会工作项目评估的客观性和真实性原则相违背的，是严重的不端行为。

另外，在分析数据时需要注意的问题是评估环境带来的伦理困境。评估者经常会遇到以下情况：评估者个人对某一理论存在偏好，影响了对数据的分析或对数据分析结果的解释；评估者迫于资助方的压力，会在数据分析结果的真实性呈现方面作出权衡；评估者受到学术共同体及同行评价的压力，更多倾向于寻找和报告正面的发现。这些评估环境问题往往在无形中给评估者施加了很大的压力，导致评估者为了支持预期的假设而作出篡改数据、修改资料等违背评估伦理的不端行为。

七、撰写和传播报告

在完成评估资料的收集和数据分析工作后，项目评估者就进入了撰写评估报告和传播评估发现的阶段。在这一步骤中，评估者主要面临以下伦理要求。

第一，社会工作项目评估者在一个项目评估完成之后一般会马上投入新的项目评估，于是经常忽略呈现最后研究报告的重要性。根据社会工作和项目评估的专业伦理，社会工作项目评估者对项目、同事或同行、社会工作职业或行业、国家社会福利体系等都具有不可推卸的责任。评估结果的撰写和分享不仅有利于提升社会工作服务的质量，也有利于推动相关的政策变革及制度变迁，产生对所评估的社会工作项目有利的资源分配机制和宏观政策环境。如果缺乏最后的评估报告的陈述及传播，可能会对项目的参与者造成伤害。

第二，社会工作项目评估者可采用的评估结果传播途径主要包括报刊、书籍、传单、海报、感谢信、地方会议等形式。在选择传播方式时，评估者要充分考虑项目评估及评估报告的目的和目标受众的需求。在传播过程中，由于有些敏感群体并不希望别人知晓自己的状况，社会工作者要始终保护参与者的隐私，避免他们在这一过程中受到伤害。

第三，社会工作项目评估者经常会同时面对多方利益相关者，一般包括项目参与者、政策决策者或执行者、项目评估委托者或赞助者等。充分考虑不同利益相关者的需求，才能尽可能使委托评估者以及受到评估影响的人获益（Dataa，2000）。项目管理者考虑的是效率；员工寻求的是服务提供过程中的帮助；服务对象需要的是有效的和合适的服务；社区成员需要的是符合成本-效率原则的项目（波萨瓦茨、凯里，2014）。如何平衡多方利益相关者的利益，特别是存在利益相关者利益交叉甚至冲突时，是评估者必须面对和解决的问题。项目资助者可能对某一项报告的内容不满意，或者对评估者撰写评估报告或解释评估结果的方式不满意，这大大增加了评估报告撰写及传播的复杂性。美国社会工作者协会制定的伦理守则规定："社会工作者应准确地报告评估结果和研究发现，不能伪造或曲解结果，如果经过标准程序出版的评估报告中出现错误，应及时采取行动校正。"如果评估者将符合社会工作伦理但与资助方或评估委托方意愿相违背的评估结果或研究发现如实报告，就可能危及社会工作者的生存与发展，而不进行报告和传播，又与社会工作和项目评估的职业精神相违背。同时，社会工作专业伦理要求社会工作者能辨别潜在的利益冲突、识别冲突的发展态势，在解决利益冲突时能够将服务对象的利益放在首位。在现实情况中，当社会工作项目评估者面临多方利益相关者利益差异时，首先，应选择对所有利益相关方均有利的方案；其次，应更多从服务对象的利益出发平衡评估结果；最后，应充分考虑社会工作专业和行业的长远发展利益。总之，社会工作项目评估者同样应高度理解评估的政治性原则（Chelimsky，1997），最大限度地保障评估报告的撰写和传播得到不同利益相关方的认可和理解。

本章讨论了影响社会工作项目评估的伦理因素。在实际的项目评估中，社会工作者会遇到各种各样的伦理困境。这需要社会工作项目评估者了解每一个评估步骤中存在的伦理难题，从理论和技能等方面做好准备，保障社会工作项目评估的专业性。

参考文献

Chelimsky E., Shadish W. R. Evaluation for the 21st Century. Thousand Oaks：Sage，1997.

Dataa L. Seriously seeking fairness：Strategies for crafting non – partisan evaluations in a partisan world. American Journal of Evaluation，2000，21.

Ivanoff A., Blythe B. E. Program Evaluation for Social Workers. In Rechard, M. Grinnell, J., Gabor, P. A., & Unrau, Y. A. Social Work Research and Evaluation：Foundations of Evidence – Based Practice. New York：Oxford University Press，2012.

Loue S. Textbook of Research Ethics：Theory and Practice. New York：Plenum，2000.

NASW. Code of Ethics. Washington. DC：National Association of Social Workers，1999.

Shore N. Re-conceptualizing the Belmont Report：A Community－based Participatory Research Perspective. Journal of Community Practice，2006，14（4）.

Shaw I. F., Greene J. C., Mark, M. M. Handbook of Evaluation：Policies, Programs, and Practices. London：Sage，2006.

埃米尔·J. 波萨瓦茨，雷蒙德·G. 凯里. 项目评估：方法与案例

（第 7 版）［M］．于忠江，译．重庆：重庆大学出版社，2014.

黄盈盈，潘绥铭．中国社会调查中的研究伦理：方法论层次的反思［J］．中国社会科学，2009（2）．

王思斌．社会工作概论［M］．北京：高等教育出版社，2014.

中国社会工作者协会．中国社会工作者守则［J］．社会工作研究，1994（5）．

第二编
项目评估的基础知识

　　了解了项目评估的产生背景，接下来需要掌握项目评估的一些基础知识。项目评估是一种以问题为导向的专业实践活动，这就决定了项目评估的实践具有相当强的灵活性。评估者为了完成评估目的，可以根据评估背景、评估对象以及所具有的各类评估条件，灵活地采用各种工具（第三章）和方法（第四章）开展评估工作。然而，项目评估作为一种专业活动，也必须遵循现代社会科学的基本规律和方法。甚至，当排除目的差异后，项目评估与科学研究在过程和方法等方面并无根本的差异。因此，在研究社会工作项目评估过程前，有必要先了解一些项目评估的基础知识。

第三章　测　量

评估是集实证性与规范性内容于一体的实践过程。因此，评估的基础是客观事实。然而作为真实世界存在的客观事实必须作用于人们的主观意识，这样才有可能被人们认知和理解。科学研究表明，人们可以通过观察认识真实世界，进而不断获得对真实世界的一般性理解，即不断逼近真理。由于观察本身有更宽泛的含义，所以研究者更常使用测量一词来指代基于描述客观对象或事件的目的，对真实世界进行的认真谨慎、深思熟虑的观察（顾东辉，2008）。从这个意义而言，测量既是连接真实世界与科学研究的基础，也是评估的基础。

第一节　概念与构念

一、概　念

真实世界是具体细致、繁复多样的客观存在的总和。因此，真实世界与人们的主观世界是完全不对称的。人们认知真实世界，但无法将真实世界完全映射到主观世界，只能投影到主观世界，或者称之为抽象。概念就是对真实世界中某类现象的抽象。例如，"猫"就是一个概念，对应着白猫、黑猫、波斯猫、短毛猫、母猫、幼猫……各种各样真实世界中客观存在的猫，是这些具体的、各不相同的猫的抽象。人们认知世界，就是通过各种概念，也必须通过各种概念才得以进行。显然，投影的方式不同，抽象的结果也不同。同样一个具体的猫可以抽象为猫、宠物、哺乳动物等不同的概念。这些不同的概念反映出一类事物的某种或某些属性。投影的方式不同，即对客观事物抽象的方式不同，使人们认识客观事物集中于事物的某些属性，同时也必然忽略其他一些属性。再如影子游戏，一个圆柱体随着光线照射的角度不同，会在幕布上投影出圆形、椭圆形及长方形等不同形状的影子。又如盲人摸象，因为触摸的部位不同，得出绳子、扇子和柱子等不同结果。同样，抽象的程度也可以不同，从而涵盖的事物也不同。抽象程度越高，则涵盖的范围越大，反映的属性就越一般；反之，抽象程度越低，则涵盖的范围越小，反映的属性就越具体。例如，猫的抽象程度就比哺乳动物的抽象程度低。人们认识世界的抽象程度在一定范围内是可调节的，当人们认识较为具体的客观现象时，抽象程度就较低，认识更一般的客观现象时，抽象程度就较高。不同抽象程度的概念可能存在包含关系，如哺乳动物就包含了猫。通常而言，人们先创造抽象程度低的概念，进而再形成抽象程度高的概念，甚至抽象程度低的概念是进行更高抽象的基础。

人类在长期的生产生活过程中，自发地创造和使用各种概念来认识、理解和交流真实世界，但是这些概念难免含糊、混杂、矛盾、不成体系，并充斥各种错误。自科学大发展以来，随着各个科学学科和科学共同体的形成和发展，学者们为了科学地认识、理解和交流真实世界，反复重构了科学的概念体系，使不同科学学科均建立于一套体系化的基本概念上，并在其基础上不断创造和发展新的概念。这也使得科学研究中的概念与人们日常生活中的概念存在一定的差异。有时，为了区分日常生活和科学研究间的这种差异，也把人们在日常生活中形成的概念称为观念，意指人们在日常生活中基于观察形成的对客观事物的认识，而把在科学共同体中体系化并达成共识的对真实世界的抽象称为概念（Concept）。这种体系化达成共识的过程被称为概念化。

有了概念，研究者就可以在一定程度上脱离真实世界进行归纳和演绎，提出命题，进而建构理论，从而形成对真实世界一般性的理解，进而指导人类在真实世界中的实践活动。同时，随着理论的建构，也扩展了人们抽象真实世界的方式，或者说理论提供了人们认识和理解真实世界的视角，从而改变了真实世界投影到主观世界的方式。因此，理论又推动着概念的提出和发展。

二、构 念

随着抽象程度的提升，概念呈现不同的特征。第一类是可以直接观察到的特征或属性，例如，猫的颜色、绳子的长度。这些特征或属性，由真实世界直接投影到人们的主观印象中。第二类是无法直接观察到的特征或属性，但是通过更复杂细致、非直接的观察，人们也能够直接认识和理解。例如，被访者的性别和年龄。对于这类概念，就如盲人摸象，人们虽然无法直接观察，但是通过更细致、全面的探索，也可以间接确定。第三类是理论的产物，来源于观察，却不能被直接或间接观察，因为已经经过更大程度的抽象，是人们把真实世界的投影建构成理论，又反过来投射到真实世界，被认为潜在于真实世界之后。从这个角度而言，这类概念是人们构想出来的，用于描述真实世界的现象，其本身可能根本不存在。这样的概念被称为构念（Construct）。例如，智商就是一个构念，它可以通过受试者对一套题目的回答来进行判断和测试，同时它也确实是真实世界的一类现象在人们主观世界的投影，但是人们并不能直接或间接地观察到智商，它并不真实存在。

构念与理论的密切关系，三类概念中，构念对于科学研究更为重要，对于评估也是如此。

构念是理论的产物，是研究者构造出来的，它通常具备 3 个特征。首先，构念是抽象、潜在而不可直接观察的。即便一个概念非常复杂，但是定义清楚，且可以直接观察和计数的话，它也不是构念，例如国家。其次，构念与理论密切相关。构念是基于某个理论而被构造出来的，如果没有一个理论用到这个构念，那么构造这个概念也就没有了意义。因为构念是构造出来的、潜在的概念，有可能并不真实存在，或者并没有反映出真实世界的一般性规律。因此，如果一个构念被构造出来，无法用于发展或创新理论，或者无法解释和预测客观现象，这个构念就是无用的，将很快被忘却。最后，构念必须是清晰的、有明确的定义。构念是为了更深入理解真实世界背后潜在的一般规律。如果构念本身过于抽象，以至于模糊不清，包含太多内容，它可能成为太多现象的混杂体，甚至把因和果混杂在一起，从而失去了构成精确理论的能力，甚至是正确的废话。因此，构念描述现象的范围不能太宽泛，更不能同时包含因果。同时，构念也不能抽象程度太低，仅仅描述很狭窄范围的现象，或者对单一现象直接描述，这样就过于具体而失去了一般性，也就失去了提出构念的意义。

三、指标与维度

概念是对现象的抽象，反映了人们在实践中逐渐认识到的关于事物的共同属性。表示一个概念或变量含义的一组可观察到的事物，称作这一概念的一组指标。指标（Indicator）是研究概念能够存在的标记，是具体的、客观存在的、可观察和辨认的事物。例如，服务满意度是理解服务对象对所接受服务是否满意的一个概念，服务对象是否再次接受服务就是服务满意度的一个指标，服务对象是否推荐朋友来接受服务也是服务满意度的一个指标。服务满意度是研究者构造出来的一个概念，描述服务对象接受服务后的一种心理状态，看起来应该是存在的，但是因为人的心理状态本身可能是混杂的，背后基于一种整体性的生理过程，所以并不能单独分离出来，也无法直接或间接地观察到，甚至可能是不存在的。如果服务对象真的对所接受服务满意，他会认为所接受的服务是好的、有价值的，自然也会更愿意再次接受服务，也会愿意推荐朋友接受服务。于是，是否再次接受服务，或者是否推荐朋友接受服务，就成为判断服务对象是否对服务满意的一个标记，即服务满意度的两个指标。这两个指标显然是客观存在的，是具体且可观察的。显然，这样的指标会有很多个，于是也可以将观察到的每一个指标累加起来，从而让研究者对服务对象的服务满意度有更精确的认识和理解。

很多时候，概念本身很抽象，这意味着概念包含着多个具体方面或多个层面的理解，于是可以将概念进一步分解出不同的类别或亚类，这些类别还可以进行不同的组合。通常将概念可指明的方面称为维度（Dimension）。例如服务满意度，服务对象的服务满意度可能来源于所接受服务的不同方面，如对服务内容、服务过程以及对服务人员是否满意等，在此基础上，可以进一步将满意度分为内容满意度、过程满意度和人员满意度三个维度。对于一个概念，可能存在多种分类方式，于是这个概念也存在多种维度划分。例如服务满意度，可以分为信用度、有形度、响应度、保证度和移情度等。

区分概念的不同维度能够有效加深研究者对研究对象的了解。在一定程度上，区分概念的不同维度也是建构理论的重要内容。构念，作为抽象程度更高的概念和理论的产物，通常包含了多个维度。在项目评估过程中，研究者要尽可能区分概念或构念的不同维度和层次，并确定每一个维度或层次的指标。

在社会科学研究中，包括评估中，常把所研究的概念或构念作为变量。变量来源于数学术语，指可以变化的量，意味着具有一个以上的属性或值。相对地，只有一个固定不变属性或值的概念，称为常量。

对于社会科学研究中的变量，通常有如下两个要求。首先，变量的属性要有完备性（Exhaustive），即变量的取值应该是完全的。变量所对应的概念，可能包括若干个属性或值，其中每一个在真实世界中可能存在的属性或值都应该涵盖在变量的取值中。其次，变量的属性应该具有互斥性（Mutually Exclusive），即概念所包括的属性或值只能在变量中有一个取值。如果概念包括的值在变量中有多个取值，那么就会导致既不知道该把一个现象归入变量的哪个值，也不知道变量在这多个值间变化是什么含义，研究就会因逻辑错乱而无法有效进行了。

社会科学研究已经形成了大量基本概念及其对应的指标和变量，并集中汇集在各类大型的社会调查中。为了更好地理解概念、指标和变量，可以参阅这些大型社会调查的编码本。例如中国综合社会调查（Chinese General Social Survey，CGSS)[1]、中国家庭追踪调查（China Family Panel Studies，CFPS)[2] 以及中国健康与养老追踪调查（China Health and Retirement Longitudinal Study，CHARLS)[3] 等，这些可以作为重要的参考资料。

四、指标互换性

概念与指标是抽象与具象的对应。概念是对客观世界的抽象，而指标就是这一抽象所对应的客观世界中具体、可观察的对象。因此，概念反映了一般性，而指标具有特殊性。于是对于某一概念，人们可以找到多种不同的指标来标记它。这些指标都具有某种反映概念的共识，即多个不同的指标都或多或少地指向这个概念。如果这个概念本身是真实存在的，或者说是对客观世界一般性规律的正确认识，那么这些指标就具有内在的一致性和一定的互换性。反之，如果这些指标表现出相反的结果，那么就有必要考虑这些指标是否能够标记同一个概念，或许它们反映了这个概念的不同维度。

第二节　测量层次

有了概念，还需要通过测量来更细致地描述真实世界。测量就是根据一定的法则，给某种现象或事件安排数字，以表示其所具有的属性或特征（Nishisato，2022）。在自然科学领域，对于各种测量方法的应用十分广泛和深入，也更为成熟。例如，对于长度的测量，既有深入微观领域的纳米，也有天文尺度的光年。再如，对于时间的测量，使用原子钟，精度已

---

[1]　http://cgss.ruc.edu.cn/.

[2]　http://www.isss.pku.edu.cn/cfps/.

[3]　http://charls.pku.edu.cn/.

经可以达到每 2000 万年误差 1 秒。而社会科学的测量相对而言仍比较落后。这是因为，一方面，社会科学以人和人的社会行为作为主要研究和测量对象，而测量主体是人，测量活动是社会行为，它们之间难免相互影响，从而给社会科学的测量带来很大困难。另一方面，社会科学测量的基础是社会科学理论。目前社会科学还没有建立起一套如现代物理学这样的具有广泛普遍性和一般性的主流理论框架，相应地，也没有建立起一套公认的、具有普遍适用性的测量体系。这也使得社会科学的测量体系化程度低、量化程度差、可重复性不强。

目前，社会科学主要有 4 种不同的测量层次，分别为定类测量、定序测量、定距测量和定比测量。这 4 种测量层次也可以视为 4 种不同的测量尺度。

一、定类测量

定类测量（Nominal Measures）也称定性测量，如性别、婚姻状况、政治面貌、职业等。定类测量实质上是一种分类体系，把测量对象按照属性或特征分为不同类别，并给以不同的名称或符号。被测量对象的测量结果归属于某个类别。因此，采用定类测量的变量又被称为属性变量。定类测量是保证变量具有完备性和互斥性特征的最基础测量方式。定类测量实质上对应一种分类体系，所有被测量对象都可以归入某个类别，无一遗漏。同时，这些类别不存在交叉重叠情况，所有类别都互相排斥。于是，任何被测量对象都会归属于一个类别，且仅归属于一个类别。

定类测量还具有对称性和传递性。对称性是指两个对象的关系是一致的，A 对 B 的关系等同于 B 对 A 的关系。对于定类测量而言，如果 A 和 B 同类，那么 B 也和 A 同类。传递性是指对象间的关系是可传递的，A 和 B、B 和 C 具有同样的关系，那么 A 和 C 也具有这样的关系。对于定类测量而言，如果 A 和 B 同类、B 和 C 同类，那么 A 和 C 也同类。

定类测量是所有测量层次的基础，其他测量层次都可以转化为定类测量。

二、定序测量

定序测量（Ordinal Measure）也称等级或顺序测量，例如，测量受教育程度，可分为文盲、小学、初中、高中/职高、大专/本科、研究生等，等级依次提高；测量城市规模，可分为中小城市、大城市、特大城市等，等级依次增大。定序测量是从对象相对多少、大小、高低等程度来排列变量的属性。根据定序变量，不仅可以判别两个对象是否属于一类，还可以判断一个对象比另一个对象更怎么样，如更老、更高、更投入等。定序变量的数学特征是大于（>）或小于（<），比定类测量的数学特征高一个层次，包含的信息也更多。定序测量可以很容易地退回为定类测量，例如，受教育程度的测量可转化为接受过高等教育为一类，而没有受过高等教育为一类。显然，定序测量也符合定类测量的完备性和互斥性特征。但定序测量与定类测量不同，不具备对称性，而具备不对称性。例如，大于的关系就是不对称的，大城市>中小城市，就不会有中小城市 > 大城市。传递性则依然存在，大城市 > 中小城市、特大城市 > 大城市，那么，一定有特大城市 > 中小城市。

值得注意的是，对于定序测量，不同组别间的距离并无意义，可能这两组间很小，而另外两组间很大。

三、定距测量

定距测量（Interval Measures）也称间距或区间测量。当组成变量的属性间的实际距离有意义时，这种变量就是定距测量，例如，自然科学中对于温度的测量，无论是华氏温度（℉）还是摄氏温度（℃），都只是一个相对的温度测量。70℃和90℃间的差距与20℃和40℃间的差距是一样的。但是60 ℉并不表示是30 ℉的热度的两倍。因为无论华氏温度还是摄氏温度，零度标准都是随意确定的，零度并不意味着没有温度或没有热度。而开氏温标（K）描述的是热力学温度，具有绝对定义的绝对零度，在理想物体状态方程中，开氏温度可用倍数计量。社会科学中定距测量的典型例子是标准化智商测量。一般认为，智商（IQ）成绩 100 和 110 之间的差距，与 IQ 成绩 90 和 100 之间的差距基本一样。因为定距测量中，不同测量结果间的距离有实际意义，所以定距测量的结果可以进行一定的加减运算。例如，测量得到张三的智商是 130，李四的智商是 100，那么可以说张三比李四的智商高 30。

四、定比测量

定比测量（Ratio Measures）也称等比测量或比例测量。定比测量包含上述 3 种测量层次的全部性质，并且还具有一个实际意义的绝对 0 点。从这个意义上说，定比测量建立在更为真实的基础上。这就使得定比测量的结果不仅能进行加减运算，还可以进行乘除运算。在理想的物体状态方程中，开氏温度就是这样一种测量。在社会科学中，年龄、持续时间、次数和收入等都是常用的定比测量。

第三节 量 表

量表是社会科学领域学者在收集数据过程中经常使用的工具之一。由于实证研究始于西方，因此绝大多数量表也是西方学者基于西方的文化情境开发的。量表常用于测量个人对某项事物的态度或感受（Neuman，2010），因此蕴含着一定的主观倾向。在量表建构过程中，通常会设置两种极端情形，然后测量被观察对象在这两个极端值组成的区间中的位置。

量表是一种测量工具，由多个反映潜伏变量理论水平的项目构成，通过对各个题项的考察形成一个复合分数，从而揭示不易采用直接方法测量的理论变量的水平（德威利斯，2016）。项目评估者通过定量化测量的程序，设计被访问者的主观特性的度量标准，采用不同的统计方法或数字计量事物，试图来确定主观的、有时是抽象的概念，因此也就形成了不同测量方法和水平的量表，或者称为测量尺度。

一、常见的量表类型

在社会科学研究中，有 4 种常用的量表形式：李克特量表（Likert Scale）、语义差异量表（Semantic Differential Scale）、博加德斯社会距离量表（Bogardus Social Distance Scale）和哥特曼量表（Guttman Scale）。

李克特量表重在揭示被观察对象态度的相对强度，量表测量过程中往往需要重新赋值（巴比，2007）。语义差异量表主要用于间接测量人们对概念、物品和人的感受（纽曼，2021），与李克特量表相比，语义差异量表测量的问题内容更加具体，评价层面更广泛。博加德斯社会距离量表是测量人际态度亲疏的工具。该量表具有层层递进的逻辑结构，当被访者拒绝了量表中的一项关系时，他也必将拒绝这一关系后面所有更强的关系（Bogardus，1933）。哥特曼量表通常由单向且同一性质的陈述组成，其最大的优点在于可以根据被访者的得分来判定他对某一概念或事物的赞成程度（Guttman，1944）。

二、量表与指数的关系

在社会科学研究和评估过程中，量表与指数经常共同使用，借助一些指标对某一复杂的社会现象进行测量。通常，指数比量表的运用范围更广（巴比，2007）。但是指数并不能替代量表，因为二者在评估研究对象的特点或属性的过程中，在目标、功能等方面存在显著的差异。

项目评估者可以根据实际需要，运用主观赋权法、层次分析法等相关方法或模型设置研究对象在这些指标上的权重，将这些指标综合为一个参数，以综合评估顾客满意程度，称之为顾客满意度指数。而通过量表衡量顾客的满意度水平则是评估人员通过深入理解相关理论、对顾客的访谈、借鉴已有相关量表题项等，设定若干道直接描述顾客满意程度的题项，再请顾客根据自己的实际感受和体会，按照"1＝非常不同意、2＝不同意、3＝不确定、4＝同意、5＝非常同意"的标准对这些题项进行判断和评价，最后计算所有题项的总分或平均分作为量表测量结果（Homburg & Stock，

2005)。

通过这个例子可以发现，指数更加关注各个指标构成的总量，量表重在揭示各题项间的程度差异和一致。在现实情境中，量表比指数更复杂，涵盖的信息量也更大。

三、量表的作用

研究人员根据被访者对于量表的填答结果，进一步收集资料信息，作为分析的客观依据。按评定方式分类，可以将量表分为自评量表、问卷、调查表、检查表和他评量表等。评定量表的具体实施过程包括准备阶段、量表的填写、评估结果分析和结果报告解释等步骤（梁瑞琼，2016）。在开始时，要让被访者明晰整个量表的填写规则以及题项内容，尤其是出现反向计分的问题时，一定要格外重视。

研究人员根据评估的实际需要引进、翻译国外实用性很强的量表，并结合本土化情境加以修改。在测量中，要与被访者建立良好的关系。同时，要注意对被访者权益和隐私的保密。

四、评估量表的建构

在项目评估中，之所以要建构量表，是因为没有合适的量表可供现场使用，这就需要研究者根据实际需要来开发新的量表。此时，充分考虑量表开发的背景因素十分重要。在量表开发中，情绪感应、动机、认知定式等变量可能对研究产生不良影响（Nunnally，1978），进而降低其作为模板量表的效度。例如，如果研究者对情绪感应的潜在效应不够敏锐，设置诸多负面情感色彩的题项，可能会使被访者的情绪受到影响，进而造成评估偏差。

在量表编制中，理论起着重要作用，要遵循一定的步骤来构建量表。学术界对于量表的建构大致分为如下步骤：明确测量对象和内容、建立测量题库、确定测量形式、专家评议题库、量表的样本测试、项目评价、量表的优化（Worthington & Whittaker，2006）。

（一） 明确测量对象和内容

研究人员需要先构建一种理论模型，用来初步指导量表编制工作。根据量表的目的进一步确定量表的内容域、情景和被访群体。

（二） 建立测量题库

针对量表的具体测量目标设计测量项目，剔除以不同方式揭示同一现象的项目。同时，在存在语义差别的情况下，应适度允许量表中题项的冗余情况存在。在数量上，通常项目库中的题项是量表的可包括项目的 3~4 倍。如果题项过多，研究人员可以依据清晰性是否缺乏、关联性是否存在问题、重复性等标准剔除一些题项（Fry，1977）。此外，在设计题项时应避免同时存在正面与负面措辞表述的项目，避免令调查对象产生歧义（德威利斯，2016）。

（三） 确定测量形式

测量形式也即量表的制作环节，评估者要根据项目评估的实际需要确定量表的类型，比如李克特量表（Likert Scale）或哥特曼量表（Guttman Scale）等。进而，确定量表中题项的数量及排列顺序。

在量表构建过程中，研究者还应根据所依据的理论考虑题项的时间问题，选择题项中明示或隐含的参考框架（Kelly & McGraph，1988）。在评估性的量表中，题项的设定经常包含涉及因果关系的持久性信念，例如，"如果我采取正确的行动，我就可以保持健康"（Wallston et al.，1978）。有时，量表评估的是短暂现象。然而，很多指标可能随着时间而变化，如抑郁状况，因此，量表也必须考虑这一点（Radloff，1977；Mayer，1978）。此外，有些量表有不同的版本，如焦虑类量表（Spielberger et al.，1970），有些能够反映短暂性的特征，有些旨在测量长久性的状态（Zuckman M.，1983），因此，评估者应该审慎地予以综合考虑。

（四） 专家评议题库

邀请专家根据已有的经验和背景对项目的简洁性、明了性进行评价，并提出具体的建议。同时，专家评审的另一个作用在于能够查漏补缺，指出量表设计中所忽视的内容，并取消那些重复测量同一种现象的冗余项目，进一步核验量表的信度和效度。

研究人员要高度重视专家提出的建议，审慎处理，力图从新的视角重新审视自己的测定方法并加以丰富完善。

（五）量表的样本测试

在利用量表开展正式测试之前，要先选取一定数量的被访样本进行预测试。在这里，有两个问题需要注意：一是被访样本的数量，二是被访样本的代表性。经过反复修改，直至量表通过预测试后，才能进入正式测试阶段。

（六）项目评价

对每个题项进行综合评价，最终确定纳入量表中的题项。此步骤是量表开发的中心环节（德威利斯，2016）。需要通过审查题项的相关系数矩阵、对个别题项进行逆向评分筛查、校正后题项与量表相关性（CITC）筛查，以及计算题项的变异方差、因素分析、阿尔法系数等，除掉量表中表现较差的项目，进而拟定好进入量表的题目。

（七）量表的优化

根据上一步骤的结果，调整量表的长度，排除量表内部一致性贡献最小的题项。进入这一阶段，量表逐步趋于稳定。

参考文献

Bogardus E. S. A Social Distance Scale. Sociology and Social Research，1933（17）.

Fornell C. A National Customer Satisfaction Barometer：The Swedish Experience. Journal of Marketing，1992，56（1）.

Fry E. Fry's readability graph：Clarifications, validity, and extension to level 17. Journal of reading，1977，21（3）.

Guttman L. A. A basis for Scaling Qualitative Data. American Sociological

Review, 1944, 9.

Homburg C. , Stock R. M. Exploring the conditions under which salesperson work satisfaction can lead to customer satisfaction. Psychology & Marketing, 2005, 22 (5) .

Kelly J. R. , McGraph J. B. On time and Method. Newbury Park, CA: Sage, 1988.

Mayer J. M. Assessment of depression. In McReynolds, M. P. (Ed.), Advances in psychological assessment. San Francisco: Jossey-Bass, 1978.

Neuman W. L. Social Research Methods: Qualitative and Quantitative Approach. Boston: Pearson, 2010.

Nunnally J. C. Psychometric Theory (2th ed.) . New York: McGraw-Hill, 1978.

Radloff L. The CES-D scale: A self-report depression scale for research in the general population. Applied Psychological Measurement, 1977, 1.

Spielberger C. D. , Gorsuch R. L. , Lushene R. E. State-trait anxiety inventory (STAI) test manual for form X. Palo Alto, CA: Consulting Psychologists Press, 1970.

Wallston K. A. , Wallston B. S. , DeVellis R. Development and validation of the multidimensional health locus of control (MHLC) scales. Health Education Monographs, 1978, 6.

Worthington R. L. , Whittaker T. A. Scale Development Research: A Context Analysis and Recommendations for Best Practices. The Counseling Psychology, 2006, 34.

Zuckman M. The Distinction between Trait and State Scales is not Arbitrary: Comment on Allen and Potkay's "On the Arbitrary Distinction between Trait and States" . Journal of Personality and Social Psychology, 1983, 44.

Nishisato, S. Stevens' Measurement Theory. In: Optimal Quantification and Symmetry. Behaviormetrics: Quantitative Approaches to Human Behavior,

Springer，Singapore，2022（12）．

艾尔·巴比．社会研究方法（第十一版）［M］．邱泽奇，译．北京：清华大学出版社，2007．

劳伦斯·纽曼．社会研究方法：定性和定量的取向（第七版）［M］．郝大海，译．北京：中国人民大学出版社，2021．

罗伯特·F. 德威利斯．量表编制：理论与应用（第三版）［M］．席仲恩，杜珏，译．重庆：重庆大学出版社，2016．

风笑天．现代社会调查方法［M］．武汉：华中科技大学出版社，2000．

梁瑞琼．心理评估与测量学［M］．广州：广东高等教育出版社，2016．

顾东辉．社会工作项目的结果评估［J］．中国社会导刊，2008（24）．

第四章 定性、定量与综合评估方法

社会工作项目评估自诞生以来，便吸收了实证主义与人文主义的方法论精华，采取定性与定量两种研究范式，但不同的方法论和范式背后有着不同的评估逻辑与评估方法。一方面，实证主义方法论多使用定量研究方法，希望用数字化的资料统计分析，发现问题或成效所在，并将其作为评估的依据；另一方面，人文主义认为人类活动不同于自然现象，应该用归纳、分类、比较等方法来理解和诠释这些具体活动的意义。因此，在社会工作项目评估中既要强调评估方法和资料的科学性，也要重视服务对象的感受和反馈，体现社会工作的专业关怀（顾东辉，2009）。定性评估和定量评估是有差异的，项目评估者应根据具体情境选择适合的评估方法（波萨瓦茨、凯里，2014）。定性评估通常与过程评估联系在一起，定量评估通常更关注产出评估。如今，社会工作项目评估可以利用的方法包括各种可以用于评估的方法，这些方法已经得到了社会科学学术共同体的普遍认可。评估者应该组合利用多种评估方法以提升评估的有效性。

第一节 评估方法的选取原则

实施社会服务项目评估需要以科学的评估方法为基础。社会工作项目评估的目的是探索、描述和解释（刘凤芹，2020），无论使用何种方法，在研究步骤上没有太大的区别，基本可以分为：确定分析单元、取样、数据收集和分析（Padgett，1998）。实际研究中，研究者要按照"方法的独特性与适当性"原则，结合社会现象及具体情境，因地制宜地选取研究方法，而不是将一个预先设计好的固定模式套在各种不同的经验环境中，避免发生常人方法学派所称的"使现象消失"的情形（李猛，1998）。在实际评估中，方法的选择与评估对象等有关。比如，在对老年人或残疾人服务项目进行评估时，就应该考虑到服务对象回答问题的便利性，让其能够自如地表达想法、感受和意见（赵海林，2018）。但是，诸多方法的运用均需要秉持以下几点准则。

一、以评估目的为核心

在实际评估中，评估者要注意选择与评估目的相匹配的方法。为了完成评估目的，评估者应精准选择评估方法，秉持公正性原则，保证分析客观无偏见，努力使评估结果经得住检验，能够反复得到相同的评估结果。

二、尊重与保护评估对象

如果评估对象或评估活动具有敏感性，或者被评估对象要求对评估过程保密时，评估者应该尊重被评估对象的选择，避免采用大规模问卷调查或研讨会的形式进行评估。

三、可实现性

评估者要根据项目评估的主客观条件，选择可操作性强的评估方法，切实考虑能否及时获取最新的、有效的数据和信息支持该评估方法。

四、效用性

评估者应尽量选择耗费时间短、资金成本少的评估方法，尽量以最低的成本投入得到最大的效益，真正促进项目的改进以及服务对象能力的提升。评估方法的选取还应坚持俭省性原则，关注长远目标。评估者应主动给自己设定一些限制，尽可能利用现有的资源，开发新用途。

第二节 定性评估方法

一、定性评估方法简介

定性研究方法是指在自然环境中通过参与式观察、访谈、文献分析以及个案调查等方法收集一手资料，对社会现象进行深入、细致和长期的研究，据此建立假设和理论，通过证伪法对研究结果进行检验（方巍等，2012）。定性研究方法在 20 世纪二三十年代的社会调查运动中得到发展。Strauss 和 Corbin（1990）认为，定性评估是一种分析归纳法、诠释学研究法和生活历史的系统研究方法。定性研究中，研究者对叙述的强调超过量化分析（罗伊斯等，2007）。有学者认为，定性研究中要尽可能避免出现计算的概念或统计方法（李允杰、邱昌泰，2008），重视研究过程的记录和发布（陈向明，1996）。

Taylor & Bogdan（1975）认为，定性评估是收集描述性资料的过程，人类自我的书面或口头的文字以及可观察的行为都可以用于研究。定性研究的优点在于，评估者能够贴近项目的自然情境，通过更为深入和持续地观察挖掘信息，发现一些意料之外却很重要的信息，精确地关注到项目的细微差别，客观地了解项目的内在工作状况，系统把握对事件发生的社会背景的解释，从而尽可能全面掌握某一社会服务项目发生、发展的全过程（Dezin & Lincoln，1994；Maxwell，1996）。定性方法的缺点在于不太适合评估范围广但时间短的项目，也不太适合过多样本量数据的分析，因此，在广度和深度方面需要兼顾和折中选择（Patton，1987）。

将定性分析方法应用到项目评估中，经历了漫长的探索（罗伊斯等，2007）。当一个社会机构聘用专家来考察、评估并汇报项目时，特别是当报告的内容是对某一社会服务项目的观察，需要对员工、服务对象以及社区成员进行访谈时，使用定性方法评估比较适合（Ginsberg，2013）。对于案例的服务效果评估，更适合用质性研究方法。张欢、任婧玲（2014）利用入户问卷调查，对汶川地震灾区和玉树地震灾区的灾后救助政策进行了评估。杨慧（2018）以"8·12"天津滨海新区爆炸灾害为背景，使用定性研究方法，对一项关于灾后社区回迁老人的社会工作项目进行了评估。此外，社会工作项目评估还利用《满意度评价表》等量表，采用访谈法、观察法等调查服务干预的效果（魏爽，2020）。

Weiss C. H.（1998）认为，定性方法是项目评估中的必备程序。尽管定性研究有不同的认识论背景，但是不同的定性研究中也有一些共同点：一是集中于原始的调查方法；二是将研究者作为数据收集的主体；三是侧重于叙述而不是数量统计（罗伊斯等，2007）。着眼于非数字的变量和特征，通过实地研究、个案研究，或以少量具有代表性的个案进行扎根研究等方式，以书面的形式来证明和描述现象。Patton（1990）认为，评估中需要用到个案、观察和访谈的方法。顾东辉（2009）认为，定性研究中，研究人员能够在研究思路上获得理解和顿悟，创造性地将研究情境中的生活事件和意义解释组合成一个整体。Guba 和 Lincoln（1987）倡导第四代评估运动，认为评估不仅是对事物客观现实的一种测量和判断，而且是与参与评估的各类利益群体进行沟通、协商进而达成共同建构的过程，这体现了对定量研究方法的批判以及对定性评估方法的进一步丰富。

定性评估中，研究人员通常会根据现实情况，抽取偶然遇到的人作为研究对象，或者选择那些离自身最近的、最易找到的人作为研究对象。定性评估方法资料的获得主要通过访谈笔记、观察记录、录音文件、照片、文档和符号等材料来获得，具有来源多样性、形式无规范性以及在不同阶段具有变动性的特点（风笑天，2001）。进一步借助 Nvivo、Nudist 等软件进行编码后，运用连续接近法、举例说明法、比较分析法、流程图法等途径进行剖析和挖掘（Neuman，1997）。定性评估中，研究人员尤其要重视与项目利益相关者的互动，同时研究人员本身也要排除固有的价值观和自利性动机对研究对象、研究过程及结果带来的混杂性影响。尤其是要防止研究者在评估过程中的个人偏见（罗伊斯等，2007）。

定性方法在项目评估中主要分为 4 个步骤：定性设计—取样—数据收集—数据分析。但不同于定量研究严格遵循这些步骤循序渐进的特点，定性评估的问题有一定的灵活性，因此在定性研究中这些步骤可能会交互进行，研究问题也将在此过程中逐渐清晰。

然而，定性评估方法也存在一定的局限性。Sechrest 和 Figueredo（1993）认为，要对定性评估的结果持有一定的怀疑度，这是因为定性评估具有非标准化和非正式的特点，不能确保研究结果再次出现。同时，定性评估方法也存在主观性强、结论缺乏普遍性、耗时成本高等缺陷，因此，定性研究方法并不适用于所有的评估（Patton，1990）。比如，一般不会采用定性方法进行项目受众的需要评估或是开展项目的理论研究（方巍等，2010）。

二、常见的定性评估方法

定性评估方法种类众多，在社会项目评估领域的应用也一直处于探索中。这里介绍几种常用的定性评估方法。

（一）文献研究法

文献研究法是指评估者收集与被评估对象相关的信息，包括备忘录、财政记录、筹资建议书以及与项目成效相关的文档资料（罗伊斯等，2007），从中选取符合项目评估需求的信息和证据，文献分析法贯穿于项目评估的各个阶段，是用途最广泛的评估方法之一。这种方法的优点是，可以用较少的时间和经费成本来开展研究，在分析资料时不与被调查者接触，不受被评估对象的干扰。其缺点在于，文献研究法收集的毕竟是二手资料，难以还原被评估对象最真实的原貌，因而降低了评估的精准性。

（二）访谈（座谈）法

访谈（座谈）法是指评估者根据实际情况，选取一定数量的利益相关者，采取个别访谈或会议座谈的形式，收集被评估对象的观点、诉求、问题及建议等信息的活动。这种方法的优点是，评估者可以通过面对面的交流获取更直观、完整的知识和信息，同时还能够在对话中启发项目的利益相关者进行更加深入的思考。其缺点在于，需要一定的时间和资金成本，同时，权威人员的倾向性判断容易使观点和结论向权威人员偏移。

（三）问卷调查法

问卷调查法是指评估者设计好调查表格或问卷，通过网络或线下的方式发放给调查对象并收集其观点、数据的过程。其优点在于，可获得广泛的一手数据和信息，进一步借助统计工具进行处理分析。其缺点在于，问卷的回收率难以保证，收集到的信息通常是被调查者的观点而不是事实，不适合深度挖掘定性信息。

（四）实地调查法

实地调查法是指评估者到项目干预活动的实施现场，亲自获取被评估对象实际情况的方法。调研内容不仅包括与被评估对象的沟通，还包括场景的观察、产品或服务的体验等。这种方法的优点在于能够直观地获取一手资料和信息，在现场针对某一问题进行追踪调研。其缺点在于成本较高；此外，实地调研过程中不确定性较多，过多依赖评估者的主观意见，容易出现偏差。

（五）个案研究法

个案研究法是指评估者依据某典型项目的资料，对特定场域或情景进行深度探索的方法，通常可以分为描述型、探索型、解释型三类。这种方法的优点在于，能够充分考察个案的细节过程及来龙去脉，深度挖掘其内部的机制，帮助评估者了解个案的全貌。其缺点在于，调查个案需要较高的资金和时间成本，由于外部效度较低，难以概括出一般化的结论。

第三节　定量评估方法

一、定量评估方法简介

在进行社会工作项目评估时，要保持绝对的客观性和公正性是很难的。中国是一个熟人社会，"人""情""理"的存在使项目评估方或被评估方难以始终保持专业性、理智性。因此，在项目评估过程中要保持一定的私密性和隐蔽性，言语和情绪表达要还原当时特定的时空条件；除了观察、访谈等前述提到的定性研究方法外，还需要结合一定的定量研究方法，辅之以问卷、量表等手段，深入挖掘、探索社会服务项目的真实成效。

定量研究的理论基础来自实证主义方法论，孔德、杜尔凯姆等诸多社会科学家为定量研究的发展作出了重要贡献。定量评估方法即借助一定的定量研究方法，将观察到的现象转化为数字，并用一定的统计值加以描述的评估研究（Ginsberg，2001）。在项目评估中，定量方法是很常用的方法，以演绎为主。在项目评估中，工作人员把收集到的被观察对象的情况以数字和统计值的形式记录，并以图表、频数分布的形式来展示。在社会服务项目评估中，工作人员采取调查、实验等方式，借助量表、问卷等工具，收集数字资料和统计值，运用统计方法来验证先前预想的模型、假设或理论，探索变量间的因果联系，进而对事实作出推断。定量研究方法的运用要求项目评估的各个环节，如选题、方案设计、资料收集、抽样、具体实施、评估结果及报告的撰写等都必须严格按照标准化的程序展开研究，采用数据的形式对项目进行说明。

当项目评估研究以理论检验为目标时，评估者通常采取定量的方式，对项目的特征、进程和影响进行测量，全面评估项目的有效性，以提高评估的可信度（罗西等，2002）。定量研究立足收集事实，关注研究对象的数量以及样本的规模，侧重测量程序的信度和效度，强调研究结果的一般性和可重复性（周明洁、张建新，2008）。与定性研究类似，运用定量评估方法时，研究人员同样要把自己的价值倾向与研究的项目完全分开，避免偏见和个人利益的影响。同时还需要注意，社会生活是复杂多变的，人是具有主观能动性的主体，因此，要对数据报告的结果持以理性客观的认识。

与定性研究方法类似，定量研究方法的研究过程同样可分为问题界定—研究设计—方案实施—资料分析—结果呈现 5 个阶段。

二、常见的定量评估方法

随着时代的进步，社会现象的复杂性增强，数据技术的发展促使定量评估方法不断丰富和拓展。这里介绍评估中常用的定量分析方法。

（一）成本效益分析法（Cost-benefit Analysis，CBA）

成本效益分析法是用来比较某一方案（政策、计划或项目）消耗的所有资源的成本及其带来的效益的方法，侧重分析效用的单位成本，适用于对项目的绩效评估或影响评价。成本相同的情况下，选择效用高的方案。这种方法的优势是，让经济学的环境变得立体，便于找到控制成本的核心思路和关键环节；局限是，在社会服务领域，很多因素难以通过货币的形式加以衡量。

（二）数据包络分析法（Data Envelopment Analysis，DEA）

数据包络分析法是使用数学规划模型来评价具有多个输入和输出的决策单元的有效性的一种方法。这种方法在对项目进行产出效率评估上具有优势，能够避免主观因素的干扰。然而，其缺点在于只能根据投入、产出来开展分析，数据的可获取性及其准确性将影响其服务效果。此外，该方法将所有的指标混在一起计算，容易使决策者忽视短板。

（三）层次分析法

层次分析法是一种主观与客观、系统化与层次化相结合的方法，能够将比较复杂的问题转化为层次清晰的分析单元，进而结合专家的主观判断构建评估指标，通过计算各个指标的权重并进行排序，考察各个指标的重要性。层次分析法适用于对较为复杂的项目的评估。其优点是，将评估者的主观判断与数学模型相结合，使分析结果更加清晰准确；缺点是，指标较多时分析起来耗时费力，计算的复杂性也给评估者增加了难度。

（四）相关分析法

社会现象之间存在大量的相互联系、相互制约的数量关系，在这种关系背后的各个变量间的关系不确定。每个变量的某个数值可能与另一变量的若干数值相对应，各个数值围绕着平均值进行规律性的波动。在实际评估中，研究者也会综合运用 Stata、R 语言、Python 等软件进行倾向得分匹配、双重差分、工具变量法、断点回归法的分析。这些方法适用于不便于精确计量，只能以程度高低、重要性大小等方式评定的资料，通过准实验方法的方法，对假设进行科学的验证。但缺点是可能由于评估框架设计错误，最终导致结果出现偏差。

第四节　评估方法的综合

一、评估方法综合的必要性

罗伊斯等（2007）认为，机构的项目评估是复杂的、多维的和有机的整体，其内外功能和成效受到很多因素的影响，单独通过某一种方法很难厘清这些因素及其相互作用，因此，在实际评估研究中，需要综合运用多种评估方法。

综合评估方法是研究者在同一项研究中综合调配或混合使用各种技术、手段、概念或语言的方法（Johnson & Onwurgbuzie，2004），即在一项评估研究过程中，根据研究目的，同时运用定性和定量方法进行研究（方巍等，2010）。定性研究与定量研究方法并非严格独立或者二分，在实际研究中，定性研究成果常常需要转化为数字来量化统计。定性和定量方法综合起来有效进行，可以使项目评估更为充分、全面（Drake et al.，1993）。Cronbach（1982）认为，背景充足的观察和采访是理解一个项目成败的关键。人类的认识过程通常是先观察实际的情景、事件，进而发挥抽象概括能力和创造性，尽可能推论出一般的观念或理论，然后，通过调查、实验等演绎的方式对理论假设进行验证的过程。定量与定性的方法的综合运用，构成了认识过程的这一循环（邓猛、潘建芳，2002）。因此，在项目评估中，需要综合运用定性和定量研究方法。

　　当评估者以综合研究方法的思维视角来分析时，他们更有可能根据研究问题来选择研究方法和手段，而不是根据一些在社会科学研究中既定的研究范式来选择研究方法（Sechrest & Sidana，1995）。在现实评估中，异质性强的大样本数据，更具有深入挖掘的可能性，这必然也需要一个定性与定量相结合的综合分析视角（彭华民，2007）。综合评估方法没有固定的模式，研究者需根据评估目的和现实条件灵活选择评估方法。刘江（2016）以街道生活馆服务为个案，基于定性与定量两种研究方法，形成"服务计划操作化—定性评估—定量评估"的"三阶段式"评估法。在具体的服务情境和评估条件中，评估者往往遇到资金、人才、数据收集以及政策的限制（Bamberger et al.，2006），还需适时地调整评估方法。

二、评估方法综合运用的注意事项

　　在社会项目评估中，具体的评估活动是复杂多样的，存在诸多不确定的因素，要避免仅采用模糊主观的非正式的小组设计、盲目地采用个案研究等定性评估方法，而忽略对定量方法的探索和使用。同时也要避免过度使用定量评估方法，将简单的项目评估在方法上搞得复杂深奥。正如Hicks等（2015）所言，量化的评估应该支持而非取代质化的专家评审，评估者也应避免在不了解方法原理的基础上运用定量评估方法。而应该适时将定性与定量方法相结合，尽可能提高评估的质量及准确性。

　　评估方法的选择需要与评估的目的以及案例的形式相对应。以一位母亲打骂孩子为例，采用单样本设计的方法，把所收集到的数据转换成图表，清晰地识别服务对象目标问题或行为的模式和变化，通过直接观察、标准测量和服务对象自我报告的形式评估社会工作项目的效果，以衡量服务对象是否成功地达到了介入目标（库少雄，2004）。

以社会工作服务机构的绩效评估为例，可以看到，项目评估需要用到多种方法：第一，定量方法。评估者通过将绩效评估的主要内容进行操作化处理，建立相应的指标测量体系，以准确、客观地进行管理和服务绩效的评价以及成本核算，评估社会工作者提供服务的业绩。第二，定性方法。针对服务机构所提供服务的社会影响与社会效果中难以用数字表示的内容，评估者可以借助语言、文字或影像来整理，进行文字上的定性分析与判断。第三，多元主体评估法。评估者可以邀请不同的主体参与评估过程，客观反馈社会工作服务机构的总体目标以及各指标的具体完成状况，了解利益相关者的满意度。第四，比较法。评估者可以通过历史比较、横向比较等分析方法，对社会工作服务机构的评估结果予以合理的解释（宋跃飞，2010）。

参考文献

Bamberger M., Rugh J., Mabry L. Real–World Evaluation, CA：Sage Publications，2006.

Cronbach L. J. Designing Evaluations Educational and Social Programs. San Francisco：Jossey–Bass，1982.

Dezin N. K., Lincoln Y. S. Introduction：Entering the Field of Qualitative Research. Thousand Oaks，CA：Sage，1994.

Drake R. E., Bebout P. R., Quimby E., Teague G. B., Harris M., Roach J. P. Process Evaluation in the Wahington, D. C. Dual Diagnosis project. Alcoholism Treatment Quarterly，1993，10（3）.

Ginsberg L. H. Social Work Evaluation：Principles and Methods. Boston：Allyn and Bacon，2001.

Guba E. G. , Lincoln Y. S. Fourth Generation Evaluation. Newbury Park, CA：Sage，1987.

Hicks D. , Wouters P. , Waltman L. , de Rijcke S. , Rafols I. Bibliometrics：The Leiden Manifesto for Research Metrics. Nature，2015，520（7548）.

Johnson R. B. , Onwurgbuzie A. J. Mixed Methods Research：A Research Paradigm Whose Time Has Come. Educational Researcher，2004，33（7）.

Maxwell J. Qualitative Research Design：An Interactive Approach. Thousand Oaks：Sage，1996.

Neuman W. L. Social Research Methods. Boston：Allyn and Bason，1997.

Padgett D. K. Qualitative Methods in Social Work Research. Thousand Oaks，CA：Sage，1998.

Patton Q. M. How to use qualitative methods in evaluation. Newbury Park：SAGE Publication，1987.

Patton Q. M. Qualitative Evaluation and Research Methods. Newbury Park，CA：Sage，1990.

Sechrest L. , Sidana S. Quantitative and Qualitative Research Methods：Is There an Alternative? Evaluation and Program Planning，1995，18（1）.

Sechrest L. , Figueredo A. J. Program Evaluation. Annual Review of Psychology，1993，44.

Strauss A. C. , Corbin J. M. Basics of Qualitative Research. Newbury, CA：Sage，1990.

Taylor S. J. , Bogdan R. Introduction to Qualitative Research Methods：A Phenomenological Approach to the Social Sciences. New York：John Wiley & Sons，1975.

Weiss C. H. Evaluation：Methods Studying Programs & Policies. New Jersey：Prentice Hall，1998.

Ginsberg L. H. 社会工作评估：原理与方法［M］. 黄晨熹，译. 上海：华东理工大学出版社，2013.

埃米尔·J. 波萨瓦茨, 雷蒙德·G. 凯里. 项目评估: 方法与案例 (第7版) [M]. 于忠江, 译. 重庆: 重庆大学出版社, 2014.

彼得·罗西, 霍华德·弗里曼, 马克·李普希. 项目评估: 方法与技术 [M]. 邱泽奇, 译. 北京: 华夏出版社, 2002.

陈向明. 社会科学中的定性研究方法 [J]. 中国社会科学, 1996 (4).

戴维·罗伊斯, 布鲁斯·A. 赛义, 德博拉·K. 帕吉特, T.K. 洛根. 公共项目评估导论 [M]. 王军霞, 涂晓芳, 译. 北京: 中国人民大学出版社, 2007.

邓猛, 潘建芳. 论教育研究中的综合方法设计 [J]. 教育研究与实验, 2002 (3).

方巍, 祝建华, 何铨. 社会项目评估 [M]. 上海: 格致出版社, 2012.

方巍, 张晖, 何铨. 社会福利项目管理与评估 [M]. 北京: 中国社会出版社, 2010.

风笑天. 社会学研究方法 [M]. 北京: 中国人民大学出版社, 2001.

顾东辉. 社会工作评估 [M]. 北京: 高等教育出版社, 2009.

库少雄. 社会工作评估——单样本设计 [J]. 北京科技大学学报 (社会科学版), 2004 (3).

李猛. 经典重读与社会学研究传统的重建 [J]. 社会理论论坛, 1998 (5).

李允杰, 邱昌泰. 政策执行与评估 [M]. 北京: 北京大学出版社, 2008.

刘凤芹. 社会工作量化研究方法 [M]. 北京: 中国社会出版社, 2020.

刘江. 社会工作服务效果评估: 基于定性与定量方法的混合评估法 [J]. 华东理工大学学报 (社会科学版), 2016 (6).

彭华民. 福利三角中的社会排斥——对中国城市新贫穷社群的一个实

证研究 [M]．上海：上海人民出版社，2007．

宋跃飞．机构评估制度建构问题研究——基于绩效评估的视角 [J]．社会工作，2010（1）．

魏爽．近十年我国社会工作实务发展回顾与反思——基于全国优秀社会工作案例的文献研究 [J]．北京工业大学学报（社会科学版），2020（1）．

杨慧．灾后社区回迁老人的需求评估与社会工作介入效果评估 [J]．西南民族大学学报（人文社会科学版），2018（11）．

张欢，任婧玲．灾害救助政策评估——以灾民为中心的新框架 [M]．北京：社会科学文献出版社，2014．

赵海林．社会项目运作实务 [M]．北京：中国人民大学出版社，2018．

周明洁，张建新．心理学研究方法中"质"与"量"的整合 [J]．心理科学进展，2008（1）．

第三编
项目及评估设计

　　掌握了项目评估的基础知识，接下来需要进入项目评估的过程。项目评估是一项实践性较强的活动，要对社会工作过程和效果进行客观的评价，需要良好的评估设计方案，而来自不同文化背景的利益相关者的项目评估更增加了评估任务的复杂性（第五章）。评估者要结合服务对象的需求，与项目评估的委托机构及社会工作者一起完成需求评估、理念提倡、目标构建、策略构思、活动设计、成效评估和经验总结等环节，从中提炼项目的专业服务经验。这一系列环节的完成需要评估者对项目进行长期的跟踪观察。在社会服务项目设计与评估过程中，逻辑模型因其清晰的项目逻辑脉络呈现和整合式的项目利益相关者诉求表达，受到越来越多评估者的重视（第六章）。然而，项目的利益相关者也并不是从开始到结束，都可以始终依托某一特定的干预进行变革。在这种情况下，需要评估者自行构建或发展出一套比较合适的变革理论，而其中对于变革理论的检验也将以项目评估为基础（第七章）。

第五章　项目开发与评估设计

项目评估是对项目环境、设计的全方位评估，旨在通过收集资料来研判某项社会服务或某项干预活动的有效性。项目开发的目的是设计好的评估方案，提升项目评估的能力和技巧。同时，助力项目评估的委托机构检验社会服务的有效性，并进一步提升社会服务水平。项目开发和评估需要依托机构来进行，项目评估机构是项目开发和评估设计的场域和主体。项目评估机构通常会有自己的使命、价值和愿景，以便于统一作出决策和行动。项目评估方案的设计需要一系列的步骤，针对具体的情境设计评估方案。

第一节　项目开发与评估设计的内涵

一、概念分析

项目评估是评估者使用社会研究方法对社会项目所针对的社会问题进行诊断的过程，通过对项目的概念化设计、实施管理以及结果等方面的调查、评审，对特定项目的价值进行评判，并促使其改进。评估者需收集有关项目当前（和未来）干预措施、结果和效率的有用性、伦理性、文化敏感性的数据，以增进对案例的认知和对利益相关者的支持，促进项目层面的决策安排。在开展评估前，首先，要明确为什么进行项目评估；其次，要弄清项目评估的范畴、内容以及内外效度的影响因素。项目开发是指一项完整的项目评估方案的规划和实施过程。面向服务对象的评估能够产生高质量的项目反馈，在实施项目中促进项目的改善，进一步促进好的社会服务项目的开发。

评估设计贯穿评估过程，是对评估开始时间和评估方法的一项计划安排（Fitz-Gibbon & Morris，1987）。要想对一个社会工作计划进行有意义的评估，首先需要知道这个社会工作计划是如何围绕其使命进行设计的。研究设计是一个收集资料，进行探索性或解释性研究，从而产生新知识的过程。评估设计通常分为探索性设计及实验设计。项目评估的设计方案要立足社会服务项目本身，综合考虑项目的运行环境、代理机构、策略方案、逻辑框架、研究过程，制订详细的资料收集、变量测量等具体的操作步骤。在实际评估中不存在最优越的评估设计，应选择最适合特定项目的评估方法。

二、理论依据

社会服务项目评估的理论与方法来源于政府、企业的评估理论与实践（郭景萍，2015）。具体而言，可以归为三类：一是"3E"评估理论，重点考察经济（Economy）、效率（Efficiency）与效果（Effectiveness）；二是"3D"评估理论，从诊断（Diagnosis）、设计（Design）与发展（Development）三方面对非营利组织或项目进行评估；三是服务对象满意度评估理论（王思斌，2013），关注服务对象的价值实现情况。在具体评估实务中，评估者的价值观受到多种思潮的影响，评估者需着眼于社会服务质量的提升、服务对象的增能，构建项目评估设计方案，通过一个反思及行动的循环，务实地提出项目改善的具体方略。

三、因果关系与内外部效度问题

要准确评估一项干预措施是否真正给服务对象带来心理或行为方面的

变化，需要厘清其中的因果关系逻辑。因果关系涉及证据，在涉及太多错综复杂现象的社会关系中，因果关系难以检测。Bloom 等（1999）提出了在建立完整的因果关系中需要注意的一些状况，例如共存、偶然事件、对抗（干扰因素）假说等，避免隐匿或夸大干预效果。

在评估设计时，还必须注意内外部效度问题。项目设计常面临内外部效度的威胁。内部效度是指在研究设计中因变量和自变量之间关系的确实性程度，即内部效度用来评估关于因果关系的推论的"近似确定性"。内部效度越高，对立假设或替代解释的控制程度就越大；反之，就越难以控制。内部效度的第一个威胁是外部事件，即程序目标的前测和后测之间发生的事件。无论是公共的还是私人的，都可能会影响项目目标。解决的策略是，添加一个对照组来控制外部事件的影响。第二个威胁是成熟，是指随着时间的推移，被访者在评估参与中发生的生理和心理上的变化，从而影响因变量或项目目标。第三个威胁是选择偏差。理想的评估设计要从一个群体中随机抽样，并随机分配给各个群体，这保证了研究结果可以推广到更大的人群中。然而，当与预先形成的团体（学生班级、社会团体）进行合作时，偏差就会出现，因为很有可能控制组中的样本在相关变量上是不相等的，这些初始差异将使后测结果无效。因此，选择统计方法时要尽可能补充这些预先形成的差异。第四个威胁是仪器误差，往往是由仪器故障或使用不当而导致的。第五个威胁是统计回归方法，是方法本身导致的误差。第六个威胁是死亡率，即某些被访者可能在项目评估结束前退出，他们的缺席会对研究结果产生重大影响。第七个威胁是被访者的反应效应。即参与者的行为不是受到干预的影响，而是受到他们参与评估项目的知识的影响。例如，尽管给病人服用的是安慰剂，但病人会以为是药物，所以同样产生了有益的结果。其规避方法是，确保所有的参与者（包括实验组和对照组）都能得到平等对待。

外部有效性是指将一项研究设计推广到其他项目设计的难易程度。外部效度的第一个威胁是测试前个体的交互作用。与内部效度的测试威胁相似，前测的性质可以改变研究者对实验干预的反应方式，以及对后测的反应。第二个威胁是处理组与控制组的相互作用，这种威胁通常发生在不能从人群中随机选择参与者的情况。第三个威胁是变量的异质性。即在特定的时间和环境下，对特定的人群进行的评估项目可能并不总是适用于不同时间和环境下的其他人。此外，当评估参与者的态度或行为在某种程度上受到前测的影响时，这种效应便会发生。此时他们不再等同于随机选择的人群，而且也无法将结果推广到人群。因为预测试会在一定程度上影响参与者，研究结果可能只对那些进行了预测试的人有效。第四个威胁是多重疗法干预。当被访者受到连续两个或多个干预时，第一个干预的结果可能影响第二个干预的结果。例如，对于一个参与治疗课程的客户而言，也许一种治疗方法没有好处，所以尝试另一种方法。然而事实上，病人可能从第一种方法中获益，但这种获益可能直到第二种方法被尝试后才显现出来。因此，应增加干预之间的时间间隔，以减少多重干预治疗的可能性。第五个威胁是研究者的偏见。研究者往往倾向于看到他们想看到的东西，力图使实验结果和研究结果一致。控制研究者偏见的方法是进行双盲实验，使评估者和参与者都不知道哪些人在实验组或对照组。

这些威胁因素之间的相互作用也会对项目评估的内外部效应产生影响。因此，项目评估者在研究和评估实践中应尽可能考虑所有的影响因素，并力图去规避它们。

第二节　评估机构的使命和目标

一、评估机构的使命

项目开发和评估需要依托机构来进行，项目评估机构是项目开发和评估设计的场域和主体。项目评估机构通常有自己的使命、价值、愿景，以便于统一作出决策和行动。评估者需要先知道社会工作计划是如何围绕其使命进行设计的，否则无法对社会工作计划进行有意义的评估。社会服务机构是一种为满足合法的社会目的而存在的组织，如儿童关爱机构、青少年成长组织、妇女紧急避难所、老年人医疗保健机构等，各机构的资金来源是多样的，社会项目评估也正是围绕这些服务机构的性质来进行的。因此，要在兼顾机构总体目标的基础上，明确项目评估机构的使命和目标。

一个机构的目标必须反映该机构的任务范围，并以其使命为指导。创建使命宣言，需要将感兴趣的利益攸关方聚集在一起，就该机构的总体方向和基调达成一致。机构的使命为机构内的人员提供了明确的目的，以便于他们从机构外的利益相关者那里获得理解和支持。机构的使命为其内部的所有项目奠定了整体概念基础，因为每个项目都必须与其使命中的总体意图相联系。机构目标的设定通常要考虑如下 4 个部分：第一，当前社会问题的性质；第二，提供服务的客户群体；第三，预期客户端变更的总体方向（所需状态）；第四，实现机构目标的方法，它既可以是广泛的，也可以是狭窄的。

二、项目目标与机构目标

在进行评估设计时，必须考虑如何编写计划目标。此外，还需要讨论衡量项目目标的指标，以及实践目标和实践活动之间的关系。项目目标的设定要遵循具体性、可测量性、可实现性、阶段性原则，这样项目评估才能更好地实施（Grinnell et al.，2017）。

项目目标是项目的一个衡量指标，反映了社会服务项目中社会工作者的意图。项目评估目标的设定必须以委托者为中心，能够帮助委托者解决项目目标所阐明的社会问题。一个项目目标必须具有 4 个主要特征：第一，确定一个当前的社会问题领域；第二，包括问题所在的特定目标人口；第三，包括这一人口所期望的未来状态；第四，说明计划如何达到所期望的状态。

基于情感的项目目标关注改变服务对象对自己的感觉或对另一个人或事物的意识。例如，社会工作服务项目中一个常见的基于情感的目标是提高服务对象的自尊，或者通过某项干预措施减少服务对象的孤立感或抑郁情绪，提高满意度。此外，服务对象对他人或事物的感受和态度是许多社会工作项目的焦点。而基于行为的目标通常情况下是建立一个项目目标以改变个人或群体的行为。例如，减少青少年的滥用药物，增加老年人对社区资源的使用，或减少社区中犯罪的数量。有时，知识或影响目标被用作一种手段，因为在某种情况下，期望态度或知识的改变会导致人们行为的改变。

第三节　评估设计的过程

一、评估设计框架

评估设计是对项目评估过程的模拟，进行评估设计首先要有一个完整的评估框架，包括项目评估的目标、实现目标应包含的研究假设及其支撑的理论。同时，从评估准则、关键的评估指标、评估资料来源以及收集评估证据等维度思考，为设计评估方案做准备。

（一）选择评估工具

评估者需要根据项目评估的实际需求选择合适的工具，综合运用一定的定性或定量评估方法（详见第四章），选定基线工具，设计测量指标，为进入项目评估过程做足准备。

（二）制定评估实施流程

布排各个评估活动的开展顺序，制订详细的时间表、资源预算计划，包括资金、基础设施、人员等。确保合理分配和使用时间、资源。同时，预先考虑好容易遭受干扰或可能出现较多问题的环节，制定替代或应急策略。保证评估的各个环节安排责任到人。

（三）明确评估结果的报告形式

评估者应预先考虑项目评估的预期结果，评估结果的报告形式应符合委托者的需求，以总报告或专题报告等形式提供给委托人。

（四）形成评估实施方案

根据前三步的研究设计，逐渐形成一套系统的方案。评估管理者应该仔细把关评估大纲的各个环节，与管理部门和项目委托人进行充分的沟通，确保评估活动能够顺利地开展。

二、评估设计的步骤

在项目评估中，遵照一定的程序是重要的（Ginsberg，2005）。社会项目评估方案的设计通常涉及项目论证、项目计划、项目实施和项目鉴定等环节，具体包括如下步骤。

（一）让利益相关者参与评估设计过程

项目内的所有工作人员都对项目的发展有影响，因此需要被纳入评估设计过程。同时，项目的利益相关者对评估很重要，项目的任何评估都需要考虑各利益相关者群体的价值体系以及参与评估者的角色、职责和权限。利益相关者是对项目进行投资的人或组织，在评估过程中他们的需求和兴趣是进行项目评估的基础。因此，确定利益相关者对于项目评估至关重要。利益相关者的主要来源包括：第一，参与项目运作的人（赞助商、合作者、资助官员、管理人员、执行董事、主管、经理、一线社会工作者、社会服务项目的竞争者）；第二，项目的服务对象（客户及其家庭成员、社区组织、学术机构、倡导团体、专业协会）；第三，评估的主要受益者，即反馈服务效果并且能够对评估方案作决定的人员。在设计项目评估方案时，要让项目评估者参与项目评估过程，确保他们的观点被充分理解。将利益相关者纳入评估过程的好处还反映在，在参与过程中他们更有可能支持项目评估，提出建议并积极采取行动。相反，如果没有利益相关者的支持，评估设计方案可能会被忽视、批评乃至抵制。

（二）确定项目的目标

对需要评估的项目有一个良好的描述，以便为评估过程的所有后续决策设置参考框架。描述可以与类似的项目进行比较。评估计划必须包含一个针对整个程序的逻辑模型。在开发评估计划时，逻辑模型是很重要的。简单地说，这个步骤是一个正在被评估的内容的逻辑模型。

具体步骤包括：描述项目所要解决的需求（或需求集）；列出特定的期望作为目标和成功的标准；澄清为什么项目活动会导致预期的变化；绘制一个明确的逻辑模型来说明项目基期目标和预期变化之间的关系；评估项目的成熟度或发展阶段；分析项目运行的环境等。但在这一环节，评估者应避免为正在开发的项目创建过于精确的描述。

（三）收集可靠的数据

所有类型的数据都有局限性。因此，评估者应从多途径收集数据，多维度分析和解释，以还原项目的全貌，提高可信度、节省资源并减少应答者的负担。当利益相关者参与定义和收集他们认为可信的数据时，他们将更有可能接受评估结论。在设计评估方案过程中，要明确所有将要实施的活动及其先后次序；在总结活动感受时，注意考察参与者希望得到的结果及其自身态度、行为的变化。在实践中，评估者可以建立一个试点测试或先开展小规模的数据收集工作，明确数据收集、使用的目的；提前规划好评估的步骤；确保方法可行且合乎伦理。在此过程中，摸索出实用、可行和具有成本效益的程序，以增加项目评估成功的机会。

当利益相关者就设计方案达成一致时，整个评估过程将使用这套方案。评估者要经常与利益相关者会面，澄清评估的目的，明确利益相关者的角色和责任。同时，了解哪些人能够实际使用调查结果，根据实际情况动态调整计划以满足他们的需求。此外，评估人员还应与利益相关者签订书面协议，根据实际情况及时调整评估程序、修改评估计划内容。

（四）使用评估管理策略集中进行评估

建立或创建一个社会工作评估项目，首先要阐明这个项目委托机构拟解决的社会问题，据此将项目评估的目的概念化，制订项目评估的具体计划。其次，还需明确参与活动的主体，对项目的任何评估都需要考虑各种利益相关者的价值体系。评估设计方案要凸显对项目的需求、过程、结果和效率评估，以便于聚焦评估问题。具体而言，制订评估设计方案应包括以下内容。

（1）撰写评价概述声明。评价概述声明应与评价结果相一致，包括评估报告的名称、被评估方案的要素名称、主要进行的活动、评估的时间段、评价的总体目标、评估结果的确定用途、评价设计方案、项目的目标受众、如何收集或分析数据以及与评价标准相关的问题等。

（2）创建一个角色和责任表，确保评估的各个方面都被分配给特定的个人，减少对角色的混淆，并获得所有参与评估的人将做什么的协议。在新员工、顾问或合作伙伴加入或离开该项目时，及时更新角色和职责表，并将角色和职责与评估时间轴链接，确保分配给活动的评估团队成员在适当的时间可用。

（3）制定时间表。时间轴是一个关键的管理工具，可以计划何时应该进行评估活动，并跟踪活动是按计划进行或是落后于计划。在评估过程中，应及时检查有关已知资源限制的时间表，无论是财务还是人员配备，以及可能进行的其他并发评估或项目活动的时间表。项目评估团队应创建电子日历并与团队成员共享，可以从任何位置访问，使用共享日历来关注评估的关键日期。

（五）监测评估进度

评估团队成员之间应保持开放的沟通渠道，跟踪总体进度。根据先前建立的预算时间表，确定项目评估工作人员的绩效问题，确定实施问题，如数据访问和数据收集，并监控评估的质量。将评估讨论记录在会议记录中，鼓励团队成员反思他们的评估实践。定期保持对评估的系统记录，帮助关键利益相关者获得他们在评估中发挥积极作用所需的信息。

（六）证明结论正确

通过活动结果的完成情况，评估项目的直接结果；评估项目对参与对象产生的短期影响；评估项目的最终或长期结果，反思是否出现与预期结果相偏离的现象，并剖析其中的原因。同时，可以收集利益相关者的反馈，全面评估活动的影响。有几个因素可能会影响评估设计方案使用的程度，包括评估者的权威性、评估报告的清晰度、及时性、项目或组织情境的变化。

（七）分享经验教训

评估人员有必要不断评估项目发展过程、项目预期结果的完成情况以及项目评估的影响，并把相关的结果及经验教训与其他利益相关者分享（Grinnell et al.，2017）。具体内容包括而不限于：设计并不断反思评估是如何实现预期用户的用途的；在整个项目中反思评估结果如何影响项目运作；就临时发现、解释和影响使用可能性的决定向利益相关者提供持续反馈；安排与预期用户的后续会议，以便将评估结论转化为适当的行动决策；量身定制传播战略，满足利益相关者的需要，从评估中汲取经验教训。

确保利益相关者了解评估程序和调查结果；调查结果包括在影响项目的决策或行动中（即使用调查结果）；那些参与评估过程的人有益的经验；确保评估达到其有用的主要目的。然而，有几个因素可能会影响使用的程度，包括评估者的可信度、报告的清晰度、报告的及时性、撰写并发布评估报告，说明项目或组织背景的变化等。

三、评估设计的指标

评估的概念和理论框架确定后，下一步工作就是选择衡量项目目标的指标，厘清实践目标和实践活动之间的关系。评估指标是指综合一系列项目形成的、反映社会现象或概念属性的数值（纽曼，2021），是一种可测量的指标，例如参与率、收入水平、贫困率、态度、信仰、行为、社区规范、政策、健康状况以及发病率和流行率等，可以衡量项目目标的实现程度。评估指标能较好地代表所测度的概念以及群体。好的指标具有以下特点（杜本峰，2017）：一是有效，即评估者能够有效测量干预行为的预期产出或结果；二是可靠，即不同观察者能够以同样的方式进行测量；三是精确，操作定义明确而具体；四是可度量，即评估者能够借助一定的工具和方法进行量化；五是及时，即评估者能够对项目目标和活动进行恰当的时间间隔测量（Gage & Dunn，2009）。

由于社会现象和属性是抽象且复杂的，所以社会项目评估往往需要用多个指标来衡量。评估指标的构建分为理论遴选和实证筛选两大环节（范伯乃，2007）。在实际操作中，指标的选取可能会面临一些挑战，如某些数据可能被认为是机构的内部信息，或者只能得到汇总或正式公布的数据。当不能确定量化指标时，可以应用定性方法收集定性数据，在某些情况下，定性指标为项目干预的有效性提供了更多的有效信息（Bott et al.，2004）。同时，在指标数量的选择上，应坚持每个核心活动至少一个指标，项目的每个重点领域不超过 10 个指标。

第四节　评估设计的类型

项目评估通常是对群体的评估，因此较少运用个案评估设计，通常需要采用实验研究方法进行群组评估设计。

一、单群组与双群组评估设计

随机现场试验评估是项目评估设计的基础。项目评估者可以通过实验法较为精确地验证项目的有效性。实验法的基本原理是研究对象被随机分为实验组和对照组，评估者运用一定的测评工具观察、比较两组的变化，进而确定项目的实施效果。实验评估法是评估设计的核心基础，其优点在于能够明确项目的效果和意义（余向荣，2006），因而在政治学、管理学和社会学等领域广为应用。在社会项目评估中，随机现场试验方法也存在一定的局限性，项目设计与评估设计间的差距、实验与实际干预之间的差异、时间成本、道德伦理（张晓林，1995；罗希等，2007）等问题增加了实际评估的难度。实验评估方法的具体设计如下。

（一）单群组评估设计

社会工作服务机构有时会要求评估者对社会工作进行单对象评估，用以评估社会工作的实务效果。评估者采用标准化的测量工具，在对服务对象情况进行基本的了解后，进行治疗和服务，然后评估项目的进展、服务提供后服务对象的变化。单群组设计主要包括单组后测设计、横断面调查设计、纵向设计以及单组前—后测设计4种类型。

（1）单组后测设计有时被称为单案例研究。这项设计所提供的只是一个单一的衡量标准，用来衡量一组人受到一种干预或经历后的行为变化。

（2）横断面调查设计只涉及在一个时间段内进行单一的观察或测量。这种评估在需要评估（见第八章）研究中被大量使用。

单组后测设计和横断面调查设计的相同点在于仅对一个变量进行一次测量。

（3）纵向设计围绕项目目标提供了多种测量指标，或者随时间变化的其他一些感兴趣的变量，不局限在一个时间点上，而是进行多次追踪测量。纵向设计一般分为两种类型：一是趋势研究，是指在变量一定的情况下，不同的时间在具有相似特征的人群中抽取不同的样本进行研究，直到认为有足够的数据量进行研究。二是队列研究，是指对特定群体（如患有特定疾病或接受特定治疗的评估参与者）在不同的时期进行追踪研究。

（4）单组前—后测设计。在项目开始前进行程序或项目的前测试，目的是与后测试结果进行比较，以更好地突出项目干预的作用。由于社会工作服务评估过程难以进行实验组和控制组比较，因此，在实验设计中多采用单组前—后测的方法。在项目服务提供前期、中期和后期分别对服务对象的相关要素进行测量，对比不同阶段的测量结果，以确定服务效果。这种方法的优点在于方便观察服务对象前后的改变；缺点在于无法判断服务过程中其他干扰因素对服务对象的影响。

（二）双群组评估设计

由于单群组设计的因果关系解释效力偏弱，有时需要建构双群组设计。主要包括对照组前后测设计、对照组仅后测设计、经典实验设计和随机后测对照组设计 4 种类型。

1. 对照组前后测设计

即通过增加一个对照组来展示前后测设计。对照组与实验组同时参与前测和后测，但对照组不接受干预。测试前的分数表明它们之间的差异程度。如果差异在统计上不显著，可以使用协方差分析的统计方法进行论证。在实施项目评估之前，根据准实验法的要求，选择同质性高的两个小组作为实验组和控制组，分别进行前测。然后仅对实验组提供服务。服务完成后，对实验组和对照组分别进行后测。对比实验组 "前测—后测" 与对照组 "前测—后测" 的值，进而判断所提供的服务是否有效。

2. 对照组仅后测设计

对照组仅后测设计是对单组后测设计的优化，引入一个不加干预的对照组，比较服务后他们的差异程度。但对照组和实验组的被访者不是随机分配的。

3. 经典实验设计

经典实验设计是所有实验设计的基础。包括实验组和对照组，都是由随机分配方法创建的。两组同时进行前测，然后只对实验组进行有效干预，而对对照组进行无效干预（安慰剂），再对两组同时进行后测。

4. 随机后测对照组设计

随机后测对照组设计与对照组仅后测设计相同，不同之处在于受试者被随机分为两组。这种设计在无法进行前测，或者由于测试的影响，预计前测会强烈影响后测结果的情况下很有用。

二、实验评估设计与准实验评估设计

研究设计有两种基本类型：实验评估设计和准实验评估设计。两种方法的关键区别在于参与者的分组，实验评估设计的特点是运用随机分组的方式，准实验评估设计通过非随机的方式进行分配。

在项目评估实践中，任何实验评估都无法完全控制所有的外在影响因素，此时，评估者只能通过控制关键的变量来验证项目的有效性，因而准实验方法应运而生。准实验设计的概念是 Campbell 和 Cook（1979）在讨论研究效度问题时最先提出的，是在接近现实的条件下，尽可能按照实验设计的原则和要求，最大限度地控制各个因素而进行实验的方法。评估者必须根据具体假设，对项目特征及其个体等所有属性逐一分析。此外，准实验评估方法运用过程中也要注意道德伦理问题（罗希等，2007）。在评估实践中，准实验评估方法主要包括不对等比较组设计、回归间断点设计等（方巍等，2012）。

（一）不对等比较组设计

不对等比较组设计包括前—后测比较组设计和单后测比较组设计。实验组和对照组前后都进行测量，即为前—后测比较组设计。在实验中，项目评估者通过对干预对象和对照群体前测与后测数据的比较，评估项目的影响。单后测比较组设计适用于某一干预事件后的评估，尤其是某一项目在进行中出现问题而需要评估的情形。单后测比较组设计中，实验组和对照组都在项目后测量，由于仅在一个时间点进行测量，数据的可信度也饱受质疑。选择这种方法进行评估时，对照组的选择要尽可能与实验组在相关变量上高度接近。同时，为提高内在效度，实验组和对照组的测量应同时进行。

（二）回归间断点设计

在项目评估中，如果无法将研究对象随机分配到实验组，但能够按照其需求、价值或其他情况，将最显著的对象分配到实验组时，往往运用回归间断点设计的方法进行评估（罗希等，2007）。回归间断点设计评估的基本逻辑是根据项目目标与评估标准设立临界点，围绕临界点的两侧分成两组数值，通过实验处理与事后测量回归线的间断点的特征的方式，确定干预项目的总效应（王重鸣，2001）。该评估方法的优点是选择标准与评估过程清晰明确，以变量为分类的统计结果估计无偏。在实际运用中，临界点的选择至关重要。此外，还要注意季节、情绪等周期性因素的影响，尽可能保持被研究对象是稳定的，避免临时更换或被淘汰的现象发生。

参考文献

Bloom M. , Fischer J. , Orme J. Evaluating practice：Guidelines for the accountable professional（3rd ed）. Needham Heights，MA：Allyn & Bacon，1999.

Bott，Sarah，Alessandra G. , Maria C. C. Improving the Health Sector Response to Gender-Based Violence. New York：International Planned Parenthood Western Hemisphere Region，2004.

Campbell D. T. , Cook T. D. Quasi-experimentation：Design & Analysis for Field Setting. Boston：Houghton Mifflin Co. , 1979.

Fitz-Gibbon C. T. , Morris L. L. How to design a program evaluation. Beverly Hills，CA：Sage，1987.

Gage A. , Dunn，Melissa. Monitoring and Evaluating Gender-Based Violence Prevention and Mitigation Programs. U. S. Agency for International Development，MEASURE Evaluation，Interagency Gender Working Group，Washington，DC，2009.

Grinnell R. M. , Gabor P. A. , Unrau Y. A. Program Evaluation for Social Workers. Oxford：University Press，2017.

Ginsberg. L. H. 社会工作评估：原理与方法 [M] . 黄晨熹，译. 上海：华东理工大学出版社，2005.

彼得·罗希，马克·李普希，霍华德·弗里曼. 评估：方法与技术 [M] . 邱泽奇，译. 重庆：重庆大学出版社，2007.

杜本峰. 卫生政策与项目影响评估——量化方法与应用 [M] . 北京：中国人民大学出版社，2017.

范伯乃. 政府绩效评估与管理 [M] . 上海：复旦大学出版社，2007.

方巍，祝建华，何铨. 社会项目评估 [M] . 上海：格致出版社，2012.

　　郭景萍．社会工作机构的运作与管理［M］．北京：北京大学出版社，2015.

　　劳伦斯·纽曼．社会研究方法：定性和定量的取向（第七版）［M］．郝大海，译．北京：中国人民大学出版社，2021.

　　王思斌．社会行政［M］．北京：高等教育出版社，2013.

　　王重鸣．心理学研究方法［M］．北京：人民教育出版社，2001.

　　余向荣．公共政策评估的社会实验方法：理论综述［J］．经济评论，2006（2）．

　　张晓林．信息管理学研究方法［M］．成都：四川大学出版社，1995.

第六章　逻辑模型

20 世纪 70 年代以来，随着基于结果的管理技术逐步引入，许多公共部门和服务机构的管理者在项目和规划管理方面采取了更为系统的方法（程晓龙，2007）。项目评估者将逻辑模型（Logic Model）视为一种基于"因—果"经典推理方式的具体呈现。作为一种理解项目的方式，通过对项目的可视化呈现，不仅能够显示项目的运行原理和运行过程，还能够根据细化程度构建出明确描述项目活动、项目产出，以及项目要素间关系的因果模型（Casual Models）（麦克戴维、霍索恩，2011）。因此，在项目设计与评估中，逻辑模型已成为国际评价领域内被广泛使用的一项传统评价工具。

逻辑模型也称逻辑框架（Logic Framework），它建立在基本逻辑建模方法的基础上，将项目已有的资源与项目的最终目标有机整合起来，以项目可视化的方式完整、清晰、有序地展现整个项目的发展过程。对于项目设计与评估者而言，这种方法一方面能够图示其对项目的期望和实现路径，另一方面可以找出项目活动和计划取得效果之间的关系。因此，逻辑模型在澄清项目元素、定义关系、描述期望结果的路径、确定评估的类别等方面都有广泛的应用。

第一节　逻辑模型的基本内容

逻辑模型注重分析事物之间的内在逻辑，以及事物发展的各个环节之间的因果关系，因而得到广泛的实践和应用。在公共管理领域，逻辑模型通常出现在政策效果评价或者政府绩效评价中；在社会工作领域的服务项目设计与评估中，逻辑模型因其清晰的项目逻辑脉络呈现和整合式的项目利益相关者诉求表达，受到越来越多评估者的重视，认为其对阐释评估问题、设计评估方案和解释评估结果等具有很大的帮助（Bickman，1987；王力峰等，2015）。

从应用范围来看，逻辑模型发端且被广泛应用于项目管理和评价领域；从研究方法来看，逻辑模型以"开放系统"（Open-system）的方式出现，突破了主流定量研究方法对项目评价的限制。因此，本节将基于质量管理和开放系统这两大视角，梳理逻辑模型的发展历程，并从逻辑模型的构成要素和基本框架两大方面展开对逻辑模型基本内容的介绍。

一、逻辑模型的发展历程

（一）质量管理的视角

逻辑模型最早起源于私立部门的全面质量管理评价中，之后被广泛应用于公共部门、政府部门和非营利性组织领域。逻辑模型的发展历史可以追溯到 20 世纪 70 年代。1970 年，美国国际开发署（United States Agency for International Development，USAID）开发并使用了一种用于项目开发、计划和评价的工具，并将其称为逻辑模型。逻辑模型可以建立资源投入与最终结果之间的关系，进而找出其中的关键点和关键问题，有利于组织评价和反馈，完善组织行为。

因此，逻辑模型作为行业分析、项目规划和项目管理的概念性和分析性工具，广受国际援助机构和类似项目组织的青睐（基林，2011）。在目前的项目设计和评价领域，已有 2/3 的国际组织把逻辑模型作为项目开发设计、工作计划以及考核评价的主要工具（程晓龙，2007）。

（二）开放系统的视角

20 世纪 60—70 年代，作为主流的定量研究方法也对项目评价领域产生了深刻的影响，当时人们普遍认为好的项目评价应该具有实验特性，并且能够对数据进行定量分析。直到 20 世纪 80 年代，强调人性化观点的定性研究逐渐兴起，并开始撼动定量研究在社会科学中的统治地位，而当时的项目评价领域也正处于分化阶段（麦克戴维、霍索恩，2011）。在此背景下，以 Ernest House 为代表的学者提出"开放系统"的观点，认为在评价项目时不应该过分深究项目内部的运行原理，而应该重点研究项目整体和项目运行结果之间的关系。由于在主流定量研究观点下，基于实验设计的评价方法将项目视为不可知的"黑盒子"，而开放系统的观点则强调项目其实是一个开放的体系，可以将项目图像化地呈现为一个可视化的系统，因此，这些可视化的呈现方法便被称为"项目逻辑模型"（Program Logic Models）。

二、逻辑模型的构成要素

（一）逻辑模型的四大基本要素

在项目设计和评估领域中，一个好的逻辑模型要求能够很好地回答以下两个关键问题：一是在有限的资源条件下，项目如何满足利益相关者的特定要求；二是具体的评估将如何提高项目的有效性（Mclaughlin & Jordan，1999）。从本质上看，这两个关键问题其实反映了构成逻辑模型的两层内在逻辑关系：第一层逻辑关系说明在特定的资源投入和管理条件下，预计会有怎样的产出，这是计划工作的部分；第二层逻辑关系是项目产出与经济、社会的直接变化间的关系，这是期望的结果部分（齐晓娟，2014）。

从逻辑模型的内在逻辑关系出发，归纳出逻辑模型的四大基本要素分别为：投入（Input）①、活动（Activities）、产出（Outputs）和成效②（Outcomes），其中成效具体分为短期成效（Short-term Outcomes）、中期成效（Intermediate Outcomes）和长期成效（Long-term Outcomes）3种（Mclaughlin & Jordan，1999）。表6-1展现了逻辑模型的四大基本构成要素及其具体内涵。

表6-1　逻辑模型的四大基本要素

基本要素	具体内涵
投入（Input）	为了完成目标而投入的资源，包括人力、物力和财务资源等
活动（Activities）	在已有资源的基础上，为了得到产出而进行的所有工作
产出（Outputs）	项目的直接产品、商品和服务等
成效（Outcomes）	项目活动和产出所带来的变化，包括短期成效、中期成效和长期成效

资料来源：Mclaughlin J. A.，Jordan G. B. Logic models：a tool for telling your programs performance story. Evaluation & Program Planning，1999，22（1）：65-72.

（二）逻辑模型的其他构成内容

为了更好地呈现项目的内在逻辑结构，构建出的逻辑模型除了包含投入、活动、产出和成效这四大基本构成要素之外，还应将整个逻辑模型放置于项目所处的环境中进行考虑，重点考察逻辑模型是否抓住了项目所需要解决的核心问题，是否客观、准确、真实地采用图示化方式来呈现整个项目过程。因此，作为丰富逻辑模型的重要部分，逻辑模型其他构成内容的作用和价值也不容忽视。

1. 问题陈述（Problem Statement）

对于逻辑模型而言，问题陈述应该反映出需要改变的特定对象的问题。这类似于大多数规划模型中的问题定义步骤。问题陈述不仅应该反映

---

① 投入（Input）有时也可以直接用资源（Resources）替代。

② 成效（Outcomes）也可以表述为结果。

能够改变的条件，并可以通过特定的措施来解决，而且还需要结合当前环境与利益相关者的期望状态等外部影响来进行综合考量（Julian et al.，1995）。

2. 项目组成成分（Program Components）

项目组成成分是项目中的活动群，一般也可以指在项目实施机构内的行政单元（Mclaughlin & Jordan，1999）。项目可以依据不同的划分标准而形成不同的组成成分，按照不同的组成成分又可以形成不同的项目工作小组，以此来匹配比较合适的项目人员。

3. 实施目标（Implement Objectives）

需要明确的一点是，实施目标并不等于项目目标。实施目标要求确保以实现项目最终目标为核心的活动得以顺利进行。而项目目标则是项目最终想要实现的改变。实施目标推动着项目过程的进行，而项目目标引导着整个项目的发展。

4. 链接构念（Linking Constructs）

链接构念的概念最早由 Carol Weiss 在 1972 年引入项目评价领域，在当时被称为"桥变量"，是指将逻辑模型中的产出和成效链接在一起的过渡因素。链接构念并不是逻辑模型的必备要素，一个项目是否具有链接构念，关键在于该项目所预期的因果链条中，产出与成效之间的步骤是一个还是多个（麦克戴维、霍索恩，2011）。

三、逻辑模型的基本框架

作为一种概念化论证项目的方法，逻辑模型的核心是事物层次间的因果逻辑关系。这种以目标为导向的线性逻辑思考方式，表明预期结果的产生必须基于特定的情景。在逻辑模型中，特定的情景即是提出逻辑模型的前提条件。为了更好地理解逻辑模型各要素之间的关系，可以借鉴吴建南、刘佳（2007）的逻辑模型框架，具体如图 6-1 所示。

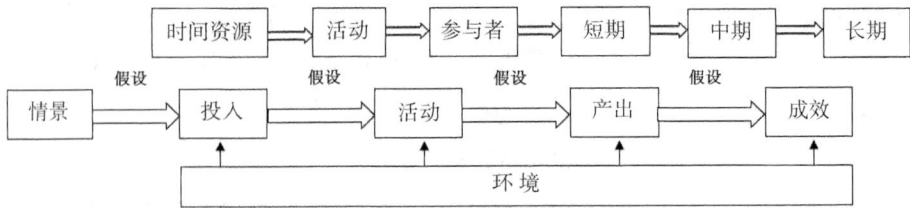

图 6-1　逻辑模型基本框架

资料来源：吴建南，刘佳．构建基于逻辑模型的财政支出绩效评价体系——以农业财政支出为例［J］．中南财经政法大学学报，2007（2）．

第二节　逻辑模型的一般构建

　　逻辑模型展示了项目活动之间如何连接进而达到期望的目标或结果，为项目的评估提供了基本框架。与流程图类似，它使用方框列出了项目活动和目标，并使用箭头连接框，显示了活动和目标如何相互连接。开发一个逻辑模型通常是项目评估的第一步（Coffman，1999）。一旦模型完成，就可以设计评估，以确定项目是否按照逻辑模型的显示来进行。

　　一个逻辑模型可以由任何了解该项目的人构建，但最好的方式是由该项目的执行者和评估者不断沟通讨论共同创建，因为执行者可以提供必要的专业知识来准确描述项目及其预期结果，而评估者则可以帮助活动人员将这些知识转化为评估术语。从这一层面来说，构建逻辑模型的过程，其实就是一个帮助项目团队更深入了解项目、实现共同成长的互动过程。

　　为了更好地呈现项目，一般在构建逻辑模型之前，项目设计和评估者必须清楚回答以下 3 个主要问题（Mclaughlin & Jordan，1999）。

- 项目最终期望实现的目标是什么？为什么这个目标是最重要的？
- 将通过哪些方式或指标来测量项目的有效性？
- 将通过哪些实际的操作方式来执行？

一、构建逻辑模型的具体步骤

（一）充分收集相关信息

不论是设计新的项目还是描述现有的项目，在构建逻辑模型之前都需要与项目利益相关方进行比较深入的沟通和交流，充分、持续、多渠道地收集与该项目相关的信息，一般包括项目内部信息和外部信息两大类，其中项目内部信息多是关于利益相关方目前面临的问题以及导致问题的因素，项目外部信息则一般涉及整个项目运行的外部环境特征。

然后需要根据相关信息来选择逻辑模型的适用范围，即收集到的项目相关信息是决定逻辑模型应该专注于项目某个特定部分，还是广泛覆盖整个项目或组织。因此，对这部分的选择结果应该由所收集到的项目评估或信息需求来驱动。

（二）清晰界定基本要素

在逻辑模型的范围大致确定后，就需要根据收集到的相关信息，对期望构建的逻辑模型的基本要素进行清晰界定。项目评估者可以根据逻辑模型的四大基本要素将信息进行重点分类，并参考信息本身的特征，将其标记为投入、活动、产出、成效（短期成效、中期成效、长期成效）和外部因素等。需要注意的是，由于信息可能比较混杂，在进行分类时可以重点关注那些对于提高项目人员对计划运作方式的理解起关键作用的信息。

（三）绘制项目逻辑模型

一般来说，对逻辑模型的基本要素清晰界定之后，就可以称得上是通过了构建逻辑模型最难的环节。但在接下来绘制项目逻辑模型的过程中，仍有两点需要注意：一是需要项目团队成员的共同参与和讨论；二是要对模型中基本要素之间的逻辑关系进行检视和反复修正，完善逻辑模型的准确性和可读性，直到所有项目人员都满意为止。

虽然有多种方法可以表达逻辑模型，但逻辑模型通常用列和行来表示。其中基本要素的关键信息文本放在对应的矩形框中，构成基本要素的整体框架；外部因素在基本要素整体框架之外，与其共同形成一个完整的逻辑模型。

图6-2展示了逻辑模型最为常见的呈现方式。

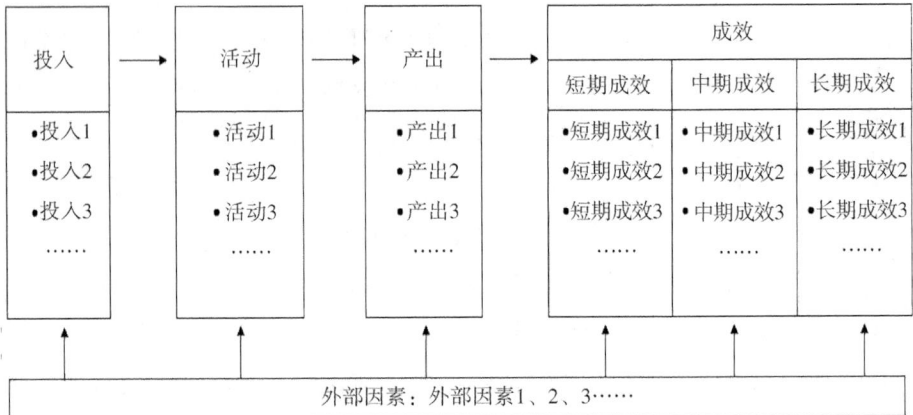

图6-2　逻辑模型呈现方式示例图

（四）确定具体评估指标

在项目的逻辑模型大致建立好之后，项目评估者其实就可以把逻辑模型作为这个项目评估的基本框架加以运用。由于逻辑模型提供的是框架性的概念，而非具体的、可操作化的技术，因此在实际的评估中，项目评估者还需要根据逻辑模型中基本要素的内容，来确定与之相应的、具体的评估指标。如针对活动要素设立的过程评估指标（Process Indicators），针对短期成效、中期成效和长期成效要素设立的成效评估指标（Outcome Indicators）等。

确定具体评估指标时，还应该着重考虑以下几个问题（Coffman，1999）。

- 指标是否能够帮助评估者较好地了解相关条件或预期的结果？
- 指标是否能提供足够的信息，让支持者和怀疑论者信服？
- 指标是不是定量的，或者是能够直观显示结果的？
- 指标所需要的相关数据是否正在收集，或者已有可获取的途径？

（五）反复验证逻辑模型

为了进一步检验逻辑模型与项目的契合度，在构建逻辑模型的最后一个阶段还需要将逻辑模型与最开始收集到的所有项目相关信息串联起来，按照逻辑模型的要素框架和逻辑思路对其进行反复验证。验证选定的各要素之间是否具有较为紧密的"因为—所以"关系，是否能够在线性逻辑的基础上依次展开，进而保证项目最终所期望的目标和结果得以实现。当所有逻辑关系的验证均通过时，便成功构建了一个具有应用和评估价值的逻辑模型。

二、评价逻辑模型的基本方法

评价逻辑模型有两个关键点：一是描述项目框架结构的完整性；二是确定因果关系链的合理性（Macphee，2009）。逻辑模型遵循的是事物层次间的因果逻辑关系，因此，按照其因果逻辑依次展开评价，使用相应的因果语句将项目逻辑描述为一系列假设，然后再进行陈述（United Way of America，1996），即：如果有投入，那么就会产生一系列计划和活动；如果一系列计划和活动得到开展，那么就会有具体的产出；如果产出带来改变，那么首先会出现短期成效；如果短期成效持续产生影响，那么就会产生中期成效；如果中期成效持续产生影响，那么就会带来长期成效；如果长期成效得以产生，那么问题将得到解决，最终期望的目标也得以实现。

按照这样的思路，可以通过逻辑模型对以下问题（Renger & Titcomb，2002）的回答情况，来进一步检视逻辑模型的完整性。

- 逻辑模型的详细程度是否足以说明要素内容及其相互关系？
- 项目逻辑是否完整？是否包含所有的关键因素？
- 项目逻辑理论上是否合理？所有的要素是否合乎逻辑地融合在一起？是否还有其他可行的途径来实现项目成果？
- 是否纳入了所有相关的外部环境因素，并描述了它们的潜在影响？

第三节 逻辑模型的案例分析

在项目设计和评估的实务中，逻辑模型帮助评估者更加全面地把握项目要素之间的内在联系，进而更有针对性地开展项目评价。结合上文对逻辑模型主要内容和一般构建的介绍，本节将选择一个由哈佛大学进行的家庭研究实例——"家庭参与项目"（Family Involvement Project，FIP）进行逻辑模型的案例分析。

一、项目的基本背景介绍

"家庭参与项目"（FIP）是一个全国性组织的项目，该项目旨在通过增加家庭成员（主要关注父母）参与孩子教育的程度和水平，达到改善儿童发展情况的效果。因此，该项目招募并训练社区的家长代表，并开展一系列的工作坊活动，教导家长们如何有效参与孩子的教育。此外，该项目还鼓励在社区中开展培训，向家长提供技术援助和培训，并给所有参加讲习班的家长分发学习材料。

在社区内，该项目还建立了一个可持续的家庭参与式培训体系，同时与当地的学校建立关系，以确保参与该项目的家庭能够受到欢迎和支持。此外，该项目还在当地建立组织联盟，这些组织主要关注项目的维持和社区家庭的参与情况。

二、项目逻辑模型的构建过程

"家庭参与项目"（FIP）的全过程完整呈现了构建逻辑模型的基本步骤，下面将结合具体步骤的图示进行介绍。

（一）充分收集相关信息

构建逻辑模型的第一步是充分收集相关信息，并确定模型的适用范围。在这个过程中，参考战略规划文件、任务说明、赠款建议、工作计划、招聘公告、营销或公关材料、培训材料或出版物等，任何能够描述所做工作的相关文件对充分收集相关信息都有帮助。

在"家庭参与项目"（FIP）中，项目工作人员发现，在社区招募和培训的家长代表，并没有像他们最初估计的那样，有比较多的参与人数而且能够达到比较好的培训效果。这可能缘于一些问题，其中包括项目培训的内容、家长代表的招聘标准问题、招聘和培训的可行性，以及项目员工对家长的能力抱有不切实际的期望等。

基于上述情况，该项目开始准备构建一个逻辑模型，该模型将帮助"家庭参与项目"（FIP）确定出现上述问题的来源，并找出可能的解决方案。

图6-3展现了"家庭参与项目"（FIP）逻辑模型的主要逻辑思路。

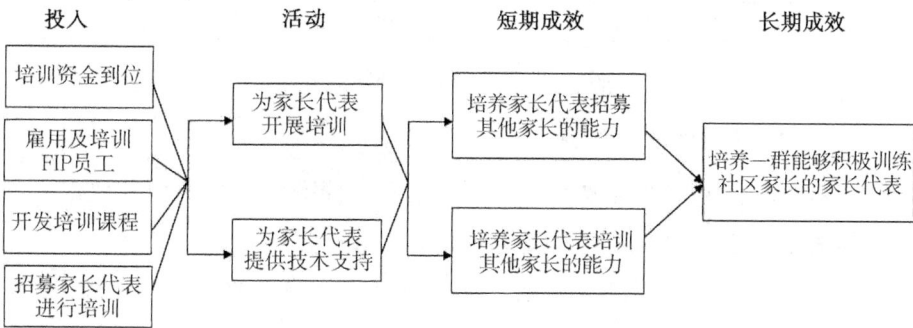

图 6-3 FIP 逻辑模型图解 1

（二）清晰界定基本要素

在确定了逻辑模型适用范围的基础上，构建逻辑模型的第二步便是清晰界定逻辑模型的基本要素。

图6-4展现了"家庭参与项目"（FIP）逻辑模型基本要素的主要内容。

投入	活动	产出	成效		
			短期成效	中期成效	长期成效
•基本资源 •合作关系 •规划保障	•招募和培训家长代表 •向家长代表提供一定的技术支持 •给家长分发FIP资料 •建立与学校的关系 •建立当地家庭参与计划和相关组织的联盟 •给资助者发FIP资料 •与潜在的长期资助者建立合作关系	•接受培训的家长人数	•增加社区中家长参与的数量 •增加家长对参与孩子教育的了解 •建立或加强本地合作，以促进和维持家长的参与 •提高对FIP及其可持续性的认识和承诺	•随着时间的推移，家长参与项目的效果得到改善	•提高FIP家长参与孩子教育的程度 •提高家长参与孩子教育的水平：家长与学校紧密合作，寻求领导地位 •FIP得到持续发展

外部因素：人员流动、资金延迟、交通便捷度

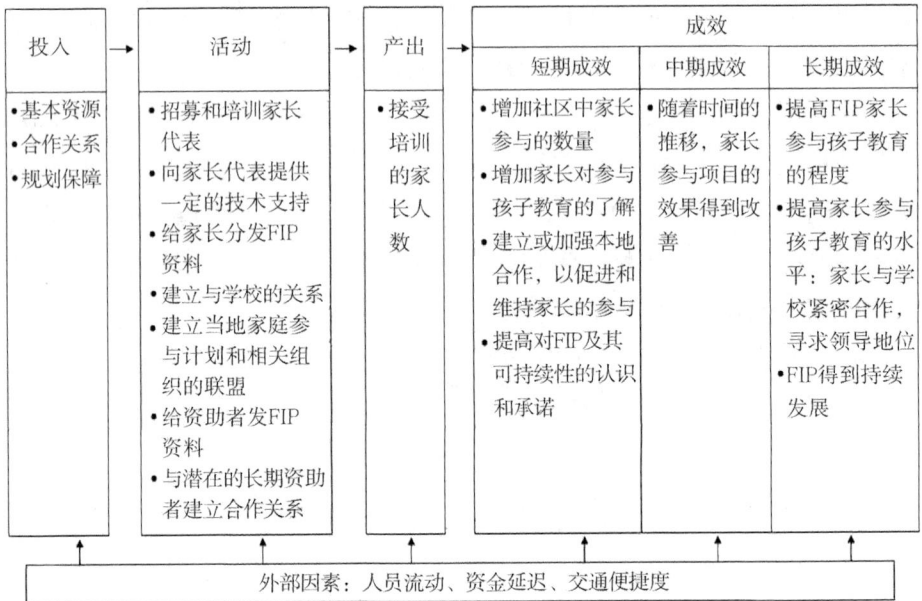

图 6-4　FIP 逻辑模型图解 2

（三）绘制项目逻辑模型

在对逻辑模型中的各要素界定完成之后，接下来就是根据各要素之间的逻辑关系，绘制出包含要素关系的项目逻辑模型。

图 6-5 展现了"家庭参与项目"（FIP）逻辑模型的完整结构。

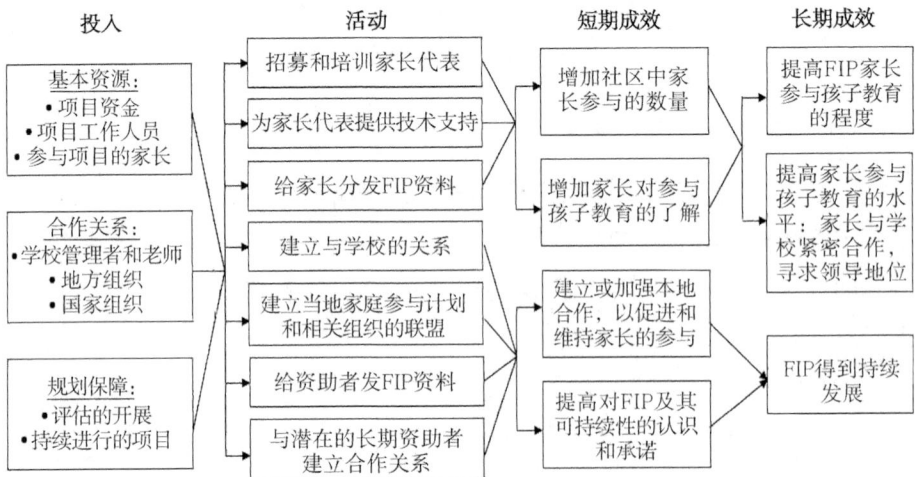

图 6-5　FIP 逻辑模型图解 3

（四）确定具体评估指标

在项目逻辑模型已经成型之后，需要根据逻辑模型中的基本要素内容，来确定相应的、具体的评估指标。

在"家庭参与项目"（FIP）中，为了提高参与项目的家长人数和项目培训的效果，所构建的逻辑模型还需要通过一些具体的评估指标，来对项目活动、项目成效以及各要素之间的逻辑关系进行进一步的梳理和确认。

1. 过程评估指标

在使用过程评估指标来评估活动时，例如，对于 FIP 逻辑模型中"为家长代表提供技术支持"的活动，可以使用以下指标。

（1）收到技术援助请求的数量。

（2）对收到技术援助请求进行反馈的数量。

（3）提供技术援助类型的种类数量。

（4）家长代表对提供的技术援助给予的满意度评价。

2. 成效评估指标

在使用成效评估指标来评估成效时，例如，对于 FIP 逻辑模型中"提高 FIP 家长参与孩子教育的程度"的成效，可以使用以下指标。

（1）接受了 FIP 培训后，在孩子教育上投入了更多时间的家长人数。

（2）接受了 FIP 培训后，对孩子教育的水平（能力）有所提升的家长人数。

（3）家长自我报告中参与孩子教育的方式的种类数量（如在家辅导孩子功课、鼓励孩子参与班级志愿服务和学校活动等）。

（4）在 FIP 培训后，报告家长参与人数与增加的教师人数。

3. 要素关系评估指标

除了对活动和成效设立评估指标之外，还可以确定一些指标来检视逻辑模型中各要素之间的关系。这些指标可以帮助我们确定，所画箭头显示的逻辑关系是否准确和有意义。例如，对于短期成效中的"增加家长对参与孩子教育的了解"，导致长期成效中的"提高 FIP 家长参与孩子教育的程度"这一关系,可以使用以下指标。

(1)从研究文献中能够显示"FIP 家长对孩子教育的参与程度与家长对参与孩子教育的了解程度之间有关系"的证据数量。

(2)从研究文献中能够显示"FIP 家长对孩子教育的参与程度与家长对参与孩子教育的了解程度之间有正相关关系"的证据数量。

(3)从研究文献中能够显示"FIP 家长对孩子教育的参与程度与家长对参与孩子教育的了解程度之间没有关系"的证据数量。

(4)自我报告中"由于对参与孩子教育的了解加深,而增加了对孩子教育参与"的家长人数。

(五)反复验证逻辑模型

在这一步骤中,除了将所获得的项目相关信息纳入逻辑模型,进行再一次的"因为—所以"关系验证之外,还需要结合项目的实际情况,尤其是那些新产生的项目关键信息,更需要将其放置于建立好的逻辑模型中进行反复验证和进一步的修正。

例如,在 FIP 逻辑模型中可能会遇到这样的问题,即家长代表在经过培训后并没有像最初估计的那样,在他们所在的社区中招募和培训其他家长。因此,评估可能会发现,除了 FIP 工作人员提供的技术援助外,家长代表还需要在他们的外联工作中得到支持。作为对这一发现的回应,FIP 的工作人员可能觉得他们需要增加项目培训的活动,在社区中发展一定的信息交流网络,进而拓展家长代表的交际范围。这个活动要素的添加将改变整个项目逻辑,因此也会在一定程度上改变逻辑模型。

由此可见,逻辑模型的构建要求项目设计和评估者密切关注项目内外环境的变化,并据此对逻辑模型作出最适宜的修正和调整。

第四节 逻辑模型与变革理论的比较

在项目设计与评估中,逻辑模型和变革理论都是比较经典的评价工具，在国际评价领域内两者都广为流行。但在项目评估的实务中，逻辑模型和变革理论虽各有所长，但也常常容易被混用和误用，这很大程度上是由项目设计和评估者对逻辑模型和变革理论的理解不深所致。

　　基于此，本节将先通过两两对比的方式展开对逻辑模型与变革理论的比较，接下来再从逻辑模型的角度，探讨其相对于变革理论的比较优势，以帮助学习者们更好地掌握和恰当运用逻辑模型和变革理论。

一、逻辑模型与变革理论的特点对比

　　为了比较清晰地展现逻辑模型与变革理论各自的特点，将从以下几个维度展开二者的两相对比，具体对比情况如表6-2所示。

表6-2　逻辑模型与变革理论的特点对比

比较维度	逻辑模型	变革理论
产生时间	20世纪70年代	20世纪90年代
逻辑方式	线性逻辑	多线性逻辑
思考方式	因为—所以	理论—行动—反思
突出特点	单一性、层次性、固定性	灵活性、交互性、反思性
关注重点	强调"目标链"，注重各要素之间的因果分析	强调"成效链"，关注项目对服务对象的改变情况
基本要素	投入、活动、产出、成效	投入、活动、产出、成效、影响
其他要素	问题、目标、指标、假设、链接	
构念等	问题、目标、指标、干预、假设等	
假设条件	以"假设为真"进行项目设计	以"假设为真"进行项目设计
构建步骤	1.充分收集相关信息；2.清晰界定基本要素；3.绘制项目逻辑模型；4.确定具体评估指标；5.反复验证	1.确定最终目标和关键假设；2.确定变革框架；3.确定衡量指标；4.确定干预措施；5.叙述说明和解释
评价标准	"如果—那么"的假设语句检验	可信性、可行性、可测性

续表

比较维度	逻辑模型	变革理论
主要优势	1. 可以被视为项目评估的基础和前提；2. 呈现方式更为简洁，构建步骤更具有框架性，易于掌握	1. 关注变化及其如何实现，能够更好地把握变化的复杂性；2. 不再局限于项目本身，还考虑到影响变化的方案和非方案因素

二、逻辑模型对变革理论的比较优势

逻辑模型是关于项目在一定条件下如何开展，并以合理的方法来解决特定问题的一种可视化表示，它是项目评估的基础（Fielden，2007）。逻辑模型出现的时间早于变革理论，因此在项目评估实务中逻辑模型的运用也相对更加广泛。作为一种传统的评估工具，逻辑模型相较于"后起之秀"的变革理论，存在以下两个方面的比较优势。

其一，逻辑模型可以被视为项目评估的基础和前提。逻辑模型强调项目各要素之间的线性因果关系，更关注项目最基本，同时也是最重要的逻辑层次，因而对于项目评估者而言，在项目评估开始进行之前，可以较为快速、清晰地掌握整个项目的关键信息和要素间的逻辑关系。

其二，逻辑模型的呈现方式更为简洁，构建步骤更具有框架性。为了将项目以可视化的方式展现出来，逻辑模型提供的呈现方式主要立足四大基本要素（投入、活动、产出、成效）。在构建逻辑模型的时候，如果能够准确找到四大基本要素对应的关键信息，逻辑模型的主要框架内容基本上就得以形成。因此，相较于需要把握变化复杂性的变革理论而言，逻辑模型的构建也会比较容易掌握（Fielden，2007）。

综上可知，逻辑模型作为传统评价工具的典型代表，因其逻辑清晰、简洁易懂、操作方便等特点，长期受到项目评估者的青睐。对于项目评估的初学者而言，在学习逻辑模型时，不仅需要了解和掌握逻辑建模的思考方式，学会通过对项目内在逻辑的分析找到项目的"目标链"，进而更好地理解项目之中的"手段—结果关系"（Means-ends Relationships）（麦克戴维、霍索恩，2011）；还要掌握如何准确、高效、全面地找到项目的四大基本要素信息，同时，培养能够基于要素信息来梳理项目各层级逻辑关系的能力，进而达到从整体上快速把握项目的关键信息，更好、更快地开展评估工作的效果。

参考文献

Bickman L. Using Program Theory in Evaluation：New Directions for Program Evaluation. San Franciso，CA：Jossey-Bass Publishers，1987.

Coffman J. Learning form Logic Models：An Example of a Family/School Partnership Program. Harvard Family Research Project ［EB/OL］. http：// www. gse. harvard. edu/hfrp/pubs/onlinepubs/rrb/learning. htmls，1999.

Fielden S. J. Key Considerations for Logic Model Development in Research Partnerships：A Canadian Case Study. Evaluation & Program Planning，2007，30（2）.

Julian D. A.，Jones A.，Deyo D. Open Systems Evaluation and the Logic Model：Program Planning and Evaluation Tools. Evaluation & Program Planning，1995，18（4）.

Macphee M. Developing a Practice-academic Partnership Logic Model. Nursing Outlook，2009，57（3）.

Mclaughlin J. A.，Jordan G. B. Logic Models：A Tool for Telling Your Programs Performance Story. Evaluation & Program Planning，1999，22（1）.

Renger R.，Titcomb A. A Three-Step Approach to Teaching Logic Models. American Journal of Evaluation，2002，23（4）.

United Way of America. Measuring Program Outcomes：A Practical Approach. Arlington，VA，1996.

詹姆斯·C. 麦克戴维，劳拉·R.L. 霍索恩. 项目评价与绩效测量：

实践入门［M］．李凌艳，张丹慧，黄琳，译．北京：教育科学出版社，2011.

程晓龙．逻辑模型及其在绩效管理中的作用［J］．卫生软科学，2007（2）．

拉尔夫·基林．项目管理（第2版）［M］．北京：经济管理出版社，2011.

齐晓娟．基于逻辑模型的矿产资源可持续发展财政支出绩效评价指标体系构建［J］．内蒙古大学学报（哲学社会科学版），2014（3）．

王力峰，章昌平，黄梅芳．民族地区生态旅游可持续发展的评估体系研究［M］．北京：经济科学出版社，2015.

吴建南，刘佳．构建基于逻辑模型的财政支出绩效评价体系——以农业财政支出为例［J］．中南财经政法大学学报，2007（2）．

第七章　变革理论

20 世纪 90 年代以来，变革理论（Theory of Change）被越来越广泛地运用在项目的设计与评估中。作为一种"面向结果"的项目管理工具（陈光、邢怀滨，2017），变革理论强调对一项干预措施（如计划、项目、行动、政策等）如何产生预期变化及其要素影响过程的探究，关注对干预措施背后各要素之间因果关系的揭示和基本假设的把握，能够展现出长远目标和社会变革的实现过程（陶蕊、胡维佳，2015）。因此，变革理论在国际评价领域被广泛使用，成为一项经典的评价工具。

变革理论应用领域广泛，理论体系发展成熟，目前已被广泛用于公益慈善、非营利组织以及政府等部门，作为推动社会变革的项目规划、设计与评估的重要方法（Brest，2010）。在社会工作领域，近年来变革理论也在逐渐普及和应用（Grinnell et al.，2017）。

第一节　变革理论的基本内容

相较于一般的基础理论而言，变革理论更多的是提供一种逻辑学习的视角，反映的是一种动态的、批判性的、反思性的思考过程，探索变革及其发生的方式，进而使得制定的项目战略规划能够清晰而透明地呈现出来。在这一过程中，变革理论既阐明了参与者对变化的理解，又助推着参与者对它展开进一步的深入探索。因此，变革理论的核心是理解项目对服务对象的改变情况。

变革理论的思想较早见于环境学、组织心理学、社会学以及政治科学中，用于评价某个项目是否有效，或者诠释、证明某个项目是如何产生效果的（Stachowiak，2010）。但追溯"变革理论"这一术语的最初来源，却很难找到十分确切的出处①。由于不同的学者对变革理论的起源观点不一，主要基于项目理论和发展理论两大视角进行讨论，因此，本节将基于这两大视角，梳理变革理论的发展历程，并从变革理论的构成要素和逻辑框架两大部分展开对变革理论基本内容的介绍。

一、变革理论的发展历程

（一）项目理论的视角

项目理论（Program Theory）是一项说明项目干预过程、揭示项目干预措施及其结果间因果联系的理论（丁雪等，2013），目前已有近60年的发展历史。从项目理论的视角来看，变革理论的发展深受项目理论的影响。

1. 20世纪50年代末至60年代末

1959—1960年，《美国培训与发展协会会刊》连载了4篇关于培训评估的论文，文章提出"学习评估的四个层级"：学员对培训的反应；新知识、技能和态度方面的学习；将所学运用到工作环境的行为；目标成效达成的结果。这四个层级所呈现的学习目标达成路径，成为当时进行规划评估的框架，也为之后基于项目理论的评估在评估实务中的发展奠定了思想基础。

2. 20世纪70年代初至80年代末

1967年，Edward Suchman 和 Daniel Stufflebeam 先后提出"目标链"的概念和 CIPP 模型。前者将关注点放在对目标和相关干预措施之间的关系探究上，进而发展出对项目"成效链"和"因果链"的研究；后者则形成

---

① http：//www.theoryofchange.org/what-is-theory-of-change/toc-background/toc-origins/.

了以背景、投入、过程、产品 4 个模块为核心的评估模型，关注不同模块之间的线性逻辑关系，最终发展出一项与变革理论同样被广泛使用的评估工具——逻辑模型（Logic Model）。在此阶段，作为项目理论两大分支的变革理论和逻辑模型，均得到了不同程度的延伸和发展。

3. 20 世纪 90 年代至今

20 世纪 90 年代，变革理论在理论评估（Theory-Based Evaluation）的基础上，随着社区倡导评估实践的发展逐渐成形（Weiss & Connell，1995）。1995 年，以 Weiss 等人为主要成员的"社区变革圆桌委员会"出版了著作《评估社区行动的新方法：理论、测量和分析》（*New Approaches to Evaluating Comprehensive Community Initiatives*）。此后，变革理论得到持续的研究和传播，并扩展到国际发展、公共卫生以及教育等诸多领域。基于互联网技术开发出的智能软件 Theory of Change Online（TOCO）①，便于在项目评估中设计、编辑和存储变革理论，为决策和评估创建详细的框架，同时也为评估者和社会服务机构的持续管理和审查提供了实用工具。

（二）发展理论的视角

从发展理论（Theory of Development）的视角来看，变革理论则被更多地赋予了"理论—行动—反思"的内涵，表现为对社会变革的广泛思考。

20 世纪 70 年代，关于社会如何发展的争论越来越多。人们认识到经济增长往往导致贫富差距扩大，但许多发展型项目并没有带来可持续的变化，这让许多人质疑现有发展思维背后的假设。在此情况下，巴西教育家保罗·弗莱雷（Paulo Freire）、坦桑尼亚总统与发展思想家尼雷尔（Nyerere）两人代表发展中国家发声，提出了一种完全不同的对贫穷原因的分析和解决方法。保罗·弗莱雷认为，变革理论蕴含着自由主义的思想，主张将理论与行动相结合，即"践行理论"——创造社会变革：让人们在反思中说出他们的现实，而这本身就是一个授权的过程。此后，发展理论不断涌

---

① http：//www.theoryofchange.org/toco-software/.

现，学者们立足不同的视角，对于变革如何发生各抒己见①。但相同的是，不管是有意识的还是无意识的，几乎所有的发展思想家都借鉴了许多不同的实践框架和宏观的发展理论来展开探讨。

基于发展理论的社会现实背景和时代要求，变革理论更加关注项目的长远目标和受益群体，更加强调与他人互动的方式。因此，从这个意义上说，变革理论并不是什么新事物，它应该被视为一种目前正在不断发展、演进着的特定方法或工具。

二、变革理论的构成要素

（一）变革理论的五大基本要素

在项目设计和评估的实务中，变革理论和逻辑模型等评估工具一样，都有着比较核心和标准化的模块。需要注意的是，变革理论虽然在基本构成要素方面和逻辑模型并无显著差异，但由于逻辑框架和侧重点不同，变革理论更加强调对项目"成效"的分析，立足"成效链"的视角来探究项目"投入"与"产出"的非线性关系。因此，在理解变革理论时，不能简单地将其与逻辑模型等同视之②。表7-1展现了变革理论的五大基本构成要素及其具体内涵。

表 7-1　变革理论的基本构成要素

基本要素	具体内涵
投入（Input）	项目、计划或者政策（包括财力、人力、物力等）所拥有的资源
活动（Activities）	付诸的行动，通常用动词表示（如销售、提供、促进、递送等）
产出（Outputs）	生产的产品，它是活动产生的有形产品或服务，通常用名词表示，具有可计量和有形的特征

---

① http：//www.theoryofchange.org/pdf/James_ ToC.pdf.

② http：//www.transforme.gov.tt/sites/default/files/sites/default/files/library/documents/The% 20Road% 20to% 20Results -% 20Designing% 20and% 20Conducting% 20Effective% 20Development% 20Evaluations.pdf.

续表

基本要素	具体内涵
成效（Outcomes）	行动的原因，它是由项目产出引致的行为改变（如戒烟、烧水等），它既可以增加、加强、提高，也可以减少或保持
影响（Impacts）	由一系列成效积累所引致的长期变化，它与战略性的目标很相似

资料来源：Morra Imas L. G., Rist R. C. *The road to results：designing and conducting effective development evaluations*. Washington D. C.：World Bank，2009.

（二）变革理论的其他构成要素

为了实现项目变革，变革理论作为一种"基于结果的监测和评估"（Results-based monitoring and evaluation）工具，除了上述五大基本构成要素之外，还包含对其他要素所呈现问题的具体回答（Taplin et al.，2013）。表7-2展现了变革理论的其他构成要素及其具体内涵[1]。

表7-2　变革理论的其他构成要素

其他要素	基本内涵
问题（Questions）	需要通过项目设计来解决的一种现实存在，是目标内容的来源
目标（Targets）	期望推动的成果或影响，以及目标对象发生何种变化
指标（Indicators）	对目标的衡量，通常是可计量的（如出勤率、考试分数）
干预（Interventions）	引起成效发生变化的措施，通常用活动来描述构成干预的所有具体行动
假设（Assumptions）	项目或机构对外部环境、行业趋势、合作伙伴甚至目标对象的假定，通常情况下以"假设为真"进行项目设计

资料来源：Taplin D. H., Clark H., Collins I., Colby D. C. Theory of Change Technical Papers：A series of papers to support development of Theories of Change based on practice in the field. New York：Act Knowledge，2013.

---

[1]　http：//www. theoryofchange. org/what-is-theory-of-change/how-does-theory-of-change-work/glossary/.

三、变革理论的要素模型

(一) 变革理论对逻辑模型的比较优势

相比逻辑模型 (Logic Model) 和逻辑框架 (Logical Framework) 等其他被广泛使用的评估工具,变革理论强调明确项目目标或期望的影响,进而在结果路径上进行逆向工作 (王晔安等, 2019)。由于传统的逻辑模型通常只是简单地将各要素模块呈现在一组框中,并没有对各要素之间的潜在关系进行深度剖析,因此,变革理论要素模型相较于逻辑模型存在以下比较优势。

(1) 变革理论能够更好地把握变化的复杂性。变革理论可以考虑不同方案元素之间的相互依赖关系,打破了传统逻辑模型的"线性"思考方式,将项目因果关系进行梳理,推动项目变革。

(2) 变革理论重点关注变化及其如何实现,而不是聚焦于单一的要素模块,具有更加简单、灵活的特点。基于此,变革理论其实不再局限于项目本身,还考虑影响变化的方案和非方案因素,因而也具有更加自由、流动的特征。

(3) 变革理论通过其交互性和趣味性,更容易被广大人民理解和接受。变革理论实际上是一个练习或过程,而不仅仅是一个工具,它还能够让组织成员更深入地思考他们的工作和组织发展。

(二) 变革理论基本要素模型的图示

基于上述对变革理论的构成要素及其比较优势的分析,为了更加直观地呈现变革理论"面向结果"的逻辑框架,绘制变革理论基本要素模型图 (如图7-1所示)。

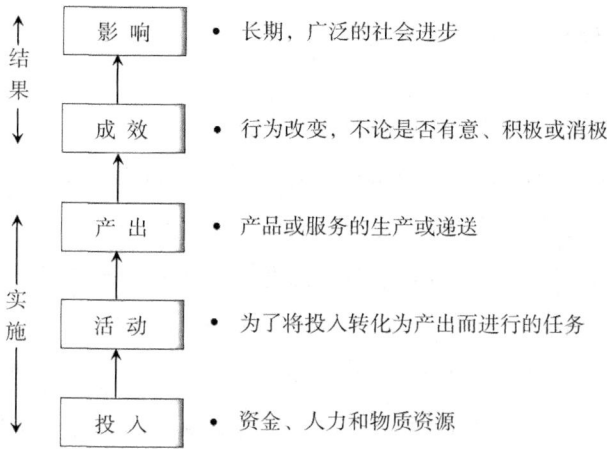

图 7-1 变革理论基本要素模型图

资料来源：Linda G., Morra, Imas, Ray C. Rist. The road to results：designing and conducting effective development evaluations. World Bank，2009.

第二节 变革理论的一般构建

在对项目、计划或政策进行设计或评估时，由于项目目标和内容不同，变革理论并不总是明确的。在这个过程中，项目的利益相关者也并不是从开始到结束，都可以始终依托某一特定的干预进行变革。在这种情况下，需要评估者自行构建或发展出一套比较合适的变革理论，而其中对于变革理论的检验也将以项目评估为基础。

在构建变革理论之前，评估者必须清楚了解项目、计划或政策的动机及目标。应该考虑以下 3 个主要问题（Linda et al.，2009）。

- 研究和评估是项目、计划或政策的基础吗？
- 项目、计划或政策的逻辑或结果链是什么？
- 作出的关键假设是什么？

一、构建变革理论的具体步骤

(一) 确定最终目标和关键假设

在构建变革理论时，需要首先明确项目、计划或政策的最终目标和关键假设是什么。最终目标要能清晰反映出希望改变的内容，以及希望得到何种结果。关键假设要能解释项目、计划或政策在不同阶段各成效之间的关系。

1. 最终目标

目标是变革理论的核心。按照实现目标所需时间的长短，可以将目标分为：近期目标（一般 1~3 年）、中期目标（3~7 年）、长期或长远目标（7~10 年）。其中，长期或长远目标是项目的最终目标，不容易被测量；近期目标是项目的过程目标，相对而言比较容易被测量和比较。近期目标是实现中期目标的基础，是实现长远目标的路径。变革理论要求项目、计划或政策的设计者或评估者，以目标为基本出发点，进行逆向思考。首先确定最终目标，即长期或长远目标是什么；然后再考虑为了实现长期目标，应该取得怎样的短期和中期结果；要通过怎样的干预，才能获得预期的短期效果、中期效果和长期结果（龚长龙，2010）。

2. 关键假设

假设是变革理论的重要内容。为了得到契合项目的假设，设计者或评估者可以通过对组织内的评价性研究、相关领域和相似案例的评价研究、发展理论研究等，来确定假设（龚长龙，2010）。在项目设计与评估中，关键假设通常以一组假设的方式出现，它能够：（1）解释变化路径在近期、中期和长期各阶段结果之间的联系；（2）将结果集描述为目标实现的必要和充分先决条件；（3）合理选择干预措施，以实现不同阶段的目标；（4）阐明项目中可能阻碍或促进实现长期目标的限制因素（Anderson，2004）[1]。

---

[1] http：//www.theoryofchange.org/wp-content/uploads/toco_library/pdf/Wallace_Fnd_TOC.pdf.

（二）确定变革框架

在确定最终目标和关键假设后，变革理论形成了一个简单的变革理论框架。接下来将在初始框架的基础上，按照逆向思考的方式，继续向后"映射"，直到最终形成一个能够展现项目、计划或政策如何实现最终目标的变革框架。

在这一过程中，需要设计者或评估者"集民意""聚众智"，发现更多的细节，从而确定希望解决的问题背后的深层原因。因此，最终呈现出的变革框架至少要包含 3 个层级，并且能够显示出一套合理的初始和中间步骤，以实现长期目标。由于这项工作具有挑战性，而且大多数社会变革计划或更广泛的倡议都有很多活动的部分，因此变革理论框架通常要经过多次反复的修订才能形成。在这一过程中，需要参与者们展开积极的讨论并达成一致，共同定义变革过程中各阶段的步骤，而其中的争论和思维碰撞，也往往是变革理论中最有价值的组成部分。

（三）确定衡量指标

构建变革理论的第三步是确定衡量指标，指的是衡量是否达到目标的证据。可衡量的指标一般是清晰可见的结果，如法律的颁布、里程碑式的著作等，它既可以是定量的，也可以是定性的。

通常，一个指标要包含 4 个部分的信息：对象、目标、阈值和时间表，要能够对下列问题作出回答。

- 谁来实现目标或者参与变革？（对象）
- 预计会取得多大程度的成功？（目标）
- 目标群体作出多大程度的改变才算达标？（阈值）
- 什么时候能够达成具体目标？（时间表）

（四）确定干预措施

在变革理论框架基本成型之后，需要确定一系列具体的干预措施。干预措施指的是能够引起成效发生变化的措施，通常用活动来描述构成干预的所有具体行动。

在具体的变革理论中，"干预"一词既可以针对单个活动，也可以针对整个计划，这取决于计划者或评估者想要实现什么样的目标，以及他们想要如何利用这个变革理论来制订战略计划或行动方案。干预的逻辑如下：在成效 A 与成效 B 之间设置相关的条件，进而使得成效 B 能够实现。由于成效 A 本身可能并不足以使成效 B 实现，因此，为了实现成效 B，需要纳入干预措施（如干预 1）。由此，干预 1 被放置在成效 A 和成效 B 之间的路径中。

干预措施将变革理论中蕴含的实践经验和智慧展现出来，构建了一个灵活、思辨的逻辑框架。此外，对结果路径的干预具有揭示策略的作用，它显示了行动与结果之间的理论联系。

（五）叙述说明和解释

构建变革理论的最后一步是叙述说明和解释。通过以上 4 步，一个项目的变革理论框架基本形成，接下来将通过对变革框架的叙述说明和解释，对变革的整体逻辑进行梳理和总结，说明该计划如何实行及其内在原因。

叙述说明和解释的目的是双重的：一是将理论的主要内容以直观、清晰的方式，快速地传达给他人；二是加强各要素之间的联系，将理论中的要素作为一个整体进行沟通。叙述说明和解释，与图示化的变革理论框架相辅相成，互为补充，最终构建出一项完整的变革理论。

二、评价变革理论的主要标准

为了检验构建的变革理论是否适用于项目、计划或政策的要求，需要对一项变革理论的"好或坏"进行评价。参照 Kubisch（1997）以及 Taplin 等（2013）的研究，可以提出可信性（Plausibility）、可行性[①]（Feasibility）、可测性（Testability）3 个主要标准。

---

① "Feasibility"有时也被替换为"Do-ability".

（一）可信性

可信性是指结果实现的路径逻辑。一般围绕以下问题展开：它有意义吗？结果是正确的吗？这些先决条件是否每一个都是必要的、它们的共同作用足以实现长期目标和达到最终的影响吗？它们在逻辑上有差距吗？

检验可信性的一个有效方法是，对已经构建出的变革理论框架中的每个模块，按照连接线的顺序依次展开讨论。如果参与者不能清晰地解释其中的具体内容，或者在表达时发生了逻辑思维的跳跃（例如，好老师会带来好成绩），那么很可能说明变革理论中的一些先决条件缺失了。

（二）可行性

可行性指的是行动是否能够切实地实现长期的目标和影响。一般围绕以下问题展开：组织是否有足够的资源？需要合作伙伴吗？理论的范围、期望或时间表是否需要调整？

对可行性的检验，依据的是项目参与者们是否能够顺利开展变革理论框架中计划的那些活动。这一检验通过详尽阐释理论中的假设而得到进一步的加强。因为任何一个项目都基于一定的假设，而变革理论的作用就在于鼓励参与者把他们的假设具体化。能够为不同要素模块路径间的因果关系提供理论依据，对因果关系有更具体的假设，并且活动范围正当，对预期的成效和目标来说都是重要的，那么这个理论就应该被认为是可行的。

（三）可测性

可测性主要是针对变革理论中的指标而言。一般围绕以下问题展开：它们是可靠的、可测量的吗？是否能基于足够的信息来评估项目的成效？设立的评估指标能使人信服吗？

对于那些为战略规划、通信或其他目的而开发的变革理论来说，更强大的理论是具有一个精确的"结果语句"，可以与精确的指标相匹配。最终，一个可测的变革理论应当是，其中任何一个组成部分（一个结果、一个活动或者一个假设）都有一些具体的评估指标来证明它的真实性。评估指标有助于完善对结果的思考。而对结果的进一步思考会加深参与者对其相关指标、活动和基本原理的理解。

第三节　变革理论的案例分析

在项目设计和评估的实务中，变革理论提供了一个基本的思考框架。结合上文对变革理论主要内容和一般构建的介绍，本节将选择一个真正实施的变革理论指导实例——"女超人项目"（Project Superwomen）[①]，进行变革理论的案例分析。

一、项目的基本背景介绍

"女超人项目"是由美国一家名为"变革理论中心"（ActKnowledge）的非营利组织与阿斯彭研究所（Aspen Institute）支持的"社区变革圆桌委员会"合作的评估项目。该项目是一个真正在实施的项目，它最初是由一位社会服务提供者、一家非营利性的就业培训中心和一个家庭暴力庇护所共同创立，旨在帮助那些遭受过家庭暴力的女性（以下统称为"幸存者"），并为其创造长期、适宜的工作机会。

二、项目变革理论的构建过程

"女超人项目"的全过程完整呈现了构建变革理论的基本步骤，下面将结合具体步骤的图示进行介绍。

（一）确定最终目标和关键假设

项目初创之时，三个项目合作者（机构）在明确了该项目的最终目标

[①]　http：//www. theoryofchange. org/wp-content/uploads/toco_ library/pdf/Superwomen_ Example. pdf.

后，以两个关键假设开始了他们的计划（这是他们变革理论的一部分）。

关键假设 1：相较于传统工作，非传统的工作（如电气、管道、木工、建筑管理等）提供了更优渥的工资和更多向上流动的机会，并更有可能提供工会的保护。因此，如果女性在这些领域接受培训，工作稳定性和高工资就更有可能得到保证。

关键假设 2：经历过家庭虐待的女性需要更多的工作培训才能实现经济稳定。她们需要培养相应的技能，并提供儿童看护。她们还需要能够处理好生活中的危机，诸如出庭和寄养等事件。如果没有考虑她们生活的这些方面，任何职业培训都不可能实现其长期就业。

基于项目的最终目标和关键假设，项目设计者从其经验和相关评价性研究中，明确了在逻辑上与最终目标紧密相关的 3 个先决条件。

- 幸存者获得应对（生活危机）的技能。
- 幸存者在非传统工作中具有可销售的技能。
- 幸存者熟知并掌握工作场所行为规范。

图 7-2 展现了在"女超人项目"变革理论第一步构建步骤中，3 个先决条件与最终目标之间的逻辑关系。

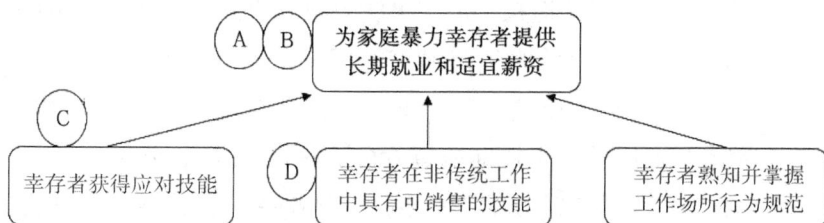

图 7-2 "女超人项目"变革理论构建过程图解 1

注：4 个圆圈中的 A、B、C、D 代表基于两个关键假设的基本假设。

（二）确定变革框架

在这个部分，"女超人项目"变革理论构建分为两步。

第一步，考虑项目的参与者如何实现 3 个已确定的先决条件（应对技能、可销售的技能和适当的工作场所行为）能够达到最终结果。这个阶段需要项目设计者逆向思考，找出满足 3 个先决条件的合适途径（如图 7-3 所示）。

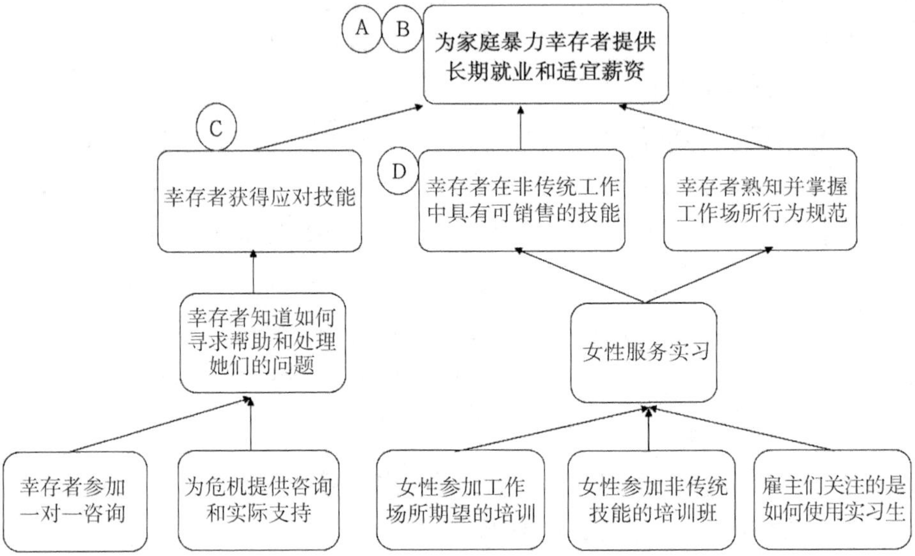

图 7-3　"女超人项目"变革理论构建过程图解 2

第二步，为了完成该框架，需要再次明确本项目的一个先决条件，即在有限的资源下，该项目致力于制订家庭暴力幸存者的就业计划和培训。因此，继续逆向思考后，得到关于"家庭暴力幸存者参与计划"的假设：由于资源有限，该方案不能帮助所有女性，因此该方案必须包括筛选环节，以便具有一定工作基础和就业意愿的女性接受培训，并且有精力足以参加课程。基于此，"女超人项目"变革理论的框架基本形成（如图 7-4 所示）。

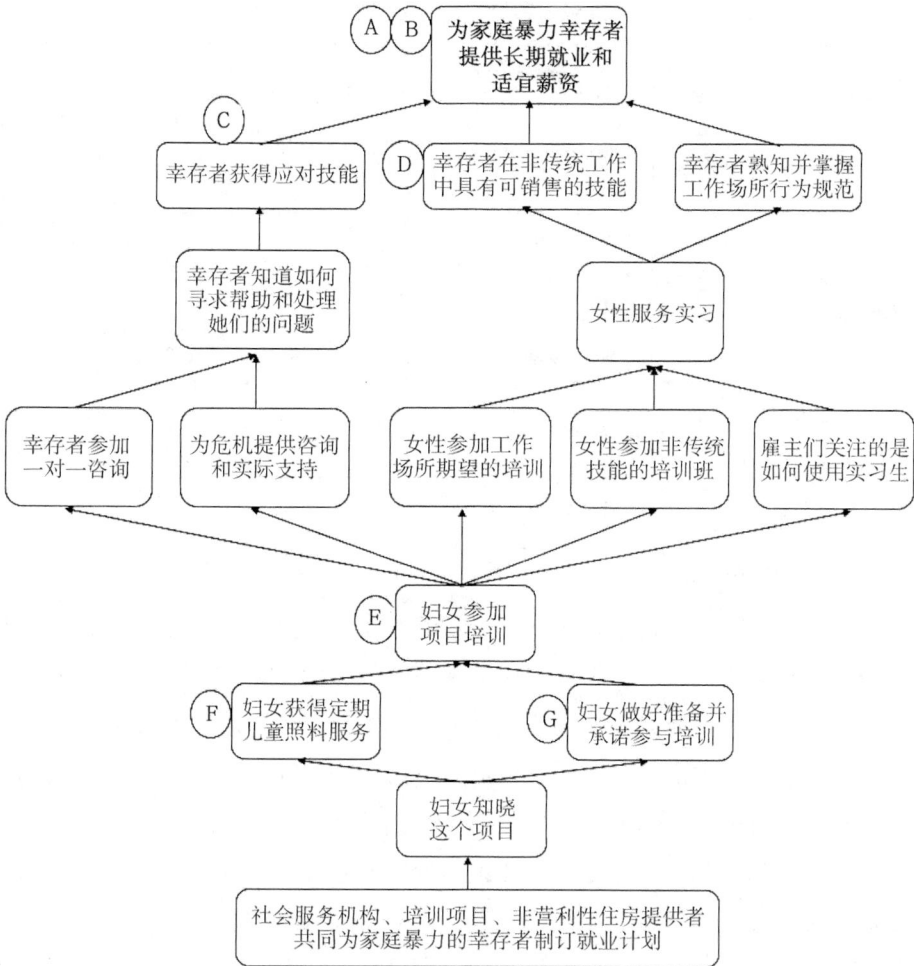

图7-4 "女超人项目"变革理论构建过程图解3

(三) 确定衡量指标

在项目变革理论框架基本形成之后，需要通过衡量指标来判断各阶段的目标是否达成。确定衡量指标需要依项目的具体目标而定，表7-3选取了"女超人项目"的部分衡量指标呈现如下。

表7-3 "女超人项目"变革理论的部分衡量指标

目标	衡量指标	对象	阈值
为家庭暴力幸存者提供合适的长期工作及薪酬	雇佣情况	参加过项目培训的学员	持续工作至少6个月，每小时至少挣12元
幸存者在非传统工作中具有可销售的技能	在电气、管道、木工或建筑物维护方面的技能	项目参与者	成功完成实习
	培训考核情况	项目参与者	是否通过培训
妇女参加非传统技能培训班	出席情况	项目参与者	未出席次数不超过3节课

注：笔者根据"女超人项目"简介自行绘制所得。

（四）确定干预措施

实施干预措施的目的在于更好地保证各阶段的目标得以顺利实现。以"女超人项目"为例，干预措施在其变革理论的框架中，用虚线来表示。而其中的实线表示无须干预即可发生的连接，即只要先决条件得到满足，这些成果就会得到满足。相较于实线，用虚线表示的干预措施则表明，在没有干预的情况下，箭头导致的结果在一定水平上不会主动产生。

在"女超人项目"中，明确的干预措施包括：对外宣传活动；筛选；设立咨询会议；开展领导小组会议；为短期危机提供帮助，比如住房驱逐或出庭；提供一对一咨询；开设电气、管道、木工及楼宇维修课程；开设行为指导课程；开设经验学习课程；识别潜在的雇主；创建雇主数据库；帮助女性匹配合适的实习；帮助妇女获得长期的工作。

图7-5完整呈现了"女超人项目"的变革理论框架（其中圆圈中的A~G代表基于两个关键假设的基本假设）。

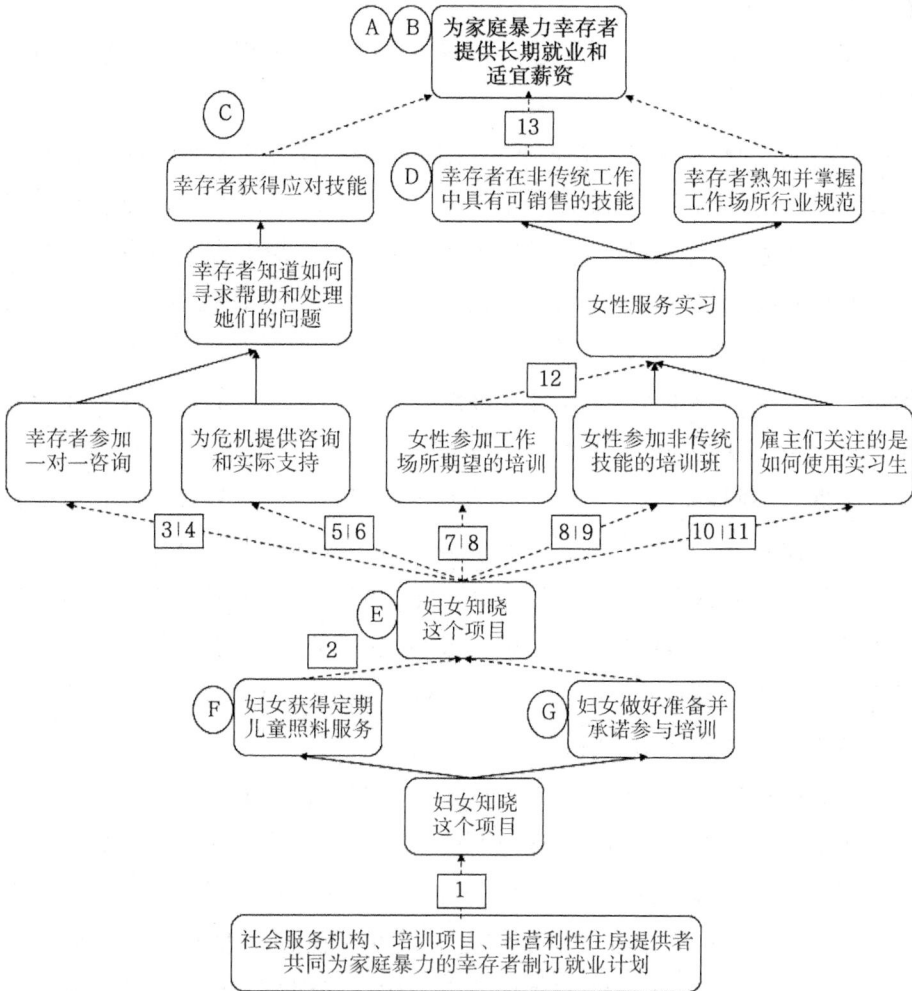

图 7-5　"女超人项目"变革理论构建过程图解 4

（五）叙述说明和解释

当项目的变革理论框架完整呈现后，最后一步需要项目设计或评估者将其从抽象的要素模块、箭头和数字，主动转换成简明易懂的普通语言，使其能更容易地被人理解。通过强调项目的重点要素模块和变革路径，叙述说明和解释有助于利益相关者向外界解释他们的计划，也能够让参与者看到他们想要的改变是如何产生的。

基于"女超人项目"变革理论的框架，可以像下列表述这样展开项目的叙述说明和解释。

"女超人项目"最初是由一位社会服务提供者、一家非营利性的就业培训中心和一个家庭暴力庇护所共同创立，旨在帮助那些遭受过家庭暴力的女性，并为其创造长期、适宜的工作机会。该组织的目标是帮助妇女获得一种能使她们摆脱贫困的就业机会，在提供稳定和向上流动机会的同时，获得自立。该项目选择了电气、管道、木工和建筑维护方面的工作开展培训，因为这些非传统性工作能够给女性提供入门级的职位、潜在的工会会员资格，以及在适当工资水平之上的晋升机会。

根据上述假设，女性可以通过学习非传统性工作所需要的技能增加就业机会，而"女超人项目"的目标就是为这一人群提供其所需的培训和支持，以便她们能够进入和长久地留在工作岗位上。该项目认为，因为参与培训的大部分女性是单身母亲，她们或多或少都有着被虐待的经历，所以她们还需要心理情感咨询，尤其是在自尊心较弱和应对能力受损的情况下。该项目还注意到，即使是生活相当稳定的妇女，也可能不时面临缺乏实际帮助或心理支持的危机。对一些以前没有工作过的妇女来说，该项目包括了非传统技能的培训、工作场所期望的培训和强化的心理支持。

因此，根据所拥有的资源，该项目可以为这些女性出现的一些危机提供援助，例如，住房驱逐或法庭出庭，但并不能完全改变她们的生活困境。这就决定了该项目筛选过程的设立，用以确保进入该项目参与培训的女性已经解决了诸如住房、药物滥用、孩子寄养困难等重大问题，能够持续投入项目的培训。

综上可知，变革理论在项目设计和评估中具有很高的实践意义和应用价值。这种以结果为导向的最优实现路径，能够清晰地呈现出项目的"成效链"或"因果链"，打破了常规的"因为—所以"推理。从本质上讲，变革理论可以被理解为是一套以预期目标为导向、探究如何让变化发生的逻辑推演。在学习变革理论的过程中，评估者需要重点关注各要素模块背后深层的内在联系，根据项目的预期目标寻找与之相匹配的最优实现路径，掌握构建变革理论的基本框架和评价方法。最重要的是，能够将变革理论积极应用到项目设计与评估的实务之中，在"做中学"、在实践中检验学习的成效。

参考文献

Anderson A. A. Theory of Change as a Tool for Strategic Planning：A Report on Early Experiences. The Aspen Institute：Roundtable on Community Change，2004.

Brest，P. The Power of Theories of Change. Stanford Social Innovation Review，2010，8（2）．

Grinnell R. M.，Gabor P. A.，Unrau Y. A. Program Evaluation for Social Workers. Oxford：University Press，2017.

Kubisch A. Voices from the field：learning from the early work of comprehensive community initiatives. The Aspen Institute：Roundtable on Comprehensive Community Initiatives for Children and Families，1997.

Linda G.，Morra，Imas，Ray C. Rist. The road to results：designing and conducting effective development evaluations. World Bank，2009.

Morra Imas L. G.，Rist R. C. The road to results：designing and conducting effective development evaluations. Washington D. C.：World Bank，2009.

Stachowiak S. Pathways for Change：6 Theories about How Policy Change Happens. Seattle：Organisational Research Services，2010.

Taplin D. H.，Clark H.，Collins I.，Colby D. C. Theory of Change Technical Papers：A series of papers to support the development of Theories of Change based on practice in the field. New York：Act Knowledge，2013.

Weiss C. H.，Connell J. P. Nothing as Practical as Good Theory：Exploring Theory-Based Evaluation for Comprehensive Community Initiatives for

Children and Families. In: New Approaches to Evaluating Community Initiatives: Concepts, Methods, and Contexts, The Aspen Institute, 1995.

陈光, 邢怀滨. 基于变革理论的科研项目全周期管理研究 [J]. 中国科技论坛, 2017 (3).

丁雪, 王芳, 刘晓曦, 陈永超. 基于项目理论的评估对儿童健康干预评估的启示 [J]. 中国卫生政策研究, 2013 (10).

龚长龙. 计划设计和项目设计中"变革理论"探讨 [J]. 科技促进发展, 2010 (5).

陶蕊, 胡维佳. 变革理论逻辑模型在科技评价中的应用及启示 [J]. 科技进步与对策, 2015 (12).

王晔安, 张欢, 刘雪. 区域不平衡发展、生态—变革理论与中国社会工作专业硕士提升策略研究——基于全部 MSW 项目学生调查的 GIS 分析 [J]. 中国社会工作研究, 2019 (1).

第四编
项目评估的基本形式

有了第一部分（项目评估的准备）、第二部分（项目评估的基础知识）以及第三部分（项目及评估设计）的支撑，现在可以通过以下四章所述的几种不同评估形式来实施评估。一是前期对服务对象的需要评估（第八章）；二是过程评估，关注服务运作过程，及时把握服务的进度，发现并及时处理评估中的问题（第九章）；三是结果评估（第十章），即对社会服务项目的服务结果及时进行评估和总结；四是效率评估（第十一章），从收益、效益及效用等不同的维度对社会服务项目进行考察。

这些评估方法无形中将一个完整的社会工作服务切割成不同的部分。无论作哪种类型的评估，在实际执行评估之前，必须首先明确评估的目的，其次考虑如何执行评估。开展项目评估最重要的是看成效，这主要是通过需要评估、过程评估、结果评估和效率评估等方式实现的。当然，还可以辅之以"影响评估""参与者的判断"等方法，从不同的角度对效果进行讨论和分析，提升评估结论的效度。

第八章 需要评估

社会工作既是社会福利体系的组成部分，又是一种专业化的助人服务，这就决定了社会工作的使命：就一般意义而言，社会工作的任务是解决社会福利问题；就个别意义而言，社会工作的任务则是满足服务对象的需要。因此，需要评估对于社会工作来说具有重要的意义，它不仅是社会工作的出发点，也是社会工作项目开发、执行和其他评估的基础。

第一节 需 要

社会工作者很容易自发地意识到人的需要的存在，并感受其客观性、必要性和社会性。但是对于社会福利和社会工作而言，人的需要的概念有其更深刻的内涵。

一、基本概念

在心理学、行为科学、社会学及社会工作等不同学科中，对需要的概念有不同界定。心理学中把需要界定为："有机体内部的一种不平衡状态，它表现在有机体对内部环境或外部生活条件的一种稳定的要求……人的需要主要是由人的社会性决定的……受到意识的调节和控制"（彭聃龄，2004）；行为科学中把需要定义为"客观的刺激作用于人们的大脑所引起的个体缺乏某种东西的状态"（张德，2004），或"人们对某种目标的渴求和欲望"（大卫斯，1989）。心理学和行为科学等学科中对"需要"的界定更多从微观个体出发理解人的需要。在社会学和社会工作学科中，虽然也重视作为微观个体的人的需要，但更强调，把人理解为社会中的人。Macarov（1995）认为，需要是人们为了生存、福祉和自我实现而产生的生理、心理、经济、文化和社会要求。顾东辉（2009）、彭华民（2008）等强调，社会福利和社会工作学科应以"社会人"为前提，在此基础上把握需要概念的内涵。

　　进一步来讲，如果考虑社会福利体系及作为其组成部分的社会工作领域，还应考虑到需要的历史范畴。虽然社会福利和社会工作的思想有多种来源，但现代社会福利体系的形成是市场经济发展到一定阶段，为了解决市场经济体系内在的市场失灵的矛盾才提出并逐步完善的。在西方发达国家，福利国家制度体系建立的基础是政府对社会问题和社会发展的直接干预。在中国，社会福利体系的建立和完善也是基于各级政府树立和落实以人为本的科学发展观，不断加大对民生和社会发展投入的现实社会环境。因此，在社会工作领域，需要不仅以"社会人"为前提，而且应限定及实践在现代市场经济体系下所形成的一国社会福利体系框架内。基于此，人的需要与现代市场经济和一国社会福利制度安排具有内在的一致性。

　　综合以上，在社会工作领域，需要的含义是，居于现代市场经济之下，受到国家社会福利体系支撑的人所表现出的对金钱、商品、服务、文化和社会生活等方面的要求。换言之，社会工作领域下，人的需要是指当下现实的人的需要。显然，在此界定下的需要与自然存在的人的内在、自发的需要并不完全一致。现实的人的需要既受到市场经济的控制和利用，又受到社会福利体系的支持和限制。于是，人的需要，既是社会的需要，也是社会福利体系的需要。因为在社会福利和社会工作领域，需要更多地具有客观性，所以需要概念就超脱于特定个体，而变成一种一般化的人的需要，或者所有人的共同需要。因此，也有学者提出普遍需要（Common Needs）①，即被全人类所共有的、对他们生存和发展来说最为基础的需要（Whitaker & Federico，1997）。显然，从本书的定义看，普遍需要和需要是同一概念。

此外，有些社会工作者把需要称为需求，把需要评估称为需求评估。这是错误的。从英文文献来看，需要对应 Need 一词，而需求对应 Demand 一词。需求（Demand）是西方经济学中的重要概念，常与供给（Supply）概念相对使用，是指在一定价格水平下，消费者愿意并且有能力购买的商品数量。显然，需求与需要在概念上有本质的区别。有研究者认为需求是实现了的需要，亦有偏误。经济学中需求概念的基础是效用概念，而效用概念的基础是对"经济人"的心理假设，而社会福利和社会工作学科中需要概念的基础是"社会人"。相应地，需要评估也不能称为需求评估。

二、需要理论

有多种关于需要的理论对社会工作理论和实践有重要影响，最主要也最重要的需要理论有 4 种，分别为：马斯洛的需要层次理论、塔尔的普遍需要和阶段性需要说、多亚尔和高夫的需要理论，以及社会工作需要说。

（一）需要层次理论

马斯洛（Maslow）在 20 世纪 40 年代提出并在 70 年代完善了需要层次理论。这主要是一个心理学理论。马斯洛认为，人的基本需要具有层次，并区分为生理需要（Physiological Needs）、安全需要（Safety Needs）、爱和归属需要（Love and Belonging）②、尊重需要（Esteem）③ 和自我实现需要（Self-actualization）五类，由较低层次到较高层次依次排列（Maslow，1968），后来他又增添了认知和审美两个需要（Maslow，1970）。其中，生理需要与呼吸、饮食、睡眠、性欲等生理机能密切相关；安全需要基于有

---

① 也有学者称为一般需要、普通需要或共同需要。
② "爱和归属需要"（Loving and Belonging）又被称为"社交需要"（Social Needs）。
③ "尊重需要"（Esteem）又被称为"自尊需要"（Ego Needs）。

机体追求安全的机制，追求安稳、舒适和免于恐惧，确保人身和财产免于伤害；爱和归属需要希望得到人际交流并获得相互的关心和照顾，希望归属于某个群体或社团；尊重需要包括自尊和受到别人的尊重，希望有稳定的社会地位，要求个人的能力提升、有一点成就、人身自由和独立，并获得别人的尊敬、重视或赞赏及得到社会承认；自我实现需要希望实现个人理想、抱负，最大限度发挥个人能力，产生理想和使命感，使自己越来越成为自己所期望的人物。

图 8-1 需要的层次

资料来源：Maslow A. H. Toward Psychology of Human Being. Princeton：Van Nostrand，1968.

马斯洛认为，这五种需要都是人最基本的需要，是天生的、与生俱来的。他还认为，五种需要有从低到高的层次关系，层次越低的需要，力量越强，潜力越大，反之，需要的力量相应减弱。低级需要满足后，高级需要才会出现。马斯洛晚期也对需要的层次进行了修正，不再把低级和高级需要绝对地对立起来，而是认为低级需要部分满足后，人的高级需要也可以产生，并且少数个体可能对尊重的需要先于对爱和归属的需要。

需要层次理论对社会工作有重要影响，对社会工作实践有重要指导意义。但是需要层次理论主要是一个心理学理论，而社会工作更大程度上是一个国家社会福利体系的组成部分。因此，二者本身的出发点和立足点并不相同。应用需要层次理论开展需要评估时，必须充分认识到这种差异，学会更多地从社会而非个体心理的角度理解人的需要。

（二）普遍需要和阶段性需要说

Towle（1965）较早提出了"普遍需要"的概念，即基于每个人的生存和发展的需要，包括：物质基础、个人发展、情感变化、智力形成、人际关系和精神需要。Towle（1965）还认为，不同年龄阶段的人的需求是不同的：婴幼儿阶段，普遍需要母爱，感到安全和关爱、拥有学习的机会；青少年阶段，自我依靠、身份认同以及能够体验到多重角色；成年阶段，能够进入社会并开始工作，参加物质生产和人口生产；老年阶段，普遍需要更多地表现在经济和情感方面。

阶段性需要说常被社会工作应用于理解不同年龄阶段的服务对象具有不同的需要中，例如按年龄阶段区分服务对象类型等。

（三）多亚尔和高夫的需要理论

Doyal & Gough（1991）从社会福利制度发展的角度提出了人的需要理论，认为基本需要是在需要与想要之间存在普遍性和最高的标准判断，这种需要是所有人为了避免严重伤害都必须达到的目标，如社会福利、健康和自由等基本需要。从社会而言，需要是人类行为和互动的前提，因而成为社会发展的目标和策略，并促使满足需要成为社会的义务。多亚尔和高夫将需要分为基本需要和中间需要两种。基本需要包括生存或身体健康和自主，具有普遍性。中间需要指满足基本需要所必需的产品和服务，涉及多类社会性和非社会性的满足物，在不同地区存在着文化差异，而具有相对性（如表 8-1 所示）。多亚尔和高夫的需要理论对于理解需要评估与社会福利体系的关系有一定的指导意义。

表 8-1　多亚尔和高夫对需要的分类

基本需要	中间需要
健康的身体	营养充分的食物和水 良好的住所 舒心（无害）的工作环境 称心的物质环境 良好的身体健康状况
自主	儿童期的安全 良好的亲情关系 物质上的安全感 经济上的安全感 基本的教育
妇女的健康和自主	安全生育和安全抚养子女

资料来源：Doyal L., Gough I. A Theory of Human Need. New York：Guilford Press，1991.

（四）社会工作需要说

在社会工作的实践中，普遍自觉或不自觉地使用需要的概念来指导社会工作向哪些社会群体或个人提供服务、递送什么样的服务以及如何递送服务。因此，许多社会工作研究者认为有必要区别出社会工作意义上的人的需要。对此，最直接而简单的做法是从社会工作实践逆向总结什么是社会工作所面向或应该满足的人的需要。显然，这种需要应该是人们及社会工作者在他们所处的特定社会环境下，通过反复比较，能够主观感受到的，由于某一方面的不足或匮乏而导致的人们的困境或福祉被损害，同时这种困境又无法或难以通过市场经济或传统社会的方式加以解决。这种情况下，社会福利体系应及时采取特定的干预行动，提供必要的物质或服务回报，帮助困难群体解决困境，恢复或增进他们的福祉。

万育维（1996）将这种需要总结为基本性、必要性或紧急性 3 个本质的特征。顾东辉（2009）认为，社会工作需要就是服务对象依托社会工作实务能够满足的需要，主要取决于社会工作的目标。这种说法立足社会工作实践，可以较好地解决社会工作与人的需要之间的理论冲突，但存在同语反复的问题。

三、需要的类型

根据对需要的不同理解，可以有多种视角对需要进行分类。从需要评估的角度而言，最重要的是建立测量需要的基准和尺度。Bradshaw（1972）把需要分为感受性需要、规范性需要、相对性需要和表达性需要 4 类，为需要评估提供了一个更受认可的分类基础。值得注意的是，下列 4 种需要都可以直接与测量方法相联结。

（一）感受性需要

感受性需要（Perceived Need）就是人们"感到"的需要。这是一种非常直观的视角，任何个体在特定时点都会感到自己有或没有某种需要。显然，感受性需要强调的是个体主观的感觉，带有很强的主观性，不同个体对同一种状态会有不同的感知，甚至不同个体的感受性需要差别很大。例如，在同样的收入和财产水平下，有的人会感到自己贫困，而另一些人却并不觉得自己贫困。另外，随着时间的变化，个体所感受到的需要也会随之变化。

对感受性需要可以采用直接调查的方式测量，如直接问被调查者是否有对某种服务的需要。

（二）规范性需要

规范性需要（Normative Need）指存在某种标准或规范要求，如果满足这种标准或规范要求，就可以认为存在某种需要。这种标准或规范的要求一般是由主管社会福利的政府机构、相关领域专家学者及社会福利体系的专业人员，依据社会福利理论、专业知识、制度规则及社会文化传统等制定出来的，具有规范性、权威性、一致性和社会共识性等特征。例如，中国城市最低生活保障标准，就是依据生活需求和地方文化习惯等，同时结合市场价格计算得出的。一经政府文件向社会公布，就具有法规的效力和权威性，在一定地区内保持一致，并且被其他相关政策、部门和机构普遍认可及应用。

对规范性需要的调查多采用比较的方式，如将被调查者的家庭收入与最低生活保障线进行比较。

（三）相对性需要

相对性需要（Relative Need）和规范性需要类似，都涉及比较，但相对性需要不是与一个明确规范的标准进行比较，而是与其他人或其他群体进行比较。如果接受某项服务的服务对象具有某些人口社会特征，而某人也具有与之相同的特征，却没有获得同样的服务，那么他就有相对性需要。例如，适龄儿童都可以进入本地中小学接受义务教育，那么随外来务工人员流动的儿童就具有接受教育的相对性需要。

调查相对性需要重要的是找到相比较的人群。常见的对比包括：不同区域比较（如不同省、市、区之间，不同城市之间，同一城市内的不同区县之间比较）、不同时间比较（如去年和今年比较）、不同项目比较（如公办学校学生和民办学校学生比较），以及总人口与子群体人口比较（如社区居民与社区低保居民比较），等等。

（四）表达性需要

表达性需要（Expressed Need），简单而言就是指个体或团体用某种方式表达出的需要。例如，一个没有工作的人积极求职，那么就业就是一种表达性需要；反之，如果一个人失业后不求职，那么他是否存在就业需要就难以判定。通常，表达性需要在提供选择性服务时出现，也就是说，对于一种可利用的服务，它的目标群体中有多少或多大比例的对象要求使用它，是否超出这种服务提供的数量。例如，福利性养老机构的床位一床难求，说明增加床位成为福利性养老机构的表达性需要。显然，表达性需要是感受性需要的进一步发展或体现。

第二节　需要与社会问题

需要与社会问题紧密相连。从某种程度上看，社会问题是需要产生的重要"场域"。需要的存在往往是需要评估的前提，而社会问题的界定又是需要存在的基础，因此，对于社会工作者而言，在社会工作实践中不仅需要能够清晰界定社会问题，而且还要能够厘清需要与社会问题之间的关系。

一、社会问题的界定

社会问题的界定不是一个简单的过程，它很大程度上受到界定者对现实建构的影响。从社会工作实践的角度看，社会问题的界定与服务对象个人的具体认知紧密相关。虽然大多数人认为社会问题是社会中那些普遍不受欢迎的场合或事件，但人们也坚信这些问题是能够通过社会服务等干预措施改变的。而这也为社会问题的界定提供了思路，即社会问题必须是清晰的、具体可见的，即具备可见性（Visibility），而非抽象的或想象的。

因此，从可见性的角度来界定社会问题，具体可以参考以下 4 个指标（Grinnell，2017）。

（一）邻近度

邻近度（Proximity）指的是人与问题之间的物理距离。例如，居住在简陋住房里的居民比居住在条件优越的住房里的居民，更容易把不友善的房东视为一个问题。

（二）亲密度

亲密度（Intimacy）指的是个人对问题的熟悉程度，或者个人受问题影响的程度。例如，你身边的人被醉酒的司机撞了或者身患致命的疾病，这会让你更清楚地感受到酒驾问题或者疾病问题。

（三）意识度

意识度（Awareness）指的是问题在你日常思维中出现的程度。当意识度比较高时，很有可能你能够在不受这个问题的密切影响下而意识到它。例如，2005 年卡特里娜飓风袭击了路易斯安那州、密西西比州和亚拉巴马州，使美国人认识到这些地区的贫困状况，以及政府在对大规模危机作出迅速反应方面的局限性。

（四）量级度

量级度（Magnitude）指的是问题的规模或严重程度。可以这样理解，当受到某种情况影响的人数越多时，这个问题得到公众的关注也就越多，那么这个问题的量级度也就越高。

二、需要与社会问题的关系

需要与社会问题的关系立足具体的社会现实状况。需要的产生，首先离不开人们对既有社会问题的感知和识别；其次还要依托人们将感知到的社会问题转化为需要的这一过程。换句话说，需要不是凭空产生的，而是基于一定的社会现实状况。因此，从需要与社会问题之间的关系来看，需要可看作当前状态（是什么）和期望状态（应该是什么）之间的差距或差异，它既不是现在也不是将来的状态，而是现在和将来两种状态之间的差距（如表 8-2 所示）。

表 8-2　需要与社会问题的关系举例

期望状态 （Desired Results）	当前状态 （Current Results）	需要 （Need）
如：三年级流动学生 100% 达到国家阅读水平	三年级流动学生 30% 达到国家阅读水平	三年级流动学生 70% 达到国家阅读水平

资料来源：https：//www2. ed. gov/admins/lead/account/compneedsassessment.

此外，还需要注意的一点是，由于现实情况的复杂性和个体感知的差异性，在理解需要与社会问题之间的关系时，很有可能出现不同的个人对同一社会问题产生不同理解的状况。以家庭贫困问题为例，在不同的个人看来家庭贫困问题所对应的需要也是不同的，有人认为是获得基本营养食物的需要，有人认为是有钱购买基本商品的需要，还有人认为是有一份能够维持家庭生计的工作的需要。在社会工作的具体实践中，由于更多时候面对的是个体的服务对象，因此在将社会问题转化为需要的过程中，还要注意收集不同个体服务对象对问题的感知信息。

第三节　需要评估

在社会工作实践中，评估是社会工作者能够介入并使服务对象发生改变的关键一步。其中，需要评估不仅是社会工作的重要出发点，也是为社会问题找到有效解决办法和策略的一种重要途径。

一、需要评估的定义

对需要评估内涵的理解没有统一的标准，可以从不同的角度和侧面来展开。目前，关于需要评估的定义主要可以概括为以下 3 种。

第一，需要评估是一种工具，它能够识别那些阻碍特定人群达到更加满意的生活状态的问题和因素（Calheiros & Patricio，2014）。

第二，需要评估是一项计划程序，它决定何时开始采取行动或进一步加强，并决定服务对象对这些程序的反应如何（Grinnell et al.，2017）。

第三，需要评估是一种系统的方法，用于识别社会问题，确定其程度，并准确地确定要服务的目标人群及其服务需求的性质（彼得·罗西等，2002）。

二、需要评估的主要特点

一是需要评估的重点是如何实现目标，而不是具体的手段和方法，因而具有显著的目标导向性。例如，提高阅读成绩是一个目的，而阅读指导是达到这一目的的一种手段。需要评估虽然通过为特定目的而设计既定程序和方法来收集数据，但其方法的种类和范围实质上是被选择来实现需要评估的最终目的。

二是需要评估为解决方案设置优先级并确定标准，以便规划人员和管理人员能够作出合理的决策，因而又具有一定的标准化特点。需要评估为确定如何最好地分配可用的资金、人员、设施和其他资源设置了标准，将导致改进计划、服务、组织结构和操作的行动，以及这些要素的组合。

三、需要评估的基本逻辑与框架

需要评估一般通过一系列确定的阶段进行。从基本逻辑来看，需要评估可以看作人们在感知和识别到社会问题，并将社会问题转化为具体的需要之后，而开展与之相应的社会服务项目予以解决的这样一个过程。需要评估的基本逻辑如图 8-2 所示。

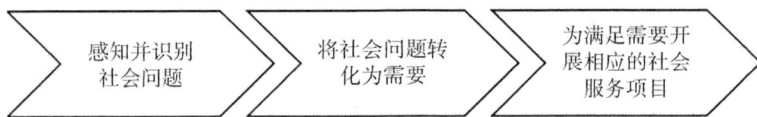

图 8-2　需要评估的基本逻辑

资料来源：Grinnell R. M., Gabor P. A., Unrau Y. A. Program Evaluation for Social Workers：foundations of evidence-based programs. Oxford：University Press，2017.

第四节　需要评估的一般步骤

需要评估也可以总结为 6 个基本步骤，分别为：聚焦问题、开发需要评估的问题或问卷、确定干预对象、制订数据收集计划、分析和展示数据、传播和交流研究结果，如图 8-3 所示。

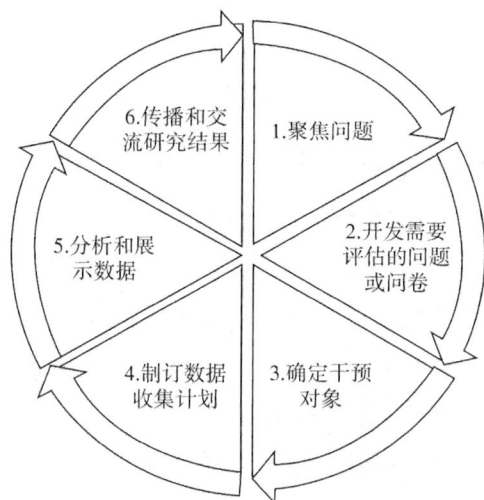

图8-3　需要评估的六大步骤

一、聚焦问题

之前的讨论中提到，需要和相对应的解决方案会受到政治因素、当下趋势、社会偏见及不同观点态度等的制约。因此，不同的社会环境会支持或限制对社会问题的定义，并确定社会需要是否真的存在，哪些需要应被优先考虑，而哪些需要被搁置甚至刻意忽略。例如，传统和新媒体对社会问题认识的提升、利益群体对特定社会问题的呼吁和鼓动、经济周期和市场变化都会对需要产生不同程度的影响。

在开始进行需要评估之前，必须对如何定义社会问题进行全面的考虑。需要评估通常包括3个层次：具体的社会问题、问题对应的（未被满足的）需要、满足需要的解决方案。社会问题的定义不仅会对数据收集的方式和数据进程产生影响，也会影响满足需要的服务方案。因此，最重要的是聚焦于关注的问题，明确问题的性质，然后再提出相应的服务方案。社会问题、需要和对应的服务方案之间是相互关联的，社会问题导致特定的大量需要无法得到有效满足，为了满足这些需要而开发相应的服务方案；需要评估又为社会问题、需要与服务方案的界定和描述提供了有效的视角。总之，需要评估的主要目标就是为社会问题寻找有效的解决方案。

二、开发需要评估的问题或问卷

需要评估针对的社会问题通常具有综合性、复杂性，当这个社会问题聚焦于特定的社区时，必然转化为一系列不同类型而具体的研究问题，从而把研究的初始焦点分散到几个不同方向或领域。例如，流动青少年犯罪是一个日益突出的社会问题，当研究者研究某一个城市社区流动青少年犯罪率上涨的问题时，针对不同的方向有许多问题需要回答。

针对流动青少年个人提出的问题：

- 流动青少年的背景和流动经历是什么？
- 流动青少年是否认为他们是社区的一部分？
- 流动青少年认为他们在社区中的角色是什么？

针对流动青少年家庭提出的问题：

- 流动青少年与他们的家庭之间的联系是怎样的？
- 流动青少年的父母是否知道自己孩子的活动？
- 流动青少年的父母觉得他们对自己孩子在社区中的行为负责吗？

针对相关法律提出的问题：

- 如何定义青少年犯罪？
- 对流动青少年犯罪的刑罚是否足够？
- 流动青少年犯罪与其他青少年犯罪有什么不同？

上述不同方向的问题从不同的角度来建构和解构了流动青少年犯罪这一社会问题，这也意味着针对同一社会问题，可以发现针对不同群体的多种不同的需要，相应地，针对不同的需要又可以开发不同的服务方案。简言之，因为在前期对社会问题的定义存在不同的想法，包括偏见和不成熟的想法，所以从不同角度反复审视和检验社会问题是非常有必要的。

此外，开发需要评估的问题或问卷前还需要考虑如下一些情况。

- 所针对的社会问题是突发的还是长期的？
- 这个社会问题是长期存在的还是由最近的变化引起的？

总之，开发需要评估的问题或问卷必须从不同的维度建构和解构社会问题，即将社会问题分解成不同的部分，将复杂的问题分解为简单的要素，细化社会问题带来的社会需要，保证需要评估的完整性。

三、确定干预对象

如上所述，对社会问题的理解受到多方面因素的影响。然而，通过开发需要评估的问题或问卷，可以从不同维度对社会问题进行建构和解构，最终把社会需要明确和落实在特定目标群体的具体需要上。对开发的需要评估的问题或问卷的访谈、调查，可以逐步明确干预对象是谁以及服务方案是什么。

（一）建立干预对象的目标参数

最终开发的服务方案的干预目标可能是个人、团体、组织或社区。例如，社会工作者想要研究他所工作的社区中居民对社区服务的满意度，那么社会工作者所感兴趣的就是社区居民对社区的看法、他们所遇到的困境或无法得到满足的需要是什么，以及他们所获得的社区服务的情况等。在这一过程中，社会工作者可以通过地理界线确定他所干预的对象——居住地点在社区内。可见，明确的目标参数可以帮助确定干预对象。通常，有下列一些参数可作为参考。

- 人口统计学指标，例如，年龄、性别、就业状况、家庭收入、社会地位等。
- 所设定群体的成员，例如，家庭、专业工作团队和某个组织等。
- 特定条件，例如，享受最低生活保障的家庭、外来务工人员（无本地户籍、无暂住证或居住证）、残疾人（残疾证、伤残等级）、福利院中的孤儿等。

（二）直接干预和间接干预

明确干预对象后，还需要考虑应该对其采取直接干预还是间接干预。直接干预就是针对干预对象的需要提供直接服务。例如，对于社区中的空巢老人、孤寡老人及其他日间需要照料的老人，提供日间照料服务。但有时候干预对象行为的转变不仅需要直接、有针对性的服务，还需要通过环境和政策的改变来辅助或促进这种转变，这就是间接干预。间接干预通常是对直接干预的补充。例如，对于青少年吸毒问题，间接的干预方式之一是制定合法的条例对青少年的行为加以管制。

显然，聚焦问题的方式和所开发的需要评估的问题或问卷，会影响社会工作者决定采取直接还是间接的方式来干预服务对象。例如，某社会工作者在开展"社区居民享受社区服务的满意度"的需要评估中，如果社会工作者认为社区居民是这些社区服务的潜在使用者，那么他会明确社区居民为干预对象，并直接调查他们是否使用这些社区服务、满意度如何、如何提高他们的满意度等。此外，他也可以把提供这些服务的社会服务机构和社区作为干预对象，那么这就是一种间接干预的方式，考虑如何改进社区服务来提高居民满意度。通过选择不同的干预对象，开发不同的需要评估的问题或问卷，实现研究方向或干预方式的转变。

（三）选择数据来源

明确干预对象后，还需要考虑数据的来源，即评估的数据从谁或什么对象收集而来。如果你希望评估结果或研究发现能够具有一般性的意义，就必须应用基本的抽样原则。只有数据来源是一个具有代表性的样本，结论才具有一般性。

抽样原则首要的是保证抽样的随机性。例如，在"社区居民享受社区服务的满意度"的需要评估中，如果确定干预对象是居住在社区中所有 18 岁以上的居民，那么抽样方式应该保证每一个符合以上标准的居民都具有相同的概率被抽到样本中。社会工作者可以与社区居委会联系，获得全部社区居民的花名册，然后采取随机抽取的方式从中获得样本。

数据来源主要有两种渠道：一种是通过直接调查或实验获得的原始数据；另一种是利用他人事先调查好的数据，一般是已经加工汇总后公布的结果，通常被称为"二手数据"。数据收集方法会在下一个步骤中具体讨论。

四、制订数据收集计划

数据收集方法和数据来源，会对最终数据分析过程中的数据性质和类型产生直接影响。因此，在制订数据收集计划之前，评估者应尽可能详细地列出对回答需要评估有意义的问题。这要求列出的问题能够紧紧围绕需要评估基本逻辑的3个关键点展开：一是具体的社会问题（The social problems）；二是问题对应的（未被满足的）需要（The needs derived from the social problem）；三是满足需要的解决方案（The proposed solution to the social problem）。

一般而言，数据收集的方式方法有很多，但最主要和最普遍的有以下5种。

（一）现有报告

查阅现有报告（Existing Reports）是一个需要仔细审查现有的材料，并能从中提取所需数据和资料的过程。例如，已发表的研究报告、政府文件、新闻稿、社会服务机构目录、机构年度报告、重要会议记录和有关调查，等等。从这些现有来源获取的数据通常是描述性的，并且多以文字形式记载。原始数据可能出现在这些现有的数据源之中，但大多是以论断的形式出现，即其他人已经解释了数据并从中得出了结论。此外，从现有报告和文章中收集到的数据和信息，为评估者提供了一幅关于"社会问题"受到何种程度关注的信息图景，能够帮助评估者快速地掌握现有研究的大体情况。

需要注意的是，虽然通过查阅报告来收集数据看起来是一项费时的工作，但在这种方式下可以查看别人已经完成的工作和结果，并在此基础上进行发展和创新，避免重复劳动，因而从长远来看这是一种真正节约时间的数据收集方式。

（二）二手数据

二手数据（Secondary Data）不同于查阅现有报告，因为它主要涉及对原始数据的处理。二手数据在收集时通常是出于其他目的，而不是为了回答需要评估的问题。常见的用于回答需要评估问题的二手数据类型主要有以下两种。

1. 人口普查数据

人口普查数据（Census Data）是对选定的人口特征或变量的定期性总结和描述性统计。我国全国范围内的人口普查一般每 10 年进行一次，涉及的主要人口学变量有年龄、性别、婚姻状况、种族、收入水平、就业状况、残疾状况等。人口普查需要相当长的时间来编制、分析和分发，在人口普查中获得的数据越多，对人口的描述就越详细。人口普查数据虽然只给出了一个总体的"概貌"，但它能提供某一特定时间点某一特定人口的一般情况。对于需要评估而言，可以将需要评估的样本（干预目标）与人口普查数据（一般人口）进行比较分析。但人口普查数据的缺点是可能会很快过时。

2. 用户和项目数据

用户和项目数据（Client Files and Program Records）很多时候可以通过社会服务项目来获取。通常情况下，社会服务项目会产生正式或非正式的报告，用以描述其所提供的服务。这些报告一般会涵盖所服务的对象（即用户）和项目的基本数据信息，从这些数据信息中可以计算出所关注的问题相对于特定时间段或特定服务对象的严重程度。从需要评估的角度来看，与用户相关的数据对于侧重特定问题领域的需求评估是非常有用的。需要注意的是，这类来自项目的数据也存在一定的缺点，例如，数据并不总是完全或持续的记录、数据可能仅适用单一的对象等。

（三）个人访谈

个人访谈（Individual Interviews）是一种在数据收集过程中，与关键人物面对面访谈时收集新数据或者原始数据的重要方法。采访关键人物是一种策略，首先要求能够识别并接近那些被认为了解你感兴趣的社会问题的特定人物。在社会工作实践中，关键人物一般是社区的领导者，包括专业人士、政府官员、机构负责人、社会服务对象和特定的公民等。但这种数据收集方式也有其缺点：一是所采访的人的观点可能无法客观地描述真实的需求；二是在选择关键人物时也有可能发生偏误或者不能找到一个比较好的"横截面"（Cross-section）人物。

（四）小组访谈

小组访谈（Group Interviews）允许同时收集几个人的观点，这比单独的个人访谈更复杂，因为它涉及组内成员之间的交互（数据源）。为了需要评估而组织开展的小组访谈有以下 3 种常见的形式。

1. 焦点小组

焦点小组（Focus Groups）和个人访谈类似，它从对某一特定话题相当熟悉的人中收集关于该话题的新数据或原始数据。不同的是，焦点小组不是一对一的关系，而是一对多的关系，在 1~2 个组织者的协调下小组成员针对组织者提出的问题展开讨论，通常情况下组内成员之间不一定彼此熟悉。焦点小组一般是半结构化的，对于社会工作者来说，一般扮演的是焦点小组"小组长"的角色，要求能够为小组进程提供一些指导方针并促进成员之间的对话，通过事前准备好的问题清单向成员提问，指明讨论的方向。通过焦点小组收集数据，目的在于捕捉到焦点小组中表达的不同和相似的观点，所以"小组长"要确保小组成员感到舒适、能够把注意力集中到提出的问题上。对此，可以通过提供饮料和零食、舒适的座位等增加舒适感，通过提前准备好有意义且深思熟虑的问题等方法，提高团队任务的清晰度。

通过焦点小组收集数据，最关键的是要记录好小组成员都说了什么。而记录讨论最好的方法是将其录音，然后转录下来；另一种选择是为焦点小组专门配设一名记录员。在开展焦点小组的场合选择上，在非正式的社区环境中开展焦点小组访谈是个不错的选择，这会让小组成员更加轻松自在地分享他们的观点和知识。虽然焦点小组看起来比个人访谈有效率，但它也有一定的缺点：一是组织者很少有机会深入挖掘个人观点；二是小组成员比较容易受到从众心理的影响。

2. 名义小组技术

名义小组技术（Nominal Group Techniques）又称名义群体法。在需要评估中，这是一种有用的数据收集工具，因为这种方法下的小组成员之间几乎没有结构化的互动，所以可以很容易地从一组人中收集无偏见的数据。名义小组技术适用于决策环境复杂的问题，相较于焦点小组而言，这种方法更加注重组内成员个人思考的独立性，一般5~7人是比较合适的小组人数，这是一种主要适合于小型决策小组的方法。通常情况下，名义小组在2~4小时就可以顺利完成目标，因而名义小组技术在收集数据信息方面具有比较高的效率。

名义小组技术的一般操作流程（曾明彬，2009）如下。

（1）在全部成员形成一个小组后，每个成员针对提出的问题独立地写下他对问题的看法。

（2）每个成员写下自己的想法后提交给小组汇总。各个成员依次向大家说明自己的想法，直到每个人的想法都充分表达并被详细记录下来为止（通常记在一张活动挂图或黑板上）。在此之前不进行讨论。

（3）小组开始讨论，目的在于进一步核实每个成员的想法及原因，并及时作出评价。

（4）每个小组成员独立把各种想法排出次序，最终的决策是所有想法中综合排名最高的想法。

3. 公共论坛

公共论坛（Public Forums）作为一种数据收集方式，其结构远不如之前的两种群体访谈方式。举办公共论坛包括邀请公众讨论评估者希望在需要评估中处理的事项。公共论坛可以是一个政府会议，还可以是一个电话访谈节目。公共论坛只是为人们提供了一个场所和机会来聚集和表达对特定问题的看法或观点。但需要注意的是，如果一个社区有强烈的动荡或紧张的政治议程时，公共论坛可能会加剧问题的严重性，因而社会工作者在具体实践中要审慎地选择适切的数据收集方法。

（五）电话和邮件调查

电话和邮件调查（Telephone and Mail Surveys）的主要目的是收集人们的意见，以便将他们描述为一个群体。通过电话和邮件调查来收集数据，数据的数量和质量受到问题的数量和抽样的人数等的影响。如果只有几个简单的问题，而且收集数据的时间很短，那么随机选择和电话采访可能比较合适。如果问题比较全面，且拥有比较充足的时间，那么选择发送邮件展开调查则比较好。虽然通过电话和邮件调查能够收集到最原始的数据资料，但这种方法也存在一些不足。

第一，电话和邮件调查相较于其他数据收集方法，具有更多资源密集型成本。开展一项合适的电话和邮件调查，需要在邮寄、复印、雇员等各方面投入大量成本，而且后期的数据录入成本也会随着数据量的增多而增加。第二，邮件调查的回复率通常比较低，问卷的完成率一般也不高。第三，编制一份合适的邮件调查问卷，相较于其他数据收集方式，是一项复杂的工作，对负责人提出了比较高的要求。为了提高邮件调查的回收率，一般可以采用下列几种方法。

1. 提供说明信

可以在每一封邮件的调查问卷里附上一份说明研究目的的说明信，向调查对象保证所有的回复都将保密。说明信可以由具有一定社会公信力的机构或人员签署确认。

2. 提供奖励

可以在能力范围内向调查对象提供一定程度的奖励，如购物券、优惠券等。

3. 设置进度提醒

可以定期发送跟进信给调查对象，以提示他们完成调查，并及时将公开的研究结果和资料发给调查对象，提升调查对象的参与感。

五、分析和展示数据

无论使用现有的数据还是收集原始的数据，在分析和展示数据的时候都有不同的选项可以选择如何进行。如果评估者希望对正在评估的社会需求有一个准确和完整的了解，那么综合使用各种各样的策略是很重要的，因为没有一种数据收集方法能够完全满足特定的社会需求。但是可以通过设计一个数据收集策略来完成，如同时收集定量数据与定性数据等。

（一）定量数据

定量数据（Quantitative Data）的形式一般是数字。使用定量数据来分析和展示数据意味着评估者更加关心数量情况。使用定量数据时，通常用频率来描述计数。如有多少家庭生活在贫困线以下？65 岁以上的人需要特殊医疗服务的比例是多少？等等。由于需要评估常常立足于较大的社会层面上考虑社会问题，所以对于定量数据的分析和展示通常采用比较的方式进行。需要评估可用来比较单一的具体情况与已确定的情况，如评估者可能预期（正常情况下）农村的失业率为 10%，而当计算时，实际上却是 20%（评估者的发现）。在需要评估中对定量数据的分析和展示，常常以比率的形式出现，通过比较比率，可以更好地帮助评估者判断什么时候、多大程度上社会问题实际成为一个问题。报告定量数据为评估者正在评估的问题提供了整体图景，通过一些数据可视化的手段（如饼形图、条形图等）还能够进一步帮助评估者创建令人印象深刻的数据插图，从而达到更好的数据展示效果。表 8-3 展示了一个收集定量数据的非标准化需求评估调查工具。

表 8-3　产生定量数据的非标准化需求评估问题示例

> 调查这部分的目的在于更多地了解您在社区中感知到的这些问题。以下是北城居民反映的一些问题。请您在问题后三个数字 1~3 中圈出一个数字，表示这些问题在过去一年内给您带来了多大程度的困扰。
>
> 1. 没有任何问题（或对我不适用）
> 2. 问题程度中等
> 3. 问题程度严重

续表

问题	回答		
1. 寻找需要的产品	1	2	3
2. 不礼貌的销售人员	1	2	3
3. 寻找干净的商店	1	2	3
4. 物价太高	1	2	3
5. 说西班牙语的售货员不多	1	2	3
6. 公共交通	1	2	3
7. 获得信贷	1	2	3
8. 缺少某些类型的商店	1	2	3
9. 缺乏就业援助计划	1	2	3
10. 寻找一个安全的城市公园	1	2	3
11. 寻找一所好房子	1	2	3

资料来源：Grinnell R. M., Gabor P. A., Unrau Y. A. Program Evaluation for Social Workers：Foundations of Evidence-based programs. Oxford：University Press，2017.

（二）定性数据

定性数据（Qualitative Data）的形式一般是文字。定量数据分析在总结大量以数字表示的数值数据时很有用，但是为了捕捉问题的真正"核心"，评估者还需要依赖定性数据分析。定性数据分析不是用数字而是用文字来概括数据。如果说定量数据提供的是关于问题"是什么"的答案，那么定性数据提供的就是关于"为什么"的解读。定性数据提供的文字信息比仅通过数字提供的信息更丰富。定性数据一般通过采访或访谈收集，这些采访或访谈被记录下来，随后被转录出来再进行分析。此外，还可以通过一些现有报告和客户记录等来收集定性数据。在需要评估中，如果既能收集到定量数据又能够收集到定性数据，那么将会对需要评估及其之后的工作奠定比较坚实的基础，为整个项目的质量提供比较可靠的保障。

六、传播和交流研究结果

需要评估研究的最后一步是传播和交流研究结果。进行需要评估是因为某人（通常是项目涉众）希望获得关于社会问题程度的有用数据。重要的是，必须在逻辑上和系统上遵循需要评估的前 5 个步骤，以便使综合的结果符合评估的初衷。如果以直接和简单的方式进行沟通，需要评估的结果更有可能被广泛使用，但是研究结果的任何书面或口头陈述都必须考虑受众是谁。因此，几乎在所有情况下，书面报告都只分发给利益相关方。简言之，需要评估的最终书面报告通常涉及以下三类：一是具体的社会问题，二是问题对应的（未被满足的）需要，三是满足需要的解决方案。

参考文献

Bradshaw J. The concept of social needs. New Society, 1972, 30（3）：640-643.

Calheiros M. M., Patricio J. N. Assessment of Needs in Residential Care：Perspectives of Youth and Professionals. Journal of Child and Family Studies, 2014, 23（3）：461-474.

Doyal L., Gough I. A Theory of Human Need. New York：Guilford Press, 1991.

Grinnell R. M., Gabor P. A., Unrau Y. A. Program Evaluation for Social Workers. Oxford：University Press, 2017.

Macarov D. Social Welfare：Structure and Practice. London：Thousand Oaks, 1995.

Maslow A. H. Motivation and Personality. New York：Harper & Row, 1970.

Maslow A. H. Toward Psychology of Human Being. Princeton：Van Nostrand, 1968.

Towle C. Common Human Needs（Rev. ed）. Silver Spring, MD：National Association of Social Workers, 1965.

Whitaker W. H., Federico R. C. Social Welfare in Today's World. New York：McGraw-Hill, 1997.

彼得·罗西，霍华德·弗里曼，马克·李普希. 项目评估：方法与技术［M］．邱泽奇，等，译．北京：华夏出版社，2002.

凯茨·大卫斯．组织行为学（上）［M］．欧阳大丰，译．北京：经济科学出版社，1989.

莱恩·多亚尔，伊恩·高夫．人的需要理论［M］．汪淳波，张宝莹，译．北京：商务印书馆，2008.

顾东辉．社会工作评估［M］．北京：高等教育出版社，2009.

彭华民．社会福利与需要满足［M］．北京：社会科学文献出版社，2008.

彭聃龄．普通心理学［M］．北京：北京师范大学出版社，2004.

万育维．社会福利服务：理论和实践［M］．台北：三民书局，1996.

曾明彬．ISO9001：2008 质量问题分析与解决［M］．广州：广东经济出版社，2009.

张德．组织行为学［M］．北京：高等教育出版社，2004.

第九章　过程评估

如果说需要评估是社会工作项目的出发点，那么紧接着就是过程评估。从项目生命周期的角度来看，过程评估主要针对从项目开始到项目结束之前的中间历程。显然，社会工作项目的中间历程占据了其生命周期中主要的时间，并且是最终形成项目产出的实现机制。因此，项目过程评估就是要揭示项目内在运作机制，并且致力于找到项目形成好或坏的产出的原因。

第一节　过程评估

与其他评估相比，社会工作项目过程评估更为复杂一些。其主要原因是过程评估涉及项目的更多方面，如项目执行与计划相比是否存在偏差、项目质量的监控、项目服务递送是否有效、项目干预的强度和有效性等。过程评估的根本目的在于实现改进而必须破解项目运行的"黑箱"，发现并证明项目有效完成特定目标的因果关系，但判断因果关系更加困难和复杂。因此，项目过程评估与社会科学研究最为接近。

一、过程评估的概念和目的

（一）基本概念

一些项目评估者仅把过程评估简单视为对项目执行的评估，如"证明项目是什么以及是否按照预期被送达给既定的接受者"（Scheire，1994），或者"尽力描述某个项目是如何实际运作的，并评估其预期功能的执行情况如何"（罗希等，2007），以此理解，项目过程评估就是"执行评估"。就执行评估而言，有两类执行过程分别需要予以评估。首先是项目服务递送过程（The Clients Services Delivery System），主要描述和评估社会工作者如何提供服务和服务对象如何被纳入项目接受服务。其次是项目管理过程（The Administrative Support Systems），主要描述和评估项目管理者（团队）如何通过一系列管理活动将项目计划具体实施。这两类执行过程在实践中是紧密关联的。

但是对于社会工作项目而言，项目的核心不是最终的产品或具体的服务，而是干预行为。因此，过程评估不仅需要评估项目的实际执行内容，更需要探究项目运行的内在机制和逻辑，检验实现项目特定目标的因果关系。基于此，一个更为广义的过程评估还包括对项目理论或逻辑的评估。

（二）主要目的

基于以上对过程评估进行界定的概念，社会工作项目过程评估主要包括以下 3 个目的。

1. 改进项目的运作机制

过程评估可以对服务递送进行微调，进而更好地为服务对象提供服务。从这一点来看，过程评估是提供良好社会工作服务的关键组成部分。就像服务对象一般会使用具体目标来衡量一项服务的完成情况，对于提供社会服务的社会工作者而言，也需要通过过程评估来监控他们的干预和活动，以评估他们是否在以最好的方式帮助他们的服务对象。此外，过程评估有时也被称为"形成性评估"，注重通过收集相关数据，以持续不断地反馈和改进项目服务递送过程和项目管理过程。因此，过程评估对于改进项目的运作机制具有重要意义。

2. 发现知识

过程评估能为评估者提供一个详细而具体的分析，以了解项目运行中各项干预措施及其相关活动背后的原因、过程和机制。由于在编制项目计划时很难完全预测项目实施过程中会出现的各种问题，所以项目在具体实施时很有可能会产生偏差。如何识别偏差、消除偏差，如何根据变化而调整计划、保证项目目标的实现，这正是项目过程评估所要解决的。正是由于过程评估直接蕴含于项目控制过程，所以整个项目过程在过程评估中被一点点剖解和分析，即帮助服务者破除项目"黑箱"，发现新知识。具体来看，主要体现在以下4个方面。

第一，通过过程评估对干预措施和活动进行监测，能让服务者对其与服务对象之间的关系有更明晰的界定和理解，增进两者之间的沟通和交流。

第二，通过过程评估能监测到哪些服务对服务对象而言是有效的或是无效的，可以让服务者快速地作出判断和选择，避免在无效的干预措施上耗费资源。

第三，过程评估贯穿整个项目过程，能较为充分地回答一些长期存在、根深蒂固的问题出现的原因等，帮助服务者深入理解问题并予以解决。

第四，当过程评估横跨多个项目进行时，服务者可以通过过程评估来比较不同服务递送方式的效果，进而帮助服务者了解到"什么干预措施最有效"以及"对谁最有效"等信息，从而实现服务递送的最优化。

3. 为估算项目成本效率做准备

过程评估的主要目的是确定项目是否按照预期运行，因此，通过过程评估对项目过程的监测，服务者可以快速了解服务对象接受个人或群体干预的时间，跟踪服务对象反馈的结果，进而确定哪些干预更有效率、哪些成本更低，并结合在整个项目过程中收集到的数据信息，较为精确地计算出在一定时间内项目的成本，为估算项目成本效率做准备。

二、过程评估的类型

过程评估在研究和项目示范中十分重要，常常承担着"项目描述"、"质量保证"和"项目监控"等主要任务（罗伊斯等，2018）。一项完整进行的过程评估可以在任何时候，甚至在项目结束阶段进行。基于此，从过程评估承担的主要任务类型出发，方巍等（2012）将其分为可评估性评估、执行性评估以及监控性评估3种类型，其中：可评估性评估主要承担的是"项目描述"的任务，用于确定"实施评估研究的基础条件是否完备，社会服务项目是否可以接受评估研究"；执行性评估主要承担的是"质量保证"的任务，指的是"项目实施情况的评估，即关于项目的运行状况与方案预期是否一致的分析和判断"；监控性评估主要承担的是"项目监控"的任务，指的是"在项目实施过程中，借助持续、反复的测量和分析，确保项目方案得到落实，有效提升项目执行效果的管理和研究方法"。

值得注意的是，在执行性评估中，又可以根据评估的执行者的不同而将其分为内部评估和外部评估两种（方巍等，2012）。内部评估由项目管理与执行人员完成，通常更具有项目管理的含义；外部评估常常由项目利益相关方之外的第三方进行，通常更具有专业性和中立性。在监控性评估中，项目监控一般包括3个方面的内容（Ginsberg，2005）：一是服务使用情况，主要测量目标人口接受服务的比例；二是项目组织，旨在比较项目实施的项目设计之间的差异；三是项目结果，主要是判断参与者在接受项目服务后是否发生了变化。

第二节　项目机制与项目理论

在社会工作实务中，关于社会福利项目的评估通常是从始末两端对项目进行考察，即比较关注项目是如何开始的，以及是否实现了最终目标，也就是项目的投入和产出部分，而往往忽略了对项目中间过程的分析和理解。从项目的具体实践来看，项目机制和项目理论对于破解项目运行过程中的"黑箱"、揭示和分析项目干预背后的运行机制具有非常重要的意义，因而在评估研究中，特别是过程评估研究中，项目机制和项目理论常常相伴出现。

一、项目机制

（一）基本内涵

在过程评估中，项目机制一般指的是项目影响机制，它是指社会福利项目的干预或服务是如何实现项目目标的（方巍等，2010）。项目影响机制的目的在于找到项目最终得以产生影响结果的原因和条件，在现实情况中它通常表现为某一种或者某一系列的假设，通过设立假设来理顺项目干预措施和相关服务发生的前后关系和内在逻辑，进而较为清晰和直观地呈现出项目的运行过程。

（二）发展背景

对于项目机制的研究随着项目过程机制评估的兴起而得到重视。20 世纪 70 年代之前，评估研究者和利益相关者比较倾向于运用数量方法对评估问题的经验性进行定量考察，非常重视自然科学方法的应用。但随着社会科学的兴起和发展，对社会福利项目进行评估研究越来越需要更加丰富和全面的研究方法，而非简单的定量描述和测量分析。因此，20 世纪 70 年代之后，项目过程机制的评估逐步受到重视，越来越多的研究者和利益相关群体也更加关注分析项目机制的运行情况。特别是在 20 世纪 80 年代末到 90 年代初，学者将社会服务项目评估研究的注意力集中转向项目的运行机制方面（方巍等，2010），与此同时，也兴起了一些比较有特色的相关学术刊物和专著作品，如《美国评估杂志》（*American Journal of Evaluation*）、《评估与项目规划》（*Evaluation and Program Planning*）、《理论驱使评估科学：策略及应用》（*Program Theory-Driven Evaluation Science：Strategies and Applications*）等。

二、项目理论

（一）基本内涵

项目理论（Program Theory）是指建立在一定基础之上、有关项目如何运作的一种模型建构（方巍等，2012）。换句话说，项目理论可以简单理解为一种关于项目如何产生预期效果、实现预期目标的说明。Brickmayer & Weiss（2000）认为，项目理论可以看作项目的内在假设，通过这些假设来指导项目接下来的一系列工作如何开展、采取何种措施、会产生什么样的效果，等等。根据 Fitz-Gibbon 和 Morris（1996）的解释，项目理论是说明项目干预措施、过程及其结果的因果联系的理论。认清项目理论，是进行过程评估的前提。

（二）主要类型

根据不同类型理论取向，项目理论一般可以分为 3 种类型，分别是：逻辑理论、机制理论和条件理论。其中，逻辑理论以指导项目设计和实施为主，机制理论旨在揭示如何实现项目预期目标的运作机制，条件理论则是说明项目影响机制实现的环境和结果（方巍等，2010）。

根据不同评估内容的侧重，项目理论还可以分为 4 种类型，见表 9-1。

表 9-1　基于项目理论的评估类型

名　称	特　点
理论评估	着重对项目运行和作用过程"黑匣子"的破解。对在项目服务和干预过程中是否发生了项目理论预期变化的一种检验
现实主义评估	关注项目作用机制运作的条件和结果，而不是项目为什么产生预期的影响作用
逻辑模型	突出项目执行过程中的各个步骤环节的分析，包括人、财、物等的资源投入、活动对象、短中长期服务成效，从而揭示项目过程的逻辑性和合理性关系
理论驱使评估	根据项目理论评估框架，针对项目利益相关者的评估需要确定评估策略和方法，收集和分析相关信息

资料来源：丁雪，王芳，刘晓曦，陈永超. 基于项目理论的评估对儿童健康干预评估的启示 [J]. 中国卫生政策研究，2013（10）.

（三）发展背景

关于项目理论的研究伴随项目评估的实践而发展（具体可结合第七章

变革理论中的项目理论视角来理解）。20 世纪 80 年代以来，在项目评估领域，基于项目理论的评估（Theory-Based Evaluation）日益受到重视，不仅在学术研究中得到广大学者的青睐，而且在评估实务中产生了不小的影响。项目理论最早多应用于保健和风险防范领域，近年来随着社会经济发展水平的不断提高、社会服务事业规模的不断壮大，项目理论的应用领域也逐渐扩展到节能、反腐、军事和社会服务领域（丁雪等，2013）。

第三节　过程评估的一般步骤

过程评估也可以总结为 6 个基本步骤，分别为：确定评估问题、开发数据收集工具、开发数据收集监测系统、评分和分析数据、开发反馈系统、传播和交流研究结果，如图 9-1 所示（Grinnell，2017）。

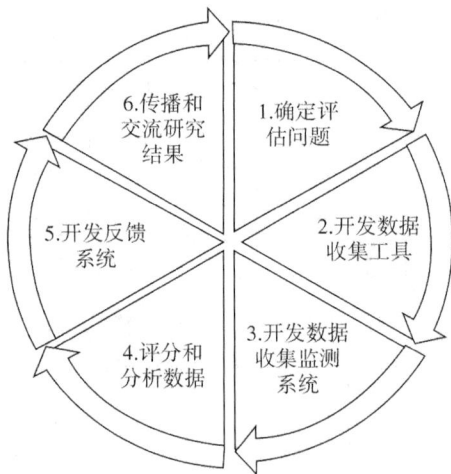

图 9-1　过程评估的六大步骤

一、确定评估问题

前面已经讨论了过程评估需要专注于项目的两个重要维度：服务对象

服务递送和项目的管理运营。因此，清晰地确定评估问题对于过程评估非常重要，这里举几个例子可以供确定评估问题时参考。

（一）项目的背景

项目描述中往往会确定项目的目标和目的，这可作为回答项目背景这一问题的重要部分。通过定义项目目标，可以清楚地知道服务对象是谁？要解决什么问题（满足什么需要）？将会带来（服务对象）什么样的改变？为了实现这些改变需要怎么做？这些信息都以直接的方式描述项目，以便于评估者很容易地抓住项目的重点和范围。此外，关于项目背景，评估者可以提出这样的问题。

- 项目的历史背景是什么？
- 项目是如何开始的？
- 项目的相关伦理是什么？

这类问题的答案为评估者提供了关于项目背景的材料——项目所处的情景，从而帮助评估者更好地解释过程评估中的数据。例如，项目的历史发展对于评估者充分了解项目日常执行过程非常重要，且有助于评估者基于项目当前的政治和社会背景开展工作。项目的相关伦理则可以让评估者理解项目（团队）自身的信念和价值观如何影响项目执行。

（二）项目工作人员的背景

项目工作人员是由具有不同背景的人组成的，例如，教育背景和工作经历，这些信息常常被用于描述一个工作人员的资质。通常人们可以假定，拥有更高学历会比低学历的人具有更高能力和发展潜质，而拥有较多工作经验的人也会有更好的工作表现。此外，人口学特征，如年龄、性别、婚姻和家庭状况等也常被用来描述工作人员和志愿者的特征。其他对于描述工作人员有价值的变量还包括工资水平、职位和职业资质等。此外，特定的项目会对工作人员的条件有特定的要求。

（三）项目服务对象的背景

了解谁是项目的直接服务对象对监督项目过程影响重大。服务对象是项目核心利益相关者之一，他可以是个人、家庭、团体、社区或组织。对于不同类型的服务对象，需要了解不同的信息。例如，服务对象是个人，评估者需要了解他们的人口学特征，包括年龄、性别、受教育程度、民族、职业、收入情况等。通过了解服务对象的相关信息，可以帮助评估者对项目的服务内容有大致的了解。如果服务对象是空巢老人，那么评估者就可以预期项目会围绕空巢老人通常面临子女不在身边、社会活动衰减、社会支持不足等问题展开。若评估者还希望了解服务对象从何而来，可以通过以下问题来确定。

- 服务对象与项目的相关度如何？
- 服务对象主要来自一个地理区域或社区吗？
- 服务对象是如何获知该项目的？

（四）向服务对象提供的服务量

服务量本身就可以透露出项目执行过程的大量信息。例如，项目设计服务对象接受服务的频次是每周一小时，总共6周，但这并不意味着实际服务情况一定按照项目计划进行。一些服务对象可能会因为各种原因提前结束服务，另一些服务对象则可能在项目中比预期的待得更久。因此，评估者必须要获取服务对象开始接受服务和结束服务的日期，以便了解服务对象到底从项目中接受了多久的服务。

确定服务开始和结束的时间也不像看起来那么直接。例如，支持性的服务可能在服务对象正式加入项目前就已经开始了，或者在服务对象接受完服务后还要有跟踪服务。服务持续的时间可以以小时、周、月、年等计算。这些数据都为评估者提供了服务对象接受服务的时长。

除了时长，对于许多项目，评估者还希望了解项目为服务对象提供服务的强度。通常，以社会工作者投入工作的时长来计算服务强度。例如，社会工作的时间可以分为与服务对象面对面访谈、电话联系、撰写报告、服务支持、项目督导和咨询服务等。假如把社会工作者为服务对象提供服务的时间按这些模块划分，就可以计算每一部分的时间。例如，采用这一简单的计算方法形成下列数据，而这些数据可以为评估者计算服务强度提供估算框架。

- 30%的时间面对面访谈。
- 25%的时间电话交谈。
- 25%的时间撰写报告。
- 10%的时间给予支持。
- 10%的时间督导和咨询。

（五）项目的干预方法和活动

了解项目采取了哪些干预措施和活动就可以抓住项目服务策略的核心。对于社会工作项目，通常都可以这样问：社会工作者使用的干预方法是什么？社会工作者是如何操作的？在所有的过程评估问题中，这一问题对社会工作者和项目管理者都是一个首要的挑战，因为它要求他们阐述项目之所以有效的本质以及以其他人员能理解的方式解释项目实施的活动与干预的相关性。这不是一项容易的工作，习惯了用专业术语交流的社会工作者要学会向非专业人士解释自己所做的工作（尤其是服务对象），以便于服务对象理解项目服务的预期效果。

过程评估需要评估项目的真实性，即它必须检查项目服务或干预的递送与项目拟订方案和逻辑模型之间的关联程度。评估项目的真实性尤其重要。

（六）行政管理是否支持到位

行政管理支持指用以支持社会工作者执行项目服务递送方案的行政性事务，以及对社会工作者本身的"确定性"福利待遇。所谓确定性，指相对稳定，不随时间或项目变化而改变的福利待遇。这些福利待遇不仅包括工资、五险一金等，还包括住房补贴、交通补贴、通信补贴、辅助人员、办公环境等。而行政性事务通常会随项目压力的变化而调整，如工作培训、督导计划和项目进展会议等。

显然，项目行政管理支持最为重要的是创造出一个支持社会工作者完成对服务对象进行服务的环境。低报酬、高工作量、随时被联系、持续加班的社会工作者比那些处于更具支持性的环境下的社会工作者对服务对象的服务及需要的回应要低效。因此，人性化地去考虑社会工作者工作性质的特殊性，进而提供便利性的福利，将给予社会工作者很大的支持。而行政性事务则需要精心设计和不断调整。社会工作项目与其他类型项目的不同之处在于，需要把项目行政管理工作与项目服务递送并重，行政性事务不仅是为了确保项目本身按计划运转，还应有效支持社会工作者为服务对象递送更好的服务。因此，行政性事务一定要具有灵活性，项目主管不仅需要按照项目计划推进，还需要根据项目及项目服务的进展状况，不断纳入社会工作者共同商议、调整和修订行政性事务实施计划。

（七）项目利益相关者的满意度

项目利益相关者的满意度是过程评估中的关键环节，因为利益相关者对项目服务的评价集中体现在是否满意方面。服务对象满意度调查是收集满意度数据的常用方法。例如，在一个家庭支持项目中，服务对象可能会被问到这些问题：你对于社会工作者之间的互动有什么看法？你接受了哪些服务或干预措施？或者可以问这样一些问题。

- 该服务对您是否实用？
- 对服务内容是否满意？
- 对服务方式是否满意？
- 对服务您的社会工作者是否满意？

（八）项目的有效性

估计项目的有效性是过程评估的重要目的之一。这一问题聚焦于投入的一定量的资源是否达到了预期的帮助服务对象的目标。虽然，其他项目评估（如结果评估或效率评估）也关注这个问题，但过程评估因为涉及更深入理解项目执行和服务递送过程，在回答项目资源如何被使用的问题上，有更多优势，也更精确。

上述的几个问题是社会工作者在过程评估中通常需要明确的问题，但不同的过程评估会有不同的侧重点，因此还有必要确定哪一个问题最为重要。决定哪一个问题应该被优先回答受下列一些因素的影响：利益相关者的不同要求、项目的趋势及项目方案等。

二、开发数据收集工具

假如评估者希望完成一个有效的过程评估，那么如何收集到所需的数据（取决于上一步骤中确定的问题领域）就非常重要。这似乎是一个庞大的任务，但实际上项目执行过程已经生产了大量的数据可供利用。例如，关于项目背景的问题可以通过翻阅项目开发会议纪要、各类会谈备忘录、项目方案和计划相关的文件等来回答。除了查阅项目文档，访谈项目的负责人、管理者或开发者也可以获取很多相关数据。工作人员的资料可以从工作人员的简历中获得。

项目服务递送的数据最好随着服务开展定期收集。为此，有必要开发有用的数据收集工具。一个好的数据工具应具备以下 3 个标准。

（一）容易被使用

数据收集工具应该帮助社会工作者把服务做得更好，而不是用大量的文档案牍工作占用他们的时间。数据收集工具容易被使用就是指降低社会工作者预期投入数据收集方面的工作量和时间，高效地完成工作。检验一个工具是否容易使用，可以参考那些在其他项目中已经使用的数据收集工具，了解使用效果，特别是社会工作者使用这些工具的感受。

（二）与项目实施过程相匹配

数据收集工具的设计应该与项目相契合，促进项目而非阻碍项目的执行和日常运作，并能够将所收集的数据直接用于改善项目的服务递送上。当然，通过数据收集工具所收集到的服务对象的数据，或者与服务对象相关的数据，根据数据特征可应用于项目或服务等不同层级。例如，通过服务接待表，社会工作者可以了解服务对象之前接受服务和转介服务的情况，进而就可以在个体服务层面，针对服务对象的具体情况设计适宜的服务干预方案。同时，通过总结所有服务接待表中服务对象转介服务的数据，又可以确定项目层面出现转介服务的一般性原因。根据项目实施过程设计数据收集工具时，应注意可以发挥几种不同的功能：首先，能够提供服务对象接受服务前的预记录，用于对比服务对象通过服务取得的进步或发生的变化。其次，通过对项目实施不同部分收集数据，可以整合出对项目整体的概述。最后，这些工具本身也可以成为监督项目进展的工具，例如，为项目督导或项目进展会议提供基础性数据等。另外，这些工具所收集的数据本身也可以作为社会工作者描述服务对象存在问题、干预治疗措施及项目活动等的简便方式直接用于对服务对象服务的追踪或复查。

（三）使用者输入

数据收集工具的主要使用者通常应该是项目中的一线社会工作者。一线社会工作者要对他们收集的服务对象数据和其他数据负责。因此，一线社会工作者对于数据收集工具的开放和检验是非常关键的。那些对于数据收集工具有更深刻理解的社会工作者会比其他人记录的数据更为准确。

在一些案例中，因为数据收集工具及所收集数据本身的性质，在收集数据前有必要对社会工作者进行培训。特别是如果使用针对一些特殊的项目或者一些社会工作者并不熟悉的项目而开发的一些新的或特别的数据收集工具，这种培训更为必要。有时候，将数据收集工具的开发与对一线社会工作者的培训结合起来，是一种更具效率的方式。

三、开发数据收集监测系统

过程评估的监测系统和项目督导实践密切相关。社会工作的性质决定了数据收集过程对于服务对象的服务递送而言不可或缺。有关项目背景、服务对象情况、社会工作者特征的数据等在项目实施的某些时间段内或多或少都会被收集，然后就可以用简洁的方式摘录和存储这些数据。因此，有必要开发项目的数据监测系统以及时监测项目中发生的各种改变，如工作人员的流动率、服务时长以及工作量等。

同时，不断监测和检查所收集数据的有效性和可靠性也非常必要。当然，开发这样的数据收集监测系统需要考虑时间和资源等方面的限制。如果在服务递送过程中要求收集太多的数据，或者太频繁地使用数据收集工具，可能给一线社会工作者带来过重的工作负担，甚至造成大规模的文案工作积压。反之，如果对一线社会工作者缺乏明确的收集数据的责任要求，他们又会与过程评估缺乏关联，导致过程评估的困难。因此，在为过程评估开发数据监测系统时，需要注意以下3点：项目包含多少个案服务？什么时候收集数据？使用哪些数据收集方法？

（一）项目中个案服务的数量

显然，无论是过程评估，还是下一章讨论的结果评估，都会面临评估对象界定到多大范围的问题，是把项目服务的全体对象作为评估对象还是仅选择其中的一部分？当然，评估的范围大小很大程度上取决于评估的问题。在过程评估中，如果关注项目背景或项目发展历史，可能只需要访谈少数人，更多利用研究文档资料就足以回答这些问题。如果要理解项目整体的实施情况，可能就需要把所有的服务对象列为评估对象。

通常，要了解项目服务递送的全过程，服务对象调查表就会过于冗长和详细。因此，可以考虑制定两种服务对象调查表：详细版和精简版。先使用精简版对全体服务对象有一个概括的了解，再从中选择具有典型性和代表性的服务对象，进一步使用详细版进行调查。这样所收集的数据就可以在广度和深度之间达到一定的平衡。

项目规模也会影响选择多少个案进行研究。对于较小的项目，如果项目管理者和工作人员比较少，服务对象也很有限，在这样的情况下，不妨把项目中所有相关者都纳入数据收集的范围。对于大型项目，比如社会救助项目，则通常采取随机抽样的方法选取样本，也可以保证样本在评估过程中的代表性。当过程评估和结果评估同时进行时，所选取的抽样方法还要和评估类型相匹配。总之，评估者的目标是从研究对象中选取有代表性的样本。

（二）确定数据收集的时间

数据收集的时间也很重要。例如，收集服务对象的基础信息，可以采用服务接待表，在服务对象首次接受服务前就进行调查。如果要收集服务对象对服务的感受，如满意度等，就必须在服务递送后进行调查。再如上文所述将服务对象调查表分为详细版和精简版。因为精简版要收集每一位服务对象的信息，那么最好在固定的时间段使用精简版调查表收集数据，而详细版调查表需要占用服务对象较长时间，可以在之后根据服务对象的情况灵活选择合适的时间或多个时间段使用详细版调查表收集数据。

社会工作者在服务介入过程中，可以先了解一些不太敏感或无害性的问题，如性别、年龄、职业等。当与服务对象之间建立了比较密切的关系后，社会工作者才可以问一些较为敏感的问题，如家庭收入、家庭问题、既往接受服务历史等。在初次介入访谈时，社会工作者还应注意，在收集关于服务对象特征的数据时不要出错，因为服务对象的这些特征是确定的和永恒的，如民族、性别、病史等，这些问题还会在与服务对象建立关系后随时被提及，如果出现错误，会降低服务对象的信任。

在过程评估中，通常必须收集关于社会工作者开展治疗干预活动和服务投入时间的数据。此时，必须确定社会工作者是否必须记录他们针对所有服务对象的所有活动，因为这对于了解社会工作者与服务对象之间的活动非常必要（一些国家甚至是法律要求）。通常，建议社会工作者这么做。

另外，应将收集到的社会工作者活动的数据用于项目督导中。理想情况下，个案工作记录能够抓住社会工作者干预的本质，展现社会工作者采取行动的内在逻辑，以及在社会工作者的努力下服务对象在知识、行为、感知和境遇等方面发生的改变。

项目管理者有责任审查服务记录表，以确定是否遗漏了一些数据。管理者的反馈也应被纳入督导中。项目管理者的审核表要附在每一个个案记录的封面，标明记录的内容和责任人等。这样，社会工作者和评估者就很容易在收集数据时进行复核。

假如项目的管理者发现有大量的文案工作有待完成，这也许意味着给社会工作者太多的工作任务，或者数据收集工具有必要进行精简。进一步来说，无论管理者还是评估者都希望留给社会工作者更多的空间去记录他们的思考，如有助于进一步完善项目的创新性干预措施或想法。

（三）选择数据收集的方法

记录社会工作者的活动首选还是文档工作。因为，如果采用录像记录并系统性评价社会工作者与服务对象之间的互动就太浪费时间了。然而，因为一线社会工作者的活动数据通常是由他们自己收集的，所以这些数据的可靠性就会被质疑。项目督导的实践就包括对社会工作者对服务对象的干预和活动进行观察，从而可以评价社会工作者自我报告数据的可靠性。

例如，督导去观察家庭支持社会工作者和他的服务对象之间的互动交流，并记录社会工作者所做的治疗干预工作。将督导的记录与社会工作者自己干预服务的记录进行比较，通过这一简单的方法，可以确定社会工作者自己做的服务记录的可信度。借此也很容易了解督导视角和社会工作者视角的一致程度，以此更深入地评价社会工作者自我记录数据的价值。再如，关于服务对象满意度的数据，社会期望是其中的一个问题。假如测量服务对象满意度数据的执行者是提供服务的社会工作者，那么即使问卷是以最客观的方式完成的，这些数据的结果仍会被怀疑。此外，当服务对象参加满意度调查时，如果提供服务的社会工作者在场，服务对象也不太可能对社会工作者作出真实的评价。尤其是社会工作者向服务对象读出问卷的问题让其回答，这一现象会更加严重。基于这些考虑，更有效的数据收集方法就是选择中立的人来实施服务对象满意度的调查工作。此外，在进行服务对象满意度调查之前，还要明确、清晰地告知服务对象以下情况：服务对象作出的回答是保密的；向他们提供服务的社会工作者不会获知他们的回答；服务对象的回答会被放入服务对象满意度数据库中，并以合计表的形式形成报告；最终的报告会呈现给服务对象等。

数据收集方法还会对数据信息的真实性产生直接影响。用偶然或前后不一的方法收集的数据很难进行总结。此外，以这样的方式收集的数据很可能带来不准确的信息。例如，在一个为期6周的项目中，采用服务记录的方式记录社会工作者为服务对象提供服务的时长。社会工作者认真记录了6周中前两周的服务时长，两周后，社会工作者只是零星地记录了提供服务的时长。这样收集的数据产生的结果是看起来项目提供的大部分干预服务是前两周，使用这些数据的图表也直观地显示了这一趋势。假设将这样的数据呈现给社会工作者，不用过多讨论，社会工作者就会对数据的不准确性作出评论。此外，社会工作者可能会更在意分享关于另外4周的干预模式是怎样的，而不是思考改进服务干预的可能模式。针对这种情况，一方面要求社会工作者在记录数据方面更加认真仔细；另一方面也需要给社会工作者在完成文案工作方面提供额外的支持。总之，一线社会工作者并不喜欢做大量的文案工作。如果完成的文案工作没有及时有效地反馈，社会工作者会抗拒做这项工作。因此，必须深刻认识到社会工作者在递送服务时必须付出更多努力才能同时收集记录数据，因此改进数据收集方法，例如配备IT设备及建立数据管理系统，使社会工作者可以更便捷地把数据直接输入信息系统中，这样就可以节约社会工作者宝贵的时间，也激励他们更好地收集数据。

四、评分和分析数据

收集和总结项目服务过程的数据的流程很容易操作，而且一旦数据被分析，也应该很容易被加以解释。如果在总结数据时发生延误和滞后，则很可能是项目收集了太多的数据。此时需要削减数据数量，并重新检验数据收集的需求是什么。

通过评分和分析数据可以帮助评估者确定数据收集的数量是否太多或太少。例如，提供家庭支持的社会工作者每周要访问某家庭4次，总共持续10周。这意味着在完成全部的干预服务后，社会工作者只针对这一个家庭就有40份干预服务的记录。面对如此大量的数据，可以将所有记录按照干预的方式进行分类并简单地评分，这样通过汇总评分就可以发现社会工作者最主要采用哪种干预策略。此外，根据数据收集的日期，也可以区分出项目早期、中期和结束时，社会工作者分别采取了哪些干预策略并进行比较。另外，还可以采用很多方法分析数据，例如，按家庭结构进行分组，分别进行比较；按儿童行为问题进行分组，分别进行比较；按家庭干预服务时长进行分组，分别进行比较。

当使用信息系统收集记录数据时，不仅总结和分析数据变得简单，而且统计软件本身能提供更多的数据分析方法。

五、开发反馈系统

过程评估专注于项目的内部工作，因此收集的数据也应该在项目内部与工作人员共享。记录社会工作者活动的数据不可能揭示社会工作者完全的日常工作状态，相反，收集到的数据更容易证实社会工作者及管理者预先的假设。因此，利用各类图形、图表以及其他数据可视化的工具向项目社会工作者等工作人员提供一个可供讨论的平台，以及提供一个项目整体结构的图景（这与每个人的视角可能一致，也可能不一致）就非常重要。

前面已经讨论了过程评估如何在督导会议中为督导和社会工作者提供帮助。过程评估所收集的数据还提供了向每个社会工作者进行反馈的机会，并构成了进行有效讨论的基础。项目层面的反馈也可以在项目会议上提供给每个社会工作者。

理想状态下，为了项目的顺利进展，每1~2个月就应该留出一天进行项目总结和反馈。在项目会议上，项目管理者要汇报项目监测数据并总结相应的问题。另外，会议上还应该商讨如何解决在形成一个高效的数据收集监测系统方面面临的问题。

六、传播和交流研究结果

过程评估收集的数据可以提供关于哪些干预措施能够有效解决哪些特定的服务对象问题的线索。这些数据是打开这些谜题"黑匣子"的第一步。因此，项目过程评估的结果应该广泛用于提供类似服务项目的决策中。

借用社会工作专业期刊、专业会议及研讨会等都可传播过程评估的结果，发挥项目带来的积极作用，加深社会工作者对如何帮助具有特定问题的特定服务对象的理解。

参考文献

Birckmayer J. D., Weiss C. H. Theory−Based Evaluation in Practice：What Do We Learn? Evaluation Review, 2000, 24 (4) .

Fitz−Gibbon G. T., Morris L. L. Theory−Based Evaluation. Evaluation Practice, 1996, 17 (2) .

Grinnell R. M., Gabor P. A., Unrau Y. A. Program Evaluation for Social Workers. Oxford：University Press, 2017.

Scheire M. A. Designing and Using Process Evaluation / Wholey, J. S., Hatry, H. P., Newcomer, N. E. Handbook of Practical Program Evaluation. San Francisco：Jossey−Bass, 1994.

Ginsberg L. H. 社会工作评估——原理与方法 [M] . 黄晨曦, 译. 上海：华东理工大学出版社, 2005.

彼得·罗希, 马克·李普希, 霍华德·弗里曼. 评估：方法与技术 [M] . 邱泽奇, 等, 译. 重庆：重庆大学出版社, 2007.

戴维·罗伊斯, 布鲁斯·A. 赛义, 德博拉·K. 帕吉特. 项目评估：循证方法导论 (第六版) [M] . 王海霞, 王海洁, 译. 北京：中国人民大学出版社, 2018.

丁雪, 王芳, 刘晓曦, 陈永超. 基于项目理论的评估对儿童健康干预评估的启示 [J] . 中国卫生政策研究, 2013 (10) .

方巍, 祝建华, 何铨. 社会福利项目管理与评估 [M] . 北京：中国社会出版社, 2010.

方巍, 祝建华, 何铨. 社会项目评估 [M] . 上海：格致出版社, 2012.

第十章　结果评估

　　问责是社会工作项目评估的核心基点，对此采取的主要评估模式是结果评估。随着普遍的财政能力相对福利需求的不足、政府失灵等理论的影响，以及基于此而引发的政府改革的持续推进，20世纪70年代以来，西方国家十分重视政府绩效的管理。作为社会福利体系的一部分，社会工作也普遍受到结果管理思想的影响，越来越重视结果评估。中国社会工作近年来发展很快，也出现一些社会工作机构和社会工作者为了做项目而做项目的问题。对此，重视和开展结果评估是解决此类问题的重要方式。

　　值得注意的是，社会工作项目与其他一些社会福利项目不同，所指向的结果并非具体的物品或服务，而是社会工作干预的结果，换言之，社会工作项目强调关注干预所带来的服务对象的改变。因此，社会工作项目结果评估与其他项目评估的产出评估或"投入–产出"评估并不相同。

第一节　结　果

　　社会工作作为一种助人自助的专业服务，所关注的结果与其他社会服务项目有较大的不同，主要为经过社会工作干预所带来的服务对象的改变，进一步而言，更指服务对象长期保持的改变。因此，很有必要厘清社会工作项目结果评估中"结果"的含义。

一、结果与产出

在社会工作服务项目中，结果（outcomes）与产出（outputs）具有完全不同的内涵。一般而言，结果有时候也被称为成效，指的是项目活动和产出所带来的变化，包括短期成效、中期成效和长期成效（Mclaughlin & Jordan，1999）；它是开展项目行动的原因，是由项目产出引致的行为改变（如戒烟、烧水等），它既可以增加、加强、提高，也可以减少或保持（Morra et al.，2009）。

产出有时候也被称作输出，指的是项目的直接产品、商品和服务等（Mclaughlin & Jordan，1999）；它是从活动中得出的可数的产品，是活动产生的有形产品或服务，通常用名词表示，具有可计量和有形的特征（Morra et al.，2009）。在一个项目的逻辑模型中，可以清晰地展示结果与产出二者的关系，见图10-1。

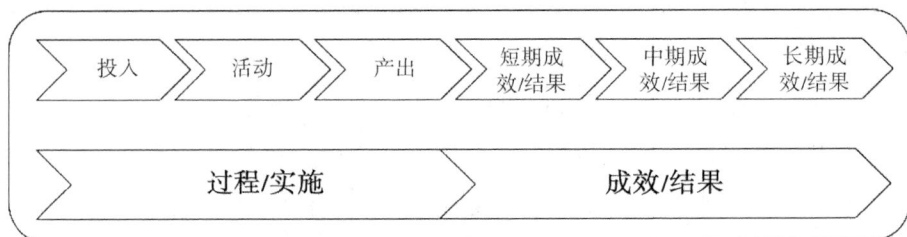

图10-1　项目逻辑模型中的结果与产出

资料来源：Grinnell R. M.，Gabor P. A.，Unrau Y. A. *Program Evaluation for Social Workers*. Oxford：University Press，2017.

二、结果与结果指标

结果（outcomes）与结果指标（outcomes indicators）二者之间的关系，可以简单理解为：结果指标是对结果进行测量的一个、几个或者一系列指标。例如，如果产前课程的结果被假定为拥有一个健康的婴儿，那么与之相对应的结果指标将是一个或者一系列能够证明婴儿健康的因素，如出生体重等。

结果指标可以帮助评估者测量一个项目在结果方面完成的具体程度，因此指标必须是具体的、可观察的、可衡量的特征或变化，而这些特征或变化将代表结果的实现。此外，结果指标还需要有确定的统计数据（数字或百分比），因为这些统计数据将总结项目在结果上的性能。例如，对于一个戒烟班而言，关键的结果是参与者戒烟，与之对应的结果指标可以包括以下几项（Linnell，2002）：

- 在课程结束时报告自己已经戒烟的参与者的数量和百分比。
- 项目完成 6 个月后未复发的参与者的数量和百分比。
- 在项目完成 1 年、2 年或 5 年后没有复发的参与者的数量和百分比。

三、结果与生活质量

在社会服务类项目中，结果（outcomes）往往是反映生活质量的重要因素之一。从参与者的角度来说，结果是指个人或群体在参与计划活动期间或由于参与计划活动而获得的利益或变化，它与行为、技能、知识、态度、价值观、条件和地位有关，是行为、知识、思想、能力或条件随项目的变化（Linnell，2002）。由于任何一个项目都不会凭空产生，而是立足特定的社会问题，旨在通过项目干预来解决问题或者改善现状，因此，从这个层面来看，项目结果的实现与否、实现的程度大小，将直接反映出项目产生的影响力的程度。

大多数情况下，社会工作项目中的服务对象常常以服务类需求为主，因而社会工作项目的结果或成效，将与服务对象的生活质量紧密相关。生活质量（Quality of Life，QOL）指的是"对于生活及其各个方面的评价和总结"（林南等，1987）。从评估的角度来看，生活质量由反映人们生活状况的客观条件以及人们的主观评价两部分组成（风笑天，2007）。其中，客观条件是从产生生活质量的成因方面操作化的，相当于生活质量的投入；主观指标是从生活质量的结果方面操作化的，类似生活质量的产出。一项成功的社会工作项目产生的结果，不仅会对现有的社会问题予以解决或最大限度地改善，而且还会对服务对象的生活质量产生积极、正向的影响。特别是一些以提升服务对象自我发展能力为目标的项目，这种效果将会更加明显。

四、结果与干预结果

结果（outcomes）与干预结果（intervention outcomes）在项目评估中具有不同的内涵。结果更多的指的是一种比具体的干预结果内涵更宽泛的概念，可以理解为个人或群体在参与项目活动中获得的效益，例如，行为、技能、知识、态度乃至生理状况的改善（Ginsberg，2005）。从这一内涵来看，干预结果可以被视为项目结果的一个重要方面，是具体干预措施直接带来的变化。

第二节　结果评估

相较于其他评估形式（如需要评估、过程评估等），结果评估涉及项目对服务对象和社区产生的结果（Ginsberg，2005），因而结果评估不仅是社会工作项目评估的关键内容，也是项目评估的关键所在（顾东辉，2008）。在结果评估中，需要考虑两个问题（罗伊斯等，2018）：一是项目起作用吗？二是项目对目标人群在需要评估中的问题有影响吗？而关于这两大问题的回答，就需要从结果评估的目标和结果评估的使用两个方面来分析。

一、结果评估的目标

结果评估对于全面评价社会工作干预的绩效，改善服务方式，提升服务质量，确保服务达到预设目标都具有重要意义（全国社会工作者职业水平考试教材编委会，2015）。对于项目而言，结果评估就是检验其是否达到了项目的目标（Grinnell，2017）。总的来说，结果评估的主要目标在于论证整个项目产生变化的本质，从整体性视角来审查项目计划开展的活动及其产生的目的性结果，而这通常需要项目的逻辑模型来实现。具体来看，结果评估的目标主要包括以下几个。

（一）获得反馈

历时性监测和评估项目有很多原因，其中一个原因是向项目的相关利益者提供具体而准确的反馈。众所周知，一个项目的目标及其相关的主体是动态的，并且会随着时间的推移而变化。这些变化一般来自下列因素的影响：政治环境、组织结构、经济条件、人员流动、管理偏好以及基于证据的可替代性新干预措施等，很少有一个项目的目标因为单一结果评估的结果而改变或修改。因此，结果评估主要通过获取项目变化过程中的反馈信息，再在过程评估分析的基础上来促使项目目标的实现。

（二）明确责任或问责

根据项目最初设定的目标的完成情况，明确项目主体责任或者说是问责，这是进行结果评估的第二个目标。在这一情况下，逻辑模型是帮助实现这一目标的不二选择。逻辑模型能够帮助项目评估者明确当下项目的进展情况和未来的发展方向，以及了解既有的计划与未来目标之间的实际差距。而这种聚焦式的分析又能够帮助项目管理者和项目实际的工作人员，保持与项目目标的同步。对于项目负责人而言，获得一次积极的结果评估也就意味着他也可以得到更多合法性予以支持和继续当前的项目。

（三）选择最佳的干预方式

结果评估对于干预方式的选择具有重要的实际指导价值。尤其是当评估结果不佳时，可以利用过程评估调查产生这种结果的原因，进而针对具体案例或者整个项目来作出准确的调整。在这一情况下，结果评估将发挥重要的"标尺"作用，帮助项目人员选择最佳的干预方式。通常情况下，项目在设定之初就以解决各种各样复杂的社会问题为基本出发点，如儿童虐待、精神疾病、社会歧视等。因此，项目必须基于现实的社会问题、可利用的资源情况、服务对象的时间规划等。一个项目的结果评估总是为一个特定的项目而设定的，项目结果评估的情况能够帮助项目人员清楚、准确地了解这个特定项目的具体目标，而非一般的社会指标，进而决定什么是可以实际完成的、应该采取何种干预措施。

二、结果评估的使用

虽然结果评估关注的是服务对象退出项目时的目标情况，也有可能会产生"结果评估的适用范围比较有限"的判断，但一个项目目标的结果却是服务对象退出项目、开始新生活的关键点——拥有与特定社会问题相关的新知识、新技能、新影响或新行为。因此，评估项目目标的结果为评估者提供了重要的信息，结果评估的使用主要体现在以下两个方面。

（一）改进对服务对象的服务质量

于服务对象而言，任何结果评估的主要用途都是改进项目来向服务对象提供合适的服务（或干预措施），是以服务对象为导向的。因此，通过结果评估收集到的相关数据可以了解到，如：在一个项目中服务了多少服务对象？服务对象对项目的评价与反馈如何？等等。而这些信息对于如何改进对服务对象的服务质量是很重要且有效的。

（二）增进项目服务的专业性

于社会工作项目评估者而言，评估一个项目的目标也会让其对可能很熟悉的社会问题产生新的见解和知识。项目目标的设定，其中有很大一部分来自人们对于社会问题的了解（基于文献和已有的研究）。因此，当对一个项目目标的完成情况进行评估时，实际上也是一个对项目的每个目标所对应的假设进行检验的过程。假设接受项目服务的服务对象在每个项目目标上比没有接受服务的服务对象表现出更为积极的变化，那么能够在多大程度上检验每个假设（针对每个项目目标）取决于所使用的评估设计。这对于社会工作项目评估者来说，在有针对性地提供合适的服务的同时，也进一步增进了项目服务的专业性。

第三节 结果评估的一般步骤

结果评估也可以总结为 6 个基本步骤，分别为：明确项目目标、测量项目目标、设计监测系统、分析和展示数据、开发反馈系统、传播和交流结果（Grinnell，2017），如图 10-2 所示。

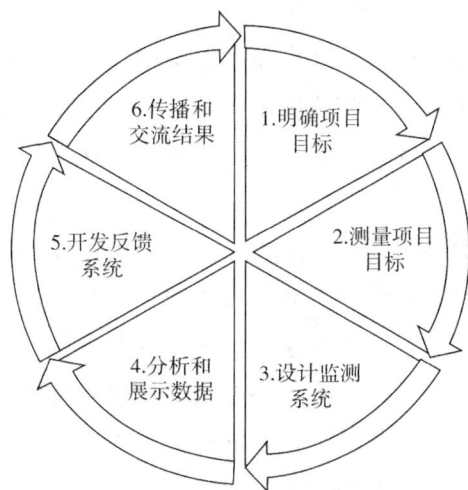

图 10-2 结果评估的六大步骤

一、明确项目目标

结果评估同样需要多方协作，共同努力完成。也就是说，结果评估是建立在评估者与项目社会工作者共同建构的基础上。项目评估设计时就应该充分考虑如何把社会工作者纳入项目评估的设计和实施中。而且，项目本身的发展也需要将评估活动和实践活动相结合，使结果评估成为项目日常性实践工作的一部分。基于以上考虑，项目结果评估的第一步就是清晰地定义项目目的和目标。从理论上讲，项目的目标应该与项目的内在逻辑及指导理论相一致。因此，在一定意义上，结果评估可以说是被理论所驱动的。

明确项目目标的重要性，首先可以帮助评估者划定评估所需要收集和分析的数据的范围。数据的收集和分析是非常消耗时间和资源的，因此，评估收集的所有数据都应该与项目目标密切相关。在不必要的数据上消耗资源会降低收集真正对于监测项目目标有价值的数据的效率和质量。通过明确项目目标，可以明确哪些数据是评估者不需要收集的。简言之，偏离项目目标的数据收集计划，将会使结果评估达不到评估设计的要求和标准。

清晰定义项目目标的重要性还在于它决定了评估者在某个具体时期如何理解整个项目的进展。尽管清晰定义项目目标的要求很直接，但必须清晰地认识到完成这一任务并不容易，因为有许多因素会干扰清晰定义项目目标。

评估项目目标是一个复杂的过程。主要的利益相关者需要的是具体的目标结果，例如，服务对象在面对困境时自尊的变化。因此，项目通常会选择监测这样一些变量：服务对象一年内接受服务的次数和被直接服务的小时数等。显然，项目所监测的这些变量是绩效指标而不是结果指标。这些变量对于制定项目的服务策略和督导社会工作者很有帮助，但是不足以直接指向项目目标，也会误导整个项目的工作方向。事实上，假如仅仅用绩效数据来定义项目的目标和结果，社会工作者可能会过度专注于延长自己直接提供服务的时间而不考虑如何更好地安排服务时间和提高服务所要达到的效果。更严重的是，专注于各种类型的绩效结果会在社会工作者中间形成一种不健康的文化，造成社会工作者可能在提供服务的过程中过度关注如何提高提供服务的数量化指标而不是如何提高服务所期望达到的结果。从项目评估的角度而言，关注可操作性统计数据对于项目管理者的决策更为重要，因而应更多纳入过程评估中，而结果评估强调围绕指向项目最终目标的结果来展开。

二、测量项目目标

明确项目的目标后，接下来就需要对项目目标进行测量。首先，要选择恰当的测量工具。测量工具的好坏一定程度上已经决定了对项目目标测量的成败。

通常有很多的测量工具可用于测量项目目标（结果），既有简单的方式，也有较为复杂的工具。选择测量工具时，必须考虑工具的效度和信度（前面已经详细讨论了有关测量的理论和知识）。简言之，要确保所选择的测量工具对于测量项目目标具有表面效度，即至少看起来就是要测量的东西。因此，评估者测量的每个问题（并扩展到整个问卷）都应达到如下要求。

- 所测量的是与项目目标直接相关的数据。
- 通过加总一组问题可以直接估算项目的目标。
- 提供分析研究时发现有用的描述性数据。

确定了用于测量项目目标的工具和数据来源后，还需要对所选择的工具进行前测和预试，以确定选择的测量工具能够有效获得预期的数据，也便于了解在测量过程中可能遇到的问题。例如，指标解释不清晰或者在同一时间内要回答的问题太多而影响测量的有效性等。

因此，有必要在结果评估的整个过程中对测量工具进行预试，包括前测、项目过程中检测、后测以及项目跟进阶段。评估者感兴趣的是利用数据工具所收集的数据，可以借助这一过程观察服务对象在完成数据任务时的反应。为了获得更多关于服务对象问题理解程度的信息，可以让服务对象陈述他们在回答问题时的想法，或者要求他们对提供数据的过程作出评论。

在用自我报告测量工具测量项目目标时，在预试阶段，可以借助多种数据来源检测所收集数据的准确性。比如，可以在获得服务对象许可的前提下，通过访谈服务对象的家人或者对这一问题熟悉的人来检测数据的准确性及测量工具的有效性。此外，在预试阶段也可以询问社会工作者对服务对象的看法。对测量工具的预试可以确定：在之后的结果评估中，是否可以只依靠自我评估报告所收集的数据。

假如很难在两个相似的测量工具中作出选择或者难以陈述一个困难的

问题时，可以让服务对象作出选择并说明原因。同时，要对没有完成测试任务、拒绝回答问题的服务对象给予关注，了解他们不回答问题的原因，注意对服务对象需求的回应。

在选定测量项目目标的工具，并对工具进行预试后，就需要设定清晰的程序及计分标准。计分说明通常是与标准化的测量工具相匹配的，同时也需要确定谁来完成计分任务。例如，某个项目运用了非标准化的测量工具，此时，一套被公认的系统化管理程序和计分标准就是非常必要的。在之前提到的家庭支持服务项目中，社会工作者要求服务对象谈论自己过去一周所遇到的困境以及在应对困境时所采用的解决问题的步骤，服务对象的回应通常是多种多样的，此时需要用一致的方式整理这些数据。因此，这就需要一套完整的步骤：

首先，要明确解决项目中问题的步骤是什么。

其次，需要对服务对象一切可能的回应进行检查，并以此为基础在预试阶段建立正式的评分表。

最后，运用已经建立的程序和标准对要收集数据的工作人员进行培训。

如何高质量地测量项目目标是所有评估的重点，不能掉以轻心。可能的话，寻找一些方法证实数据产生的结果，加强数据的可信程度。当然，如果没有对测量工具进行预试，将会降低评估者在提供准确数据方面的信心。

三、设计监测系统

完成结果评估有许多重要的事需要考虑，预先考虑这些事情有助于结果评估的顺利进行。在结果评估中，实际采取的步骤会由降低开支和尽可能扩大服务量引导。在提供项目服务的过程中，要投入人力、物力、财力等资源，将项目成果、影响和所投入的资源进行比较，并力图用金钱来标价，这是成本-效益评估。但是在社会工作的项目中，资源和效果有时候很难量化，更难以用金钱来标价，因此用此方式评估会面临很多困难。理想状态下，在结果评估设计中，社会工作者应该将评估活动与项目实践活动相结合。结果评估的设计会影响社会工作者和服务对象的见面时间，甚至会改变社会工作者与服务对象初次见面的本质，进而影响社会工作者对服务对象数据的记录。与此同时，不同的评估活动会对社会工作者的行为、提供服务的方式和数据收集的方法产生直接影响。

因此，建立监测系统是非常有必要的，需要从以下 3 个方面进行讨论。

（一）应该包括多少服务对象

一般而言，社会工作者希望将尽可能多的服务对象纳入结果评估的范围内。在拥有少量的服务对象的项目中，比如社会工作主题小组或者由社会工作者独立开展的个案服务，将所有的服务对象纳入结果评估中是可能的。对于拥有大量服务对象的项目，比如儿童保护服务的项目，就需要运用基本的抽样技巧去收集有代表性的样本数据。影响样本量的主要问题是项目资源是否允许社会工作者从所有服务对象中收集数据。在这些情况下要包含所有的服务对象是不可能的：个案服务工作者个人不可能对每一位服务对象都进行 30 分钟的评估测试；家庭服务机构不想为了评估活动而放弃珍贵的为服务对象服务的时间，这就涉及样本量的选择。

如果项目中没有足够的资源支持从所有的服务对象中收集数据，就需要随机抽取部分服务对象作为样本，随机选择服务对象数量可以控制在分析数据所需要数量的合理范围内。随机选择要保证每一位服务对象都有同等的机会被纳入结果评估的范围内。从理论上来说，这是一个简单的概念，但实际上，这里有许多的事情需要考虑。

首先，需要明确由项目提供服务的所有服务对象的精确构成。比如，在家庭支持项目中，有的家庭通过不定期打电话获得项目中社会工作者的支持；有时，社会工作者为了服务对象能够接受最恰当的服务，需要将服务对象进行转介。尽管这些服务对象从家庭支持项目中接受的服务是一样的，但是将这些服务对象纳入选取样本、收集数据的范围内是不合理的。因为项目有主要的服务群体，主要的服务对象群体会接受持续 12 周的干预服务。也因为这些服务对象的稳定性和持续性，采用抽样方法抽取样本成为可能。假如只对项目中某一服务群体感兴趣，可以直接使用抽样方法抽取样本。

其次，随机选择的关键是要在确定服务对象的过程中避免偏见。比如，管理者不会挑选服务对象，或者社会工作者不会排斥前来求助的服务对象，允许服务对象有自我决定的权利。同时，为了检验所提供的服务是否与服务对象的需求相匹配，服务对象有权选择是否参与评估活动。如果服务对象拒绝填写问卷或者回答问题，评估者会面临失去数据的威胁。因此，在最后选取的样本中还存在很多不确定的因素，评估者不能保证随机抽取的服务对象能够且愿意参加评估活动。当然，需要采取一定的方法和技巧避免这一问题，失去的数据越少，评估者对评估产生的结果越有信心。

另外，评估者需要考虑在整个评估过程中所收集的数据是否来自相同的服务对象。假如获得的数据来自相同的服务对象，在访谈调查时，可以发现有多大比例的服务对象确实获得了服务改进，或者解决（缓解）了所面临的问题。与之相比，假如获得的数据来自两组不同的服务对象，只能通过比较两组服务对象的平均分数来评估他们获得的服务改进的程度。但是在这种情况下，不能确定有多大比例的服务对象确实得到了服务改进。例如，两组低收入人群平均收入的提高并不意味着更大比例低收入人群收入的提高。在整个评估过程中使用相同服务对象的优点是能够减少比较两组不同服务对象所带来的这种困难，缺点是仅使用一种数据所产生的评估结果可能带有一定的偏见。

（二）什么时候开始收集数据

数据收集的时间与结果评估所提出的问题是相关的。结果评估用来检测项目是否达到了预期的项目目标。这里没有提及项目的有效性，在后面的章节会提到，比如时间和金钱的消耗。

与结果相关的问题一般分为 4 个领域。

第一，评估者想要知道项目目标的实现情况。比如，评估者想要了解服务对象在接受完家庭服务项目后增加了多少积极的社会支持，这就要求在项目开始和结束时收集数据，通过对比分析了解服务对象获得社会支持的情况。

第二，要想知道接受了项目服务的服务对象是不是比未接受过服务的服务对象获得了更多的社会支持，这就不仅需要面向服务对象收集数据，还需要向未接受项目服务的群体收集数据。未接受过服务的群体既可以是拒绝接受服务的人，也可以是尚未接受服务的在列表中的潜在服务对象。

第三，是一个因果性的问题。问题是有什么证据能够表明服务对象所获得的社会支持是由项目服务所带来的。这一问题比前两个问题更为复杂，需要更为复杂的评估设计。

第四，社会工作者对项目服务给服务对象带来的长期改变感兴趣。在这一过程中，社会工作者收集的数据不仅是来自服务对象结束服务时，也包括预先设定好的跟进时间。许多服务对象在结束服务后回到他们原有的社会环境，可能会重新面临困境，社会工作者对他们所遇到的问题负有部分责任。

有时服务对象在项目服务过程中获得的经验并不能保持，有些项目在结束后缺乏必要的跟踪服务来确定服务对象经验是否得以保持。理想状态下，跟踪服务是有时间间隔的，一般是服务对象结束服务后的 3 个月、6 个月或 12 个月，设置时间跨度是为了说明项目服务的效果不是临时性的。

跟踪服务的数据收集是不容易的，对已经结束服务项目的服务对象而言更为困难。社会工作者可能面临这样的困境：服务对象没有电话，而且对于有过犯罪行为、精神疾病、吸毒历史的服务对象而言，一旦结束服务便很难追踪。跟踪服务要耗费大量的时间和金钱。因此，面对这样的情况，在项目结束时应该尽可能多地收集所需要的数据。

此外，短期的延伸服务是合理的，项目的结束时间也可以适当地延长。长期项目延伸服务的前提是服务对象有必要再次接受项目服务，项目结束的时间也是预先设定的。但是，在项目结束时，服务对象可能不会表现出积极的改变，这对评估结果而言是不幸的，却是真实的。坦白地说，社会工作者可以从中学习到如何改进针对服务对象的服务方式。

　　另一个影响跟踪服务数据的问题是服务对象在跟踪服务阶段可能接受了来自其他项目的服务。如何知道服务对象效果的保持是来自社会工作者的项目服务的干预？对这一问题没有完美的解释，但是，如果可能的话，社会工作者可以询问服务对象接受的额外服务内容。这一数据可以用于接受额外服务和未接受额外服务对象之间的比较。

（三）如何收集数据

　　可以通过电话、邮件收集数据，也可以由社会工作者亲自收集数据。显然，亲自收集数据所花费的时间、精力要比通过电话、邮件收集数据的成本高很多。理想状态下，评估者想要从能够代表项目目标的所有服务对象中收集数据。比如，家庭支持项目中的一个目标是整个家庭成员解决问题技巧的提高，从目标角度出发，评估者应该从儿童及其家长入手收集数据，但是此时数据来源超过了一种。假如项目时间和资源限制只能有一种数据来源，则必须选择一种最有代表性且能够与项目目标相关的数据来源。

　　确定了数据收集的来源后，谁来收集数据变成一个很重要的问题。接案阶段，社会工作者所收集的事实性数据可作为评估的一部分。但在项目结束时，社会工作者去收集数据可能会存在偏见，影响结果评估的可信度。此外，不用社会工作者收集结果数据的原因是额外的工作任务会加重社会工作者的负担。因为社会工作者通常是在结束一个项目后马上投入新的项目。

　　高质量的数据收集通常要求有明确的程序，并能够被工作人员严格执行和遵守。对于社会工作者的简单培训对持续的数据收集是必要的。但是对项目中所有的社会工作者进行数据收集的培训是耗费时间和精力且无效的。因此，明智的做法是将数据收集的任务安排给一部分经过培训的社会工作者，这些社会工作者不必具备评估的背景，他们只需要有好的访谈技巧并能够遵循标准化的程序。

四、分析和展示数据

服务对象在完成接案和项目的常规性测量任务后，可能会产生 50% 或者更多类型的数据，包括婚姻状况、服务历史、社会问题的等级等，评估者必须确定每一种数据以什么方式呈现，以及分析的可能性是什么。

结合结果数据，数据分析任务专注的主要是项目的产出，即服务对象在结束服务后的情况如何。评估者可以借用接案阶段收集的人口统计学数据来呈现结果数据，并根据分组揭示有趣的结果。例如，在家庭支持项目中，整个家庭在问题解决方面的进步是中等的。通过对所收集数据进行分组及进一步分析，可以发现，与家庭中的青少年相比，儿童有更大的改进。从分组中获得的额外信息能够将项目中的细节性过程展现给项目决策者。另外，项目中的细节性信息可以帮助项目决策者确定项目的优势和劣势，而不仅仅是看到项目的整体结果。

通过对服务对象数据的整合和总结，进而提供完整的结果数据是非常有用的。服务对象对某一问题的回应通常是多样的，评估者要确定如何整合服务对象回应的问题。如果使用标准化的测量工具，计分和总结的程序将与测量工具相配套。比如，在用简单的测量工具测量服务对象解决问题的技巧时，可以通过设置等级来规范和收集所需数据：0 分代表几乎没有技巧，100 分代表有很高的解决问题的技巧。在接案和结案两个阶段对服务对象解决问题的技巧进行测量，如果服务对象在接案时的得分是 40 分，结束时的得分是 80 分，那么报告展示的数据是服务对象在解决问题技巧方面平均提高了 40 分。

许多管理者希望看到具体和客观的结果，因此根据预设期望展示结果数据是有价值的。比如，在报告中阐述项目目标时可以说："75%的家庭在问题解决技巧方面得到了改进。"研究表明，估算是以之前的评估数据或预设的期望为基础的。估算主要是借助平均改进的程度而不是服务对象的数量来展示项目的成功性的。当然，管理者也要清楚在某些情况下，估算项目服务的成功率要达到百分之百是不现实的，比如在离家出走、家庭暴力、吸毒、儿童虐待、犯罪等项目中。此外，在一些项目中，社会工作者可能并不会预想有超过一半的服务对象的情况得到改善。如果是这种情况，报告中结果的呈现就需要与具体的背景相结合而进行阐述。

除了将标准化的结果数据与得分、预先期望比较外，也可以选择直接展示项目结果数据。例如，通过展示每年服务对象在项目服务后的改变情况来展现项目的趋势。假如收集的结果数据来自相似的项目，那么可以在项目之间形成比较。

大部分情况下，结果数据的分析是通过总结关键的测量方法、报告服务对象的改变程度以及实现特定目标的服务对象数量来完成的。不论什么情况，使用实际的数字和百分比来展示这些数据都是有帮助的。数字能够提供给利益相关者一个实际的图景，如每次分析中有多少服务对象被囊括在内。百分比则为利益相关者提供了一种在整个领域进行比较后的结果。此外，也可以借助基本的图表和统计学知识去展示数据结果。

五、开发反馈系统

结果评估能够在服务对象接受完服务后，产出一种关于服务对象的有用的、描述性的数据报告。当社会工作者将这一评估结果与利益相关者进行分享时，这一结果是非常有用的。项目的资助者和政策的制定者可以通过每年的报告和项目提出的建设性建议，从项目结果中学到一些东西，项目结果也因此可以传播得更广。比如，当地的媒体可能对这一项目提供服务过程或项目中特定的新闻点感兴趣，除去新闻和社会问题的一般描述，项目管理者可以选择加入结果数据，给社会公众一个反馈，以此来提高公众的意识。

从项目水平的评估层次出发，对项目管理者、社会工作者而言，开发内部反馈系统是十分有必要的。结果数据的获得和呈现能够帮助他们保持对项目目的和与此相关的项目目标的持续关注。对于结果数据的讨论也能够激发出一些重要的问题，比如，为什么服务对象表现很好？项目结果的现实性如何？在关于服务对象数据结果的呈现中哪些方面被忽略了？此时，项目中的成员有机会对具体的数据作出回应，讨论也变得更加有目的性和针对性。这对于整个项目的改进和项目工作人员的成长是非常有帮助的。

六、传播和交流结果

假如社会工作者希望看到项目的评估结果被使用，就要认真对待传播和交流结果这一过程。结果评估的发现提供了客观的数据，即关于在服务对象改变方面如何作出改进。项目产生的结果会影响项目的操作、资金，甚至是服务对象的信任和社会工作者对项目的期待。评估结果如果以一种直接的方式呈现和传播，那么评估结果被借鉴和使用的可能性就会增加。

预先思考将评估发现用于实践时所遇到的困境是非常有用的。其中的一个困境就是社会工作者经常会忘记以简单的形式呈现最终的报告。正如在上一章节中提到的，报告是直接的、清晰的、简洁的，针对不同的受众，报告的形式应该进行不同的设计。值得注意的是，不同的利益相关者对同一份报告可能会有不同的意见和见解。

另一个困境是当项目的结果与预先的信念相矛盾时，对结果评估的使用需要创造性。例如，公平地说，大多数的社会工作者相信他们的努力对服务对象是有利的。项目设计的愿景和承诺就是改善人们的生活环境和社会环境。因此，当结果显示服务对象没有任何改变或者只有很少的改变，甚至服务对象的情况变得更糟时，社会工作者会感到被冒犯并对评估方法的完整性产生怀疑。鉴于研究方法的评估受内部和外部有效性的威胁，这方面的担忧不免会提升，但社会工作者也会继续实践。在一般情况下，公众对于特定的社会问题保持着坚定的信念。例如，针对监狱罪犯的服务项目的评估结果难以说服公众其在阻止罪犯重新犯罪方面能够成功。公众认为罪犯应该被惩罚并送进监狱，而一旦罪犯被释放，回到原来的生活环境中，会重新受到之前环境的影响，可能再次犯罪。于是，评估结果很难对项目有影响。

无论以何种形式传播和交流评估发现和结果，保密性都是最重要的。

当数据报告以整合形式呈现时，保密性是很容易建立的。此外，通过用分组来总结、报告、传播数据也是可行的，可以避免单一服务对象数据的呈现，以此来保证服务对象的隐私不受侵犯。

参考文献

Grinnell R. M., Gabor P. A., Unrau Y. A. Program Evaluation for Social Workers. Oxford：University Press，2017.

Linnell D. Executive directors guide：the guide for successful nonprofit management. Boston：United way of Massachusetts bayz/Third Sector New England，2002.

Mclaughlin J. A., Jordan G. B. Logic models：a tool for telling your programs performance story. *Evaluation & Program Planning*，1999, 22（1）.

Morra Imas, Linda G., Rist, Ray C. The road to results：designing and conducting effective development evaluations. World Bank，2009.

Ginsberg L. H. 社会工作评估——原理与方法［M］. 黄晨熹，译. 上海：华东理工大学出版社，2005.

戴维·罗伊斯，布鲁斯·A. 赛义，德博拉·K. 帕吉特. 项目评估：循证方法导论（第六版）［M］. 王海霞，王海洁，译. 北京：中国人民大学出版社，2018.

风笑天. 生活质量研究：近三十年回顾及相关问题探讨［J］. 社会科学研究，2007（6）.

顾东辉. 社会工作项目的结果评估［J］. 中国社会导刊，2008（24）.

林南，等. 生活质量的结构与指标——1985 年天津千户户卷调查资料分析［J］. 社会学研究，1987（6）.

全国社会工作者职业水平考试教材编委会. 社会工作综合能力（中级）［M］. 北京：中国社会出版社，2015.

第十一章 效率评估

根据评估对象、内容和方式的不一，不同的项目评估会产生不同的结果，带来不同程度的收益、效益和效用等（方巍等，2010）。在对项目的需要评估、过程评估和结果评估了解并掌握的基础上，评估者还需要对项目最终的效率展开评估分析，即效率评估（Efficiency Evaluations）。效率评估中的一个基本问题是：产生项目结果的成本是多少？简言之，如果一个项目比另一个类似的项目以更低的成本获得其结果（项目目标或结果），那么就可以说这个项目是更有效率的。因此，在社会项目评估中，效率评估对于衡量一个项目的资源配置性或者检验其是否存在资源浪费，具有很重要的现实价值。

第一节 对效率的多层次理解

尽管效率的概念相对简单，但进行效率评估所需的技术非常复杂，技术性强且成本高昂。由于这个原因，许多评估者经常在评估一个项目的结果时停下来，忽略它的效率问题。然而，任何不考虑项目成本的项目评估只能是对被评估项目的片面理解。一个成功的社会项目不仅要实现设计目标、造福服务对象，而且应该在成本方面是有效率的（方巍等，2010）。因此，在对效率进行理解的时候，成本常常是其不可或缺的概念之一。

一、成本-收益中的效率

在成本-收益分析中，收益（benefit）其实就是效率。尤其是对一项社会服务项目展开效率评估时，收益指的是"以货币形式表达的、与成本相同单位计算的、因为实施项目而产生的或节省的价值"（方巍等，2010；Yates，2009），也可以理解为"将社会项目的实施影响结果统一转化为货币增益的一种计算方法"（方巍等，2010）。正是由于收益可以货币化的特点，在具体的实践中常常通过收益这一指标来衡量一项社会服务项目是否具有效率，但对收益的分析通常要求项目评估者具备较高的专业水平。

二、成本-效益中的效率

在成本-效益分析中，效益（effectiveness）其实就是效率，即效果和利益。效益与收益最大的不同在于，效益是很难转化为货币形式进行计算的，而这一特点也恰好与社会服务项目的某些特点相契合。例如，许多个人和团体咨询项目都关注帮助人们过上更有效率、更充实的生活。尽管这些项目的成本是可以确定的，但是很难对项目的结果进行货币化的评估，因为此时的项目结果更多的是通过人们的主观感受反映的。所以在用效益来衡量一个项目的效率时，往往是以非货币的形式来测量的。相较于收益的分析而言，效益分析更为直观、简单。

三、成本-效用中的效率

在成本-效用分析中，效用（utility）其实就是效率。效用的概念在社会服务项目中可以看作一个综合概念，即项目利益相关者获得的各方面的满足。相较于收益和效益，效用可以从多维度对项目不同表现形式的多种结果作出综合评价。对于一些只能用非货币形式来表示其效率的项目，除了用效益来衡量以外，效用也是很好的指标。尤其是在需要对两个结果不一的项目进行效率比较时，如果将两个项目的成果转化为效用，如服务对象的满意度等，那么项目之间的效率比较就能够比较容易地实现了。但需要注意的是，虽然效用作为衡量项目效率的指标具有很大的优势，但在操作中效用分析也会相对更加复杂，因而在进行效率分析时还需要综合考量人力、物力、财力等资源的现实情况。

第二节　效率评估

一、何时进行效率评估

在社会服务项目中，虽然根据不同的目的和需求，对于何时评估效率没有绝对的规定，可以在项目启动和规划阶段进行，帮助决策者在多个项目中作出尽可能明智的选择，但最普遍的情况还是在项目结果评估完成（或者取得成果）之后进行。

（一）项目启动和规划阶段

理想的情况是，在社会服务项目的规划阶段就应该进行效率评估，这是一种被称为高效集中评估（Eficiency-focused Evaluation）的前瞻性方法，这种方法的目的是提供关于启动项目的可取性信息。一般而言，项目赞助者不得不在几个社会服务项目中进行选择，而前瞻性高效的集中评估可以揭示每个项目与其结果相关的成本，这使得潜在的项目赞助者能够在提议的备选方案之间进行更有意义的比较，从而对资助哪个（或哪几个）项目作出更明智的决定（Grinnell et al.，2017）。

值得注意的是，在项目启动和运行之前进行效率评估存在一个限制条件，即必须对其成本和结果进行评估。评估者通常会作出一系列的评估，包括成本和结果的低、中、高。成本估算可能来自多个方面，包括拟议项目的计划和类似项目的成本。结果的估算可以来自文献和之前评估的一些可比较的项目。从这些来源中决策者可以了解到，在从"低效率"到"高效率"的许多条件下，所提议的项目可能达到的效率。例如，一些青少年社会服务项目中，把提高青少年自我价值和自我接纳评价作为项目目标，并使用自尊量表（self-esteem scale）测量项目目标的达成情况，但是让每个服务对象都提高预定的目标所付出的成本可能并不一样，最好的情况是4000元/人，一般情况下需要4500元/人，而较差的情况下可能要5000元/人。类似的这种敏感性分析（Sensitivity Analyses）确实在项目的规划阶段为决策者提供了有用的信息。

（二）项目结果评估完成阶段

但更常见的是，效率评估是作为项目评价的最后一步进行的，这时的效率评估也被称为回顾性方法（Retrospective Approach）。对于已经在运行的项目，在进行有效的效率评估之前，需要先完成结果评估。效率评估的基本逻辑要求只考虑增量结果，换句话说，没有项目就不会出现结果。因此，重要的是，在效率评估中考虑的结果有且仅能归因于项目。但一般将结果归因于干预的评估需要某种形式的实验设计，因为这种设计在实践中很难实施，效率评估者经常发现必须假设在分析中使用的结果可以直接归因于项目。

回顾性效率评估提供的信息在许多方面都很有用。首先，项目管理员和赞助商可以更全面地了解项目。他们可以开始权衡结果和成本，确定成本是否合理，是否值得继续这个项目。其次，这种考虑通常与多个项目程序相关，项目管理者可以使用效率评估的信息来管理他们的项目。当计划扩展或复制项目时，项目的效率也是一个重要的考虑因素。最后，当资源短缺导致削减时，了解备选方案的效率大大有助于作出这些艰难的决定。

二、效率评估的类型

基于对效率的多层次理解和效率评估使用情况的分析，接下来还需要对效率评估的两大主要类型作进一步的分析。根据项目的影响结果，效率评估主要分为成本-收益分析（Cost-benefit Analyses）和成本-效益分析（Cost-effectiveness Analyses）。

（一）成本-收益分析

成本-收益分析简言之就是对项目收益的成本计算，通过单位成本的收益分析可以考察项目的经济效率（方巍等，2010），并侧重于社会服务项目及其结果的财务和经济方面。在成本-收益分析中，项目成本和项目收益都采用货币化的表达形式，因此，成本-收益分析往往需要一个"会计指标"对其数值结果进行比较。正是因为这种可操作、可量化的方法，成本-收益分析是效率评估中最常用、最基本的形式，也是我国当前社会福利项目评估研究中最为常见的形式（方巍等，2010）。

（二）成本-效益分析

在现实中，一个项目可能会产生其他无法用财务术语轻易或合理表达的结果。因此，成本-效益分析并不试图为项目的结果建立货币价值，它只提供了一种检查效率的方法。简言之，成本-效益分析确定了实现项目结果的每个单元的成本。在成本方面，成本-效益分析的进行方式与成本-收益分析非常相似。在确定结果时，成本-效益分析取决于之前的结果评估，这些评估将确定相关的项目结果。然后，选择要分析的结果，并确定每个结果已实现的单元数量。最后，对于每一个结果，通过将总的项目成本除以获得的结果的总单元数，就可以确定每个单元的成本。如前所述，在成本-收益分析中，有必要选择一个会计指标，并且只考虑与所选指标相关的成本和收益，这导致一些结果被排除在分析之外。因此，在成本-效益分析中，有可能融合各种观点，并报告与单个参与者以及资金来源或某个其他实体（如项目的利益相关者）相关的结果成本。

（三）两者的联系与区别

总的来说，成本-效益分析旨在根据项目的目标来考察项目成本与其结果的关系。成本-收益分析也关注项目的成本，然而当看一个项目的结果时，成本-收益分析则更进一步将所实现的结果赋予货币价值，这一过程被称为货币化结果（monetizing outcomes）。这两种分析都提供了关于效率的信息，但成本-效益分析比成本-收益分析更容易操作，因为前者不需要对产生的结果进行货币价值评估，这为评估过程省去了一个困难的步骤。

此外，决定进行哪种类型的分析取决于环境和所需的数据类型。例如，如果目的是评估一个项目的效率，或者比较两个或多个产生相同结果的项目，成本-效益分析将提供所需的信息。而如果希望比较产生不同结果的两个或多个项目，成本-收益分析将是合适的，因为它将货币价值放在可量化的结果上，从而使进行期望的比较成为可能。

三、效率评估的优势与局限

（一）效率评估的优势

效率评估将重点放在项目的财务和经济方面，成本-收益分析尤其如此。注重效率评估的倡导者认为，除非对项目的财务效率有很好的理解，否则任何评估都必然是不完整的。他们认为，注重效率的评估将使决策者能够作出更好、更理性的决策。因此，用于支持社会服务项目的稀缺资源将得到最有效的利用。这种想法与当下社会日益增长的基于经济标准作出决策的趋势是一致的。

（二）效率评估的局限

（1）从实践的角度来看，对效率的评估特别是成本-收益分析，需要评估者采用高水平技能的技术方法，但很少有社会服务组织雇用具备这些技能的工作人员。因此，如果采用效率评估则意味着他们不得不雇用外部顾问来承担此类工作的额外费用。

（2）维护分析社会服务项目成本和收益所需的财务记录和数据也增加了效率评估的成本。当一个机构同时运行几个项目，在项目之间共享社会工作者，或者使用体育馆或操场等公共空间时，这些成本将进一步增加。

（3）从技术角度来看，效率评估的整个过程可能依赖于估计和假设。其一，成本数据通常无法完成详细的成本分析，因此必须使用估算。其二，很难对所有收益结果赋予货币价值，而对这些收益赋予货币价值就必须进行假设。其三，有些福利根本无法货币化，因此在计算中被忽略。其四，预测未来的收益是困难的，也需要评估者的假设。在完成评估时使用的估计和假设越多，就越需要谨慎对待结果。

（4）从哲学的角度来看，批评家指出这样一个事实，即效率评估是基于功利主义的概念。这种观点认为，社会服务组织应该权衡提议的行动方案的成本和收益，只有当其对服务对象的"收益"超过该方案的"成本"时，才着手建立该方案。这种观点在营利性部门占主导地位，投资和产品是根据它们是否会产生利润来判断的。然而，在社会服务领域，基于功利主义的考虑作出决策并不可取。职业道德和价值观要求社会工作者在正确、公正和增进人类尊严和社会福祉的基础上采取行动。因此，社会工作者应坚信即使不能证明社会服务项目的好处超过其成本，继续实施该项目也是可取的。

第三节 效率评估的一般步骤

成本-收益分析是效率评估最基本、最普遍的形式。以成本-收益分析为例，效率评估可总结为 6 个基本步骤，如图 11-1 所示（Grinnell，2017）。

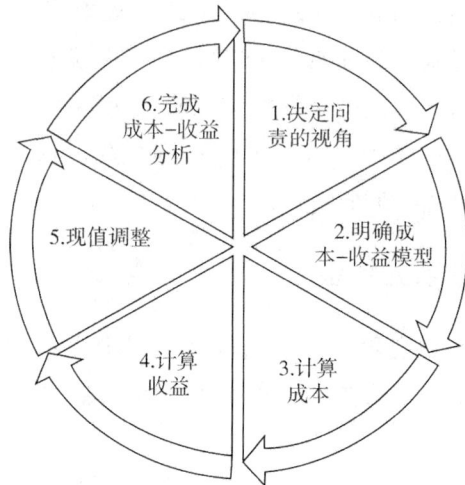

图 11-1 效率评估的六大步骤

一、决定问责的视角

进行效率评估的第一步是确定要使用的问责视角。效率评估可以从多个问责角度进行，主要有项目参与者个人的视角和资金来源的视角。

（一）项目参与者个人的视角

基于项目参与者个人的视角是最狭隘的，因为它只考虑项目参与者的成本和收益。例如，可以使用参与者的视角进行成本-收益分析，以研究大学教育的货币价值。假设一个学生获得大学学位的总费用是每年5万元，或者4年20万元，这些费用可能包括学费、书籍费用和额外生活费用等。如果人口普查数据以及相关收入统计数据显示，大学毕业生的平均终生收入比非大学毕业生高300万元，有了这些数据，现在可以评估大学教育的成本-收益：对于一名大学生而言，参加大学教育获得学位的货币价值是280万元（300万元-20万元=280万元）。

（二）资金来源的视角

当采用资金来源的视角时，更多地将关注点聚焦于资助者在赞助一个项目时所产生的成本，以及资助者因该项目而获得的收益。例如，一个学区想要确定资助英语作为第二语言对于刚移民至本城市的学生进行教学的项目是否有效，该项目的成本来自本地区的财政预算，因此将根据该项目所获得的收益进行考虑。这种收益可能包括：在没有特别援助的情况下，随着移民学生英语水平的提高，学校可以降低为了提升移民学生英语水平而提供其他相关资源的费用。因此，成本-收益分析采用哪种视角主要取决于项目评估者及其需要回答的问题。

二、明确成本-收益模型

一旦确定了问责的视角，接下来就需要明确成本-收益模型。该模型规定了模型中将包括哪些具体成本和哪些具体收益。

（一）考虑成本

项目成本主要有三大构成要素：人力资源成本、设施器材成本和辅助管理成本。对于项目管理员来说，项目执行通常是需要考虑的最重要的因素，因而其中被视为直接成本的人力成本也必须予以考虑。此外，还有其他"不太明显"的成本，即隐性成本和间接成本。为了从个人的角度充分理解成本的概念，需要看看这些"不太明显"的成本。例如，一些项目参与者为了参与项目可能需要暂停自己的工作，放弃收入，他们可能还需要获得计算机设备和教学文本等相关资源的支持。这些都是隐性成本或间接成本，需要从个人的角度在成本-收益分析中加以考虑。

（二）考虑收益

和成本一样，同样的考虑也适用于收益。参加项目的学生可以立即从他们现在的雇主那里获得加薪，但他们也可能在完成项目后不久获得更高的薪水。也许之前的评估已经表明，毕业生通常以这种方式受益，因而这种收益具有货币价值。但参与者也可以通过参与项目获得一定的自信和对生活的享受，这些都是非常重要的收益，然而这种好处通常情况下可能很难转换成具体的货币数值。因此，评估者必须决定是否货币化这些收益或是排除它们，并将其记为货币价值无法附加的收益。从选定的问责角度列举了确切的成本和收益后，就可以指定要使用的成本-收益模型。

（三）案例分析

以一项具体的项目 Aim High Program（AHP）[①] 为例，将成本-收益模型应用到效率评估，并列举资助该计划的主要费用。该项目的主要成本因素是国家为其提供的项目运行资金。然而，项目运行也有其他成本，包括专业人员、项目具体执行者以及其他关于合同方面的支出，这些成本也需要添加到模型中。简言之，政府用于管理社会服务项目的资金也会产生成本。更糟糕的是，AHP 项目目前依赖于地方政府资助的社会工作者向服务对象宣传，并提供个案管理服务。如果每年向大约 130 名参加该计划的参

---

① Aim High Program 始于 1989 年，是蒙大拿州针对高中生的烟草、酒精以及其他毒品预防计划和公民计划。该计划多年来不断发展，目前研讨会的重点集中在领导力、指导、作出正确的选择和体育精神上。

与者推荐和提供个人管理服务，社会工作者所花费的时间和资助的资源可能相当多。由于社会工作者也是雇员，因此他们服务的价值也必须包括在AHP项目的成本中。

通常情况下，项目收益比成本更难具体化说明。就AHP项目而言，从地方政府预算的角度来看，可以发现诸多收益。最明显的是减少了对AHP项目服务对象的社会救助金，因为他们能够找到有竞争力的工作，因此减少了对社会救助的依赖。此外，作为收入来源者，服务对象将有能力支付个人所得税，他们也将拥有更大的购买力，因此也能从事各种有利于小企业和公司的经济活动。这将为这些企业带来更多的盈利能力，并因此向国家缴纳更多的企业所得税。

最后需要注意的是，AHP项目的确也产生了其他收益。例如，从服务对象的角度来看，这些其他收益包括：由于找到工作而增强自信心，更高的自尊，以及更好的生活质量。但AHP项目成本−收益模型中包含的收益，是那些代表了该项目给政府带来的主要财政利益（见表11−1）。

表 11−1　政府视角下 AHP 项目的成本与收益

成　本	收　益
项目必要支付	社会救助金支付减少
合同管理费用	项目的服务对象缴税增加
为服务对象提供咨询和个案管理的费用	征收的公司税增加

三、计算成本

计算成本时，为每个成本要素分配到准确的市场价值是非常重要的。有时，一些货物和服务是通过特殊安排获得的，因此成本比正常情况下要低。例如，作为研究项目的一部分，大学教授可能有兴趣在自愿的基础上向项目的参与者提供培训。但教授可能会提供一次免费服务，却很难持续地无偿服务，所以在成本−收益分析中通常使用服务的正常市场价值（而不是实际成本）来考虑项目这部分的成本，这个过程被称为"影子定价"

（Shadow Pricing）。

（一）直接成本

项目实际运行的直接成本通常是最重要的成本因素。这些信息通常可以从预算、财务报表或资助者和项目管理者之间的合同中获得。当只需交付一个项目时，总预算或资金可以被认为是项目成本。然而，在需要交付一个有几个子项目并行的大项目中，直接成本的核算变得更加复杂。例如，一些员工可能在不止一个项目中工作，因此他们的工资只有一部分可以归入项目成本。在某些情况下，分离特定项目的成本也是一项困难且耗时的任务。

（二）间接成本

项目成本还必须考虑间接成本。就其本质而言，间接成本很难确定。通常只有一部分这样的成本可以直接归因于所审查的特定项目。例如，在一个运行多个项目的大型机构中，高级管理人员投入管理、文书等的时间成本，以及一部分建筑成本和公共设备将构成间接成本，需要考虑将其纳入正在评估的项目中。在这种情况下，评估者的任务是确定有多少间接费用可以归到项目成本中。

四、计算收益

社会服务项目可能产生各种各样的结果，这些结果可能包括已经用货币表示的结果，如年收入增加或药品支出减少等。然而，更典型的情况是，项目产生的结果无法用货币表示。例如，一个项目可能会提高服务对象的自尊心。在成本-收益分析中最大的一个挑战是，需要货币化或用金钱来表达本质上并不是"财务导向"的一些结果。

例如，假设从参与者的角度来看戒烟项目的好处。当参与者戒烟时，通过计算节省在烟草产品上的钱，直接的好处可以很容易量化。间接收益包括为个人节省的未来的医疗费用等。这些间接收益也可以从以前的研究和人口统计中获得的数据来计算。这种分析的数据可以包括在成本-收益评估中。然而，戒烟项目也会产生其他好的结果。例如，参与者的孩子不太可能成为吸烟者。参与者也可以活得更长久，享受更好的生活质量。这些收益可能比可以确定的财务方面的节约更重要。然而，将这些重要的收益货币化是非常困难的。不吸烟、不被身体虐待或不吸毒的孩子能获得什么经济价值？

一些评估者使用复杂的、有时是富有想象力的方法，试图给生活幸福和其他温暖而模糊的好处赋予价值。然而，事实仍然是如果不作出巨大的、有时是有争议的假设，就没有简单的方法将这些结果货币化。在这种情况下，评估者采取的最合理和谨慎的方法是仅将那些可以合理转换为财务术语的结果货币化。其他结果即使很重要，也可以被认为是一种无法量化的收益。因此，这种方法的局限性在于成本-收益分析中无法考虑其他重要的效益。

五、现值调整

在许多情况下，社会服务项目的收益可能会持续数年。在这种情况下，有必要调整未来几年的福利价值。这是一种被称为"贴现"的做法，其前提是当前（今天）一笔钱的价值高于未来相同金额的价值。

例如，如果有人给你一个选择，要么今天收到10000元，要么明年收到同样的金额，你最好现在就拿钱。现在把钱放在口袋里，你就可以投资了，到明年你就有10000元加上你的投资所得。这就是所谓的机会成本。

假设一个参与者完成一个戒烟项目要花费500元，导致每年在烟草产品上节省1200元。这意味着，如果计入500元的支出，此人第一年只能节省700元。最初参加该计划的500元费用只发生一次，但参与者获得的收益流将持续数年。计算这样的收益节省的金额时，不能简单地为每个人增加700元。因为如前所述，700元的价值随着时间的推移而下降。在成本-收益分析中，以下公式用于分析未来项目成本的现值：

$$现值 = \frac{成本}{(1+r)^t}$$

其中：r =贴现率，t =未来的年数。

第一，在应用贴现公式之前，需要确定贴现率。确定贴现率有多种方法，每种方法都需要许多远远超出本书范围的经济假设。然而，为了评估社会服务项目，合理的方法是以安全投资的机会成本（如认证存款）来设定贴现率。因此，如果资金可以安全投资的比例不超过4%，那么贴现率应该设定为0.04。

第二，确定收益将持续的年数。在某些情况下，项目的收益可能持续一段时间就会停止。但在其他情况下，如戒烟或就业培训计划，收益可能会持续下去，没有固定的终点。然而，预测未来的利益充其量是一个不精确的命题，因为它需要假设参与者的地位在未来不会发生实质性的变化。

在缺乏长期跟踪数据的情况下，这种假设必然是推测性的；对未来的预测越深入，它们就变得越投机。然而，评估者必须对收益流将持续的时间长度作出一些假设。通常，这一决定是在审查了类似项目的文献并与有相关知识的利益相关者和专家进行了磋商后作出的。另一种方法是进行多元分析，假设每种收益水平的持续时间不同而展开不同的分析和讨论。

六、完成成本-收益分析

利用前面步骤中获得的信息，现在可以完成成本-收益分析。这一步涉及大量的数字数据，表格是展示这些数据的有效方式。项目成本、收益和净收益等通常在这一步被提出，无论是基于参与者还是基于整个项目。

有时还需要报告收益率，也称为成本收益率。这个比率可以很容易地用收益除以成本（收益/成本）来计算。比率为1.0表示该计划的收益等于其成本，这有时被称为盈亏平衡点。比率大于1.0表明收益大于成本。比率小于1.0表明成本高于收益。因此，收益比率越高，项目的收益率就越高。

第四节　效率评估与其他评估的比较

在介绍了 3 种不同类型的评估（需要评估、过程评估、成果评估）之后，本章介绍了最后一种类型的评估——效率评估，以确定项目到底产生了多少效果。通常而言，效率评估虽然往往作为项目评估的最后一个部分而出现，但它对于衡量整个项目的价值，以及项目未来的延续、变化和发展具有非常重要的价值。因此，本部分将效率评估与其他评估形式进行对比（如表 11-2 所示），以期从项目评估的整体性视角来理解、学习和掌握。

表 11-2　社会工作项目评估模型

评估形式	评估内容	使用时间	优　势
需要评估	· 所提议的项目内容是否可能被想要接触的人群所需要、理解和接受 · 基于目标和目的进行评估的可能程度	· 开发新项目时 · 一个现有项目被修改，或者在一个新的场景中使用，或者与新对象同时使用时	· 允许在项目全面实施之前对项目进行修改 · 最大化项目成功的可能性
过程评估	· 项目运行得如何 · 项目按设计执行的程度 · 项目是否能够被目标人群接受	· 项目开始实施时 · 在项目运行期间	· 为可能发生的任何问题提供早期预警 · 允许监控项目计划和活动的工作情况
结果评估	· 项目对目标人群行为的影响程度	· 在项目与目标人群中的至少一个人或群体取得联系之后	· 说明项目是否有效地实现了目标
效率评估	· 项目中使用了哪些资源，以及与结果相比的成本（直接和间接）	· 开始启动项目时 · 在项目结束后	· 为项目经理和资助者提供一种相对于效果的评估成本的方法

资料来源：http://www.cdc.gov/std/program/ProgEvaluation.pdf.

参考文献

Grinnell R. M., Gabor P. A., Unrau Y. A. Program Evaluation for Social Workers. Oxford：University Press，2017.

Yates B. T. Cost-inclusive evaluation：A banquet of approaches for including costs，benefits，cost-effectiveness，and cost-benefit analyses in your next evaluation. *Evaluation & Program Planning*，2009，32（1）.

方巍，张晖，何铨. 社会福利项目管理与评估 ［M］. 北京：中国社会出版社，2010.

方巍，祝建华，何铨. 社会项目评估 ［M］. 上海：格致出版社，2012.

第五编
应用评估结果

项目评估的本质是为了指导实践应用。前文介绍了项目评估的理论、方法和过程，最后这部分详细介绍项目评估结果的应用。在信息技术高度发达的今天，项目评估需要借助信息管理系统多渠道、多层次收集、整理并加工信息，同时也能激励评估者开发出具有较强稳定性、扩展性且专门化的科技项目评估管理信息系统，提高评估工作的效率，促进评估工作的科学化、规范化（第十二章）。项目评估结果可以作为决策的依据，启发评估机构以及委托机构优化服务模式，评估者要善于加强能力建设，善于利用评估基线进行决策（第十三章）。项目评估报告是衡量某项社会服务或某项干预措施有效性的证据，是对社会服务项目结果的科学分析。评估者和项目评估委托机构应恰当地利用项目评估结果，指导社会服务实践（第十四章）。随着项目评估理论的拓展，评估实践也将更加丰富和深刻。

第十二章　评估与管理信息系统

评估过程涉及大量的数据和信息，对信息的收集、整理和分析需要借助一定的信息管理平台，以提升评估的精准性。随着研究和实践领域的深入，管理信息系统在项目评估中发挥着日益重要的作用。项目评估者及技术开发者应共同努力，在评估实践中促进评估管理信息系统的建设和开发。

第一节　管理信息系统的作用

一、管理信息系统的内涵

管理信息系统（Management Information Systems）是由 Gallagher（1961）首先提出的，是指以计算机为主体、信息处理为中心的系统。国外的研究一般把信息系统与管理信息系统等同起来，Davis & Olson（1985）认为，信息系统是一个利用计算机硬件与软件，能够分析、计划和控制数据库的人机系统。它能提取和加工信息，支持企业或组织的运行，帮助项目评估者进行管理和决策。Laudon 等（2000）从技术和系统角度进行了定义，认为管理信息系统可以概括为收集、处理、存储、传递信息的相关组成部分的集合，用以辅助企业的管理和决策。

二、管理信息系统与信息管理

管理信息系统的作用源于信息管理的基础作用。第一，信息是重要的无形资源，做好信息管理能够更高效地利用人、财、物等有形资源。第二，信息是决策的基础，评估者只有做好信息管理，对干预项目的内外部客观情况予以充分的了解，才能作出正确的判断和决策。第三，信息可以作为评估者采取管理、控制等措施的依据，评估者需要不断收集并挖掘项目委托机构以及利益相关者的信息反馈，进而修正并改进项目评估计划。第四，信息是联系组织内外部的桥梁和纽带，评估者只有依靠信息才能与项目委托机构及其利益相关者相联系，促进沟通协作。

因此，项目评估管理信息系统的开发，要重视管理信息的重要作用。评估者应注重对信息进行管理，做好管理信息系统的顶层设计、建设与完善等工作。

三、管理信息系统的重要性

评估技术与评估实践紧密相关。如今在快速发展且瞬息万变的社会背景下，评估机构采用人工方式来采集和处理海量数据，不仅费时费力，准确性也将大打折扣。从信息转化的角度来看，项目评估是一个多渠道、多层次收集、整理并加工信息的过程，信息组织工作复杂、烦琐，不便于进行深层次的信息分析工作，更不利于深入探究评估过程中的信息转化规律。因此，亟待开发出具有较强稳定性、扩展性且专门化的科技项目评估管理信息系统，提高评估工作的效率，促进评估工作的科学化、规范化以及高效化（王燕玲，2003）。

评估是复杂性的活动，社会项目评估要收集大量的数据和信息。随着数字时代的到来，社会工作项目评估工作更应适应时代发展的潮流，实现项目评估的信息化发展，借助管理信息系统，更好地管理和利用评估数据，快捷、准确地完成复杂的计算，对项目进行有效的评估。因此，有必要依靠现代电子信息技术，开发出可操作化的评估与监测预警信息管理系统，在提高工作效率的同时，提高评估的信度和效度。

第二节　评估管理信息系统的设计与开发

一、数据的收集与管理

数据及信息的收集和挖掘并不是一种随意的活动，其必须反映对社会服务项目评估方案中各类信息需求的深度理解，并应尽可能以破坏性最小、最经济和最有效的方式收集有用的数据。为项目评估而收集、储存的各种类型的数据可以被松散地描述为一个数据信息系统。在这个系统中，特定的数据被收集、分析和报告。在实际操作中，由于一些评价计划不充分，在数据收集、分析和报告方面不准确或者缺乏连贯性，影响了项目的规划和运作，最终损害了利益相关者的利益。因此，项目评估者应尽可能收集全面、准确的数据，打造坚实的数据信息系统。

在收集数据时，评估者应广泛地选择数据源。在项目评估的利益相关者中，个案工作者、治疗师、辅助人员（教师、心理学家）以及来自其他项目的工作人员都能够为评估提供数据支持，他们利用现有的数据和信息（人口普查数据、政府文件、客户记录、社会历史、基因图、服务计划、病例记录、已发表的文献等）进行临床评估，为评估管理提供资料素材。

与项目评估所处的阶段相适应，评估者应确保在项目评估的任何阶段收集的数据能够与未来的决策相关联。同时，在项目评估目标方面，评估者应与委托人协商一致，并能指导他们的临床决策。在数据管理中，应注重发挥评估各种数据信息的连接、调控及决策等功能，加强评估信息流的管理，处理好收集、处理及传递等环节。首先，拓宽信息收集渠道，保证多渠道收集信息。其次，高效处理信息，加强信息的分类、汇总、研判、存储与更新。最后，遵守政府有关管理规定，保障信息准确、可靠、安全地传递。

二、系统开发的技术要素

良好的社会服务实践基础是开发评估管理信息系统的前提。项目评估机构要建立合理的管理体制和完善的规章制度，同时还要储备科学的管理方法以及大量丰富的原始数据，这些都是管理信息系统开发中不可或缺的要素。

项目评估管理系统构建的主要流程是系统功能需求分析、系统规划设计、系统实施和系统维护（邝孔武、王晓敏，2007）。其中，系统功能需求分析是系统开发的先导阶段，也是系统开发成功与否的关键。系统开发有许多理论方法，最为常用的是结构化方法。由项目评估者与委托者合作，在较短时间内开发一个实验性的、简单易用的原型系统。结构化开发方法的基本思想是，在管理信息系统建立之前，利用图表工具有步骤地完成各阶段的工作，在每个阶段都以规范的文档资料记录，利益相关者可以提出修改意见，项目评估者进行补充和修改，如此往复，使系统逐步完善，最终得到满足用户需要的系统（黄梯云，2009）。

开发管理信息系统时，评估者可以采取如下策略：第一，重视领导层参与，设置专门的机构及人员。第二，选择适当的开发方法，结合项目评估的过程，设计管理信息系统的开发思路，便于系统功能的分工、组合和补充。第三，重视数据库设计，及时根据用户需求进行数据的添加、删除及修改等操作。第四，注意开发全过程技术文档的完整性，遵守软件工程的规范，建立完整的技术文档，以利于后期的修改。

管理信息系统的开发与良好运行，要抓好后期的管理及维护工作，注重系统建成前后利益相关者的评价和反馈，及时发现问题。管理信息系统的实施与维护是一个螺旋上升的过程，项目评估者利用管理信息系统实施评估的过程中总会出现诸多问题，导致评估结果不能完全满足预期需求，这就需要定期对系统进行维护，使之与用户的需求逐步契合。

三、系统开发的组织文化要素

良好的组织文化氛围是项目评估中一种重要的资源和无形的资产。设计、开发和维护一个有效的信息系统不仅需要考虑技术问题，而且需要考虑社会服务问题。一个有效的管理信息系统应兼顾不同利益相关者对于数据的需求，及时为其提供所需的信息。同时还应从以下方面加强努力。

（一）重视一线工作人员

在引入数据信息系统时，工作人员可能会表现出怀疑、抵抗等反应。这不仅与个人的个性和经验有关，而且与项目评估组和组织的集体经验有关。从一线工作人员到高级管理人员，建立和维护一个数据信息系统需要所有项目工作人员的合作。在此过程中，数据收集的大部分工作分配到一线工作人员身上。评估者应该让一线工作人员参与信息系统的规划和设计，确保在不中断服务提供的情况下收集数据。同时，一线工作人员的参与有助于确保他们对整个评价过程的持续参与和责任承诺。

（二）行政支持

项目评估管理人员必须为实施该系统提供必要的资源，包括足够的培训和持续的支持。信息系统的设计和运行需要一定的资金支持，用于购买计算机硬件和软件、引入新的数据处理系统等。当引入新的工作系统时，培训就特别必要。因此，需要为专业人员和工作人员提供充分的咨询、培训等。评估管理者往往倾向于在设备上投入资金，但在员工培训上热情并不高，这是利益短视行为。通常，管理人员购买设备的费用应该与对员工进行培训的资金相一致（Grinnell et al. , 2017）。

（三）创造一种卓越的文化

社会服务项目评估的目的是确定并强化项目的优势，纠正局限性，为客户提供更好的服务。在数据信息系统构建中，良好的文化能够促进组织产生积极的反馈，促进社会工作实践的改进和发展，同时也使信息系统更有效。组织文化氛围好，工作人员才更有可能进行合作，并为信息系统的有效运作作出贡献。持续学习和发展的态度是一个组织进步的关键。

（四）制订一个组织计划

数据收集项目必须考虑至少三组需求：第一，能够为决策提供服务；

第二，系统设计必须适应一线评估者、管理者以及其他利益相关者的能力和责任。第三，在管理信息系统技术要求的基础上，尽可能多地聚合案例级的数据，并及时对这些数据进行聚合分析。进行案例级的决策，通常包括4个阶段：第一阶段，参与度和问题定义；第二阶段，实践目标设定；第三阶段，干预；第四阶段，终止和后续跟进。

社会服务项目的满意度往往成为过程评估的重点。收集项目参与者的反馈是有用的，能够从各个方面得到关于项目的评价，从而为项目评估提供参照。因此，在项目评估中，可以制定一项满意度调查，并要求客户在服务结束时完成。在现有条件下，专门开发独立的社会工作项目评估系统是困难的，更遑论广泛地加以应用。因此，要利用好现有的管理信息系统，做好与数据平台的对接以及系统接口的管理。

（五）系统权限及安全管理

数据的安全性至关重要，管理信息系统要有严格的安全管理功能，确保用户只能在自己的权限内查看和修改数据，同时，系统用户进行的每一步操作都要有详细的记录。管理信息系统还应具备核查功能，防止篡改数据而影响评估结果的客观性和准确性。同时，对数据库中的关键信息要进行加密处理，数据要定期进行备份，关键数据要异地备份。

第三节　管理信息系统在项目评估中的应用

一、应用领域

项目评估成为一项越来越重要的功能，项目评估数据信息系统随着数据程序的更新变得更加复杂，因此，项目评估者需要具备较强的数据管理能力，采集、聚合、分析和发布数据。

在应用管理信息系统之前，大多数数据管理功能都是评估者手动执行的，设计数据收集表单、完成内部或文字处理说明，并通常放在案例文件中。需要某些具体数据时，通常需要手动搜索、汇总和分析，过程通常较为烦琐。

由于需要定期生成某些类型的数据，评估者改进了记录方法，手动将特定数据（如数据来源、客户年龄、性别、呈现问题）从客户记录复制到复合表单或电子表格上，避免在文件中手动搜索、查找所需的数据。虽然这些程序是一种改进，但这种方式也逐渐受到限制，因为人工分析很耗时，而且只能提供已确定用于聚合的数据。除了电子表格中包含的数据外，仍然需要手动搜索所有相关文件。随着功能强大的台式机的随时可用，社会服务组织已经越来越多地转向基于计算机的数据管理。

（一）使用计算机管理数据

计算机技术可以便捷地提取并深度分析服务数据、客户特征、质量指标和客户满意度等。不仅可以提供关于整组的数据，而且可以回答具体的问题。例如，评估者利用计算机技术能够在众多个案中筛选与其他家庭成员一起接受服务的个体，并将结果与那些接受个人服务的个案进行比较。同样，也可以借助面板数据，比较两个或多个操作周期内，某项干预对服务对象的影响。利用计算机技术从数据中挖掘信息，能够对服务程序及服务模式有更深入的理解。利用计算机维护和管理数据，并执行所需的聚合和分析，能够提高评估效率。当前，很少有社会服务机构能够完全依靠计算机进行数据管理。通常，数据管理系统是手动和基于计算机的方法的结合。计算机在评估中变得越来越重要。通过完成表格和测量仪器来手动收集数据，各种计算机程序可以快速地分析这类数据，以确定观测指标是否具有统计学意义。大多数统计计算往往是复杂、烦琐且耗时的。与手动收集和分析数据相比，有了统计软件包，可以准确快捷地完成所需的计算。但是，利用计算机技术也存在潜在的危险：由于统计方法不精准，很容易执行不适当的程序，从而得出错误的结论，最终误导项目评估机构乃至服务对象。因此，项目评估者要理性利用计算机技术，趋利避害。

（二）使用关系数据库

另一组被称为关系数据库的软件程序也被越来越多地应用于项目评估

领域。这些程序支持对不同的数据进行链接，从而可以以不同的方式查看和解读数据。例如，可以将服务对象接收表中的数据与服务终止表中记录的数据联系起来，结合服务对象最初的问题、服务提供过程和服务成效，探寻其中的因果关系。这些程序增强了数据分析的灵活性，促进项目评估者拓展视角，建构新的评估框架（Grinnell et al.，2017）。

（三）编写报告

利用管理信息系统，对项目评估报告的撰写、生成与发布环节非常有利。用于统计分析或维护关系数据库的软件包通常具有重复相同分析的功能，使用计算机可以生成无限数量的报告。一旦项目评估中的数据有所更新，评估者便可以生成新的报告。此外，项目评估报告中的图表标签以及格式也可以提前指定，从而根据工作人员和其他利益相关者的需要及时提供信息，促进评估质量的改进和项目服务机构持续发展。

未来，电脑和其他设备将在数据管理中发挥越来越重要的作用。评估者将越来越多地借助智能软件来管理和分析数据，在评估实践中使用甚至开发新的信息管理系统。项目服务机构也将依据评估报告中的数据改进服务和管理，提升服务能力，促进组织的运行和发展。最终，使数据管理和项目评估更加准确和高效，创建更强大、智能的物联网系统。

基于计算机的管理信息系统将成为改进项目评估质量的有力工具。当然，以计算机化为代表的技术本身无好坏之分，像任何技术一样，它可以被很好地使用，也可能被滥用。评估者和社会服务专业人员应密切关注管理信息系统的使用，确保符合专业价值观和道德规范。

二、应用实例

计算机辅助社会服务软件的应用，能够帮助从业者管理整个评估实践（威廉等，2016）。CASS 程序（Computer Assisted Search Services Program）由数个不同的计算机程序组成，是为公共事业操作人员、监督人员、管理人员及项目评估者设计的（Nurius & Hudson，1993），用于病历记录、任务确定和监控以及服务对象评估、诊断和治疗方面，同时，其在制订项目评估计划方面也颇有助益。与之捆绑在一起的计算机辅助评估软件包（Computer Assisted Assessment Package，CAAP）程序，能够真正面向服务对象管理评估，通过自动统计测评得分，更新该服务对象的记录，及时对评估对象在治疗过程中取得的成效进行监控和评估。

2012 年司法部提出"循证矫正"理念以来，杭州市司法局开发和推广运用了社区矫正人员再犯风险评估系统（以下简称 CIRAI 系统）[①]，借助"循证矫正"方法和经验指导社区矫正工作，助推社区矫正工作信息化、专业化和科学化。在 CIRAI 系统中，社区矫正工作人员能够根据社区矫正人员的生活史、犯罪史、个性特征、目前身处的环境和现实表现等，借助计算机建立评估指标体系，进而推断矫正人员再次危害社会的可能性。社区矫正工作人员还可以通过 CIRAI 系统对社区矫正人员再犯的可能性进行分类，提出进行早期干预的建议。通过 CIRAI 系统，工作人员对社区矫正人员再次犯罪风险的评估有了一个全面、统一的评判标准，降低了主观判断的随意性和误判率，同时，该系统评估方案并不排斥监管和矫正工作人员的实际经验、主观实践与信息系统的结合，确保矫正举措更具科学性。

随着社会工作本土化实践的稳步推进，社会工作服务项目也在不断生根发芽。对于社会服务机构来说，项目评估是必不可少的环节；对于项目评估机构而言，建立良好的管理信息系统至关重要；对于项目评估工作人员而言，在管理信息和应用复杂技术方面的能力将在项目评估中起到更加重要的作用。

参考文献

Davis G. B., Olson M. H. Management Information Systems：Conceptual Foundations, Structure, and Development. New York：McGraw-Hill, 1985.

Gallagher J. D. Management Information Systems & the Computer. New York：American Management Association, 1961.

[①] http：//chinapeace. gov. cn/chinapeace/c28513/2013-07/17/content_ 12074619. shtml.

Grinnell R. M., Gabor P. A., Unrau Y. A. Program Evaluation for Social Workers. Oxford: University Press, 2017.

Laudon K. C., Laudon J. P. Management Information Systems: Organization and Technology in the Network Enterprise. New Jersey: Prentice-Hall, Pearson Education, 2000.

Nurius P., Hudson W. W. Human services: Practice, evaluation, and computers, Pacific Grove. CA: Brooks/Cole, 1993.

Ginsberg L. H. 社会工作评估——原理与方法 [M]. 黄晨熹, 译. 上海: 华东理工大学出版社, 2005.

威廉·R. 纽金特, 杰基·D. 西帕特, 沃尔特·W. 赫德森. 21 世纪评估实务 [M]. 卓越, 等, 译校. 北京: 中国人民大学出版社, 2006.

黄梯云. 管理信息系统 [M]. 北京: 高等教育出版社, 2009.

邝孔武, 王晓敏. 信息系统分析与设计 [M]. 北京: 清华大学出版社, 2007.

王燕玲. 基于信息流的科技项目评估管理信息系统 [J]. 中国科技论坛, 2003 (3).

第十三章　评估与决策

项目评估可以帮助衡量评估项目是否成功开展，具体执行的情况如何，掌握项目策划和开发所必需的信息，以便为决策提供参考（Rubin & Babbie，1993）。合理的决策能够提高项目运行的质量和效益，促进项目的科学化、规范化。决策包括为案例作决策和为项目作决策。在项目评估中，收集大量的主客观数据，是进行有效决策的依据。在作决策时还应明晰决策的基准，善于利用基准作决策。

第一节　项目评估与决策的关系

一、项目评估是决策的前提

项目决策是指按照一定的程序、方法和标准，对项目的规模、投资、收益、质量、运行条件以及影响等作的调查、分析、判断和选择（徐莉、王红岩，2006）。在进行项目决策前，先要对项目进行论证和评估。项目评估是对决策方案进行分析论证，系统地收集项目的干预措施、结果和效率的相关数据，对服务方案中可行的部分予以肯定、不足之处予以修改的过程。项目决策是社会工作者在项目评估过程中经常用到的策略，根据当前的环境和条件，从多种可能的方案中选择最优和最满意的方案，以帮助工作人员进行决策。

在社会服务机构中，可能会同时推行包括若干治疗方案的项目，如一个儿童福利机构同时推行的方案有治疗寄养方案、虐待儿童治疗方案或者青少年群体关怀方案等。在问责制的压力下，需要对机构内所有服务项目的运作进行整体性的评估，以提升机构的影响力，并为客户提供更好的服务。

因此，项目评估的目的之一是及时获得关键的数据，作为干预计划进一步实施或新的服务项目开发的决策依据。在个案层面，工作人员将持续监控服务对象问题及需求的变化。评估者根据项目需求、过程、产出及结果评估中的相关数据，作出关于项目修改和变更的科学决策。项目服务机构也需要根据评估结果调整服务方案，促进组织的持续运行与发展。第八章至第十一章介绍了项目评估包括需要评估、过程评估、结果评估和效率评估。相应地，决策需要依据评估的结果进行。

二、决策是项目评估的结果

（1）依据机构中所有项目的整体评估结果作决策。在进行决策前，需要根据过程目标的实现情况，持续收集主客观数据。过程目标类似于促进实践目标，包括工作人员提供的继续教育时数、提供服务时数以及类似的其他事项，反映了服务运作的有效性和效率。然而，项目运作的成功率可能因问题类型不同而有差异。例如，一项社会服务项目可能在处理与家庭有关的问题儿童方面取得较好的效果，但在处理主要与毒品有关的问题儿童方面效果并不明显。或者，在一种类型的客户身上取得令人满意的结果，但在另一种类型的客户身上却没有（一个戒毒计划对于成年人可能比青少年更成功）。同样，一个机构内的特定项目可能比另一个项目的目标实现情况更好。再如，一个儿童福利机构可能会成功地运营一个青少年治疗寄养项目，但在青少年群体照料项目上的效果则大打折扣。因此，在项目评估时必须将机构内的所有项目都纳入考虑，评估整体的效果，并在组织规划层面思考，通过决策来提高机构的效力和效率。

（2）根据项目评估目标的实现情况及过程作决策。可以将对主客观数据的收集和分析作为评估项目完成情况的依据。数据收集的种类和具体分析取决于项目评估的目的和过程。过程评估的数据较容易收集，例如，关于客户的人口特征、数量、在等候名单上花费的时间、提供的服务类型以及每项服务的总时长等相对简单的问题。阶段目标的完成情况能够预测预期的结果，项目服务机构应持续收集并定期分析服务过程中的数据和信息，评估者应及时告知服务机构目标实现情况，便于及时调整决策方案，更好地提供服务。

三、评估的基本形式与决策

（一）效果评估与项目决策

许多社会服务机构为有各种需要的人提供服务，如怀孕的青少年、残疾的老年人、有自尊问题的青春期孩子、寻求婚姻帮助的夫妇以及试图戒烟的人等。项目评估者要了解其项目在多大程度上帮助了那些有特殊社会问题的人。单个服务对象取得的结果，无论能否令人满意，都不能说明整个项目的总体有效性。项目的有效性只能通过总体样本的数据来确定。例如，假设一个为期6个月的戒烟项目，包括80名服务对象，分别为40名男性和40名女性。在干预开始时，平均每天吸烟的数量是34支，而在项目结束时，平均每天吸烟的数量是11支。即在完成戒烟计划后，服务对象平均少抽了23支烟。干预前后80名服务对象汇总的数据为评估者提供了一种评估项目结果的方法，以此确定吸烟量的降低是不是干预产生的。

（二）过程评估与项目决策

具体分析项目过程评估中的数据，可以发现更详细的信息。例如，假设项目评估者认为女性吸烟者相比于男性吸烟者取得了更好的效果，并将男性和女性分成不同的组别进行研究，比较每组在项目结束时的平均吸烟量。在项目开始时，男性和女性的平均吸烟量是一样的，都是34支。即在干预开始时，男性和女性的平均吸烟数量并没有显著的差异。在项目结束时，男性平均每天吸烟 18 支，女性平均每天吸烟 4 支。从本质上说，这一分析证实了工作人员先前的假设，即女性吸烟者比男性吸烟者获得更好的结果。通过定期进行评估，社会工作管理者和工作人员可以获得关于项目优点和缺点的重要反馈，进而帮助决策。例如，前面讨论的数据可能导致对服务进行修改，以提高对男性客户的效力，同时保持对女性客户的效力。这不仅会改善对男性客户群体的服务，而且还会提高整个项目的成果。最后，利用这些数据进一步开发服务。

项目评估促进项目管理人员发现问题，救偏补弊，及时作出合理性决策。项目评估考虑了服务项目从接收到跟踪的整个过程。项目目标的偏离不一定是干预措施的失当，也可能是不适当的资格标准、令人不满意的评估技术、不充分的员工培训、较低的客户参与以及无法预见的系统性障碍。如果评估结果不令人满意，则需要进一步开发新的方案。重新诊断问题时，项目管理人员和评估者需要检查整个干预过程中各阶段的数据。同时，通过过程评估，进行新的决策，对程序和实践进行更改，并监测更改措施的有效性。

（三）产出评估与项目决策

在评估结果被宣布为"可接受"之前，有必要清楚地定义特定项目目标的可接受程度。如果一个项目的目标之一是让居民能够回家，评估发现90%的居民在项目开始后的 6 个月内成功搬家，那么该项目的目标是否达到了一个可接受的程度？如果 80%的居民在 6 个月内返回家园，10%的居民在一年内返回家园，情况会如何？或者假设 100%的青少年在 6 个月内回家但有一半的青少年最终被重新接纳。显然，一个可接受的结果在很大程度上是一个定义问题。计划管理者和资助者必须根据问题的性质、可用的资源和类似计划的结果，确定可以合理预期的客观成果的程度。如果项目由许多子程序组成，则对每个子程序适用相同的考虑。定义成功的标准应该在获得结果之前完成，以避免将结果政治化，并使设定相关的项目目标成为可能。

一旦确定了可接受的成绩水平的标准，项目评估就变成了将实际结果与这些标准进行比较的问题。在满足标准的地方，评估者可以有一定的信心继续使用现有的程序和实践。如果对结果进行定期分析，员工不仅能看到项目目标是否达到了可接受的程度，还能看到成就水平是上升还是下降。任何持续改善或下降的趋势都值得研究，以便采取更有效的干预措施和流程，发现和解决潜在的问题。

需要注意的是，结果评估可能揭示项目仅仅部分实现了目标，因此需谨慎决策。例如，一个项目在帮助一组服务对象时可能成功，但在帮助另一组服务对象时就不那么成功了。如前文戒烟案例中，女性服务对象得到了很大的帮助，但男性服务对象的效果就没有那么显著，因此，需要继续优化干预方案。类似地，评估结果可能受季节性变化的影响。再如，对于农业社区的服务对象来说，在冬季可能比在种植季节更容易参加这个项目，因为他们在种植季节需忙于农活。这个因素可能会导致案例和项目水平的成绩下降。在这种情况下，工作人员无疑会希望调整做法和程序，以便改进表现不佳的部分。然而，在作出调整时，必须小心谨慎，不要危及正在取得良好效果的那些行动。例如，在戒烟项目中，工作人员可能要根据男性的需求调整课程，尽管这可能确实会提高该项目在男性中的成效，但这种改进可能会以牺牲对女性服务对象的干预成效为代价。接下来可以作的决策是在项目的某些部分把男性和女性组成单独的小组，对女性的项目保持不变，但为男性开发新的方案，以更好地满足男性的需求。

第二节　决策的依据和步骤

客观现实的复杂多样性，以及决策者本身的价值观、技能和经验的影响，都会影响决策者作出理性或非理性的决策。项目评估者应尽可能收集主客观数据（Grinnell et al.，2017），采用一定的程序，在项目评估中作出更多好决策，以便对服务对象及其利益相关群体更加负责。

一、决策的依据

（一）客观数据

理想情况下，所有的专业决策都应该通过一个理性的过程来完成，通过收集和汇总主客观数据，进行理性的过程分析。客观数据是指可以准确描述或测量的数据，如获得的资金资助、为少数群体提供的就业技能培训计划等。其优点是客观、准确，但有时难以获得，或者掌握得不全面，因而无法准确地指导实践和项目决策。

例如，在个案层面，一项旨在评估 10 岁儿童自尊水平的项目，仅凭客观数据难以制订进一步的干预和服务计划，其意义和影响也不能清晰地判断。或者在一项减肥计划中，在 3 个月的时间内，参加减肥计划的人平均每人减掉了 2.5 千克，尽管这个结果看起来很好，但实际上他们的减重效果并不是很好，因为基于这些人的健康考虑，每个人需要减重 25 千克。但是，如果服务对象是为下一赛季做准备的滑雪者，那么这个项目可以被认为是相当成功的。因此，仅依据客观数据，并不能判断该项目是应该继续进行，还是应该有所调整。

（二）主观数据

在项目评估中，当客观数据不足以支撑评估者作出决策时，需要尽可能收集主观数据。社区成员、工作人员、资助者和项目参与者的主观印象构成主观数据的来源。通常，他们会基于专业印象、价值观、偏好和经验作出判断，在实施计划中注意服务对象的立场、步态、手势、声音、眼神等细节；在规划层次上，对员工士气、组织的历史和发展阶段、外部期望以及组织发展能力形成一定的认识。

主观数据是可以被有意识地记录下来的数据，也有些是经过潜意识的过滤，后来以印象、意见或直觉的形式出现的数据。有时，这些主观数据会对案例和项目决策产生重大的影响。例如，在病理层面上，感知、判断和直觉（通常称为临床印象）可能成为影响决策的因素。工作人员往往根据服务对象的肢体语言、眼神交流和声音得出结论，然后作出进一步的决策安排。

然而，主观数据也有一定的局限性，因为印象和直觉往往产生于预先形成的头脑中，而它们形成的过程无法被客观地检验。同时，主观臆断可能会扭曲事实。鉴于主观和客观数据各自的优点和局限性，在对案例或项目作决策时，通常将两者结合起来考虑，以更好地指导服务实践。

二、决策的步骤

要善于通过多方案比较以确保决策的科学性和准确性，要对项目进行论证，选出最优方案。要熟悉项目的类型及具体方案，针对多个方案或项目，确定最佳组合。如果要达成高质量的个案级决策，评估者应该清楚需要的主客观数据类型。社会工作者与救助对象的关系是一个多阶段的过程，通常分为参与问题界定—分阶段实践目标设定—干预—终止和跟进4个阶段。这些阶段的顺序不是一成不变的。例如，参与通常发生在职业关系的开始，但也会以某种形式持续在整个帮助过程。

（一）参与问题界定

如果一位母亲想改善与处于叛逆期且沉迷游戏的儿子的关系，那么，促进母子沟通为项目目标，减少对游戏的依赖是实践目标。

服务对象的看法是一个很好的切入点。在初次面谈过程中，许多问题会微妙地浮出水面，沟通是发现问题的方式。工作人员基于母亲和孩子的言语和行为，形成主观判断，据此设置第一个实践目标。此时，工作人员的沟通技巧非常重要。

（二）分阶段实践目标设定

在服务实践中，问题往往不是直接和具体的，还需要使用标准化的测量。评估者受职业判断的影响会选择首要解决的问题，通过使用规范的测量仪器，客观地测量出待观察变量的基线值，进而根据这些客观数据分阶段制定具体的实践目标。例如，如果实践目标是将母子沟通技能提高到60

分，那么打分通常是从非常无效的沟通（0）到非常有效的沟通（100）的变化值来构建的。在测量仪器不太正式或不太精确的情况下，工作人员需要为服务对象设置一份自我评价的量表，以衡量母子二人对达成的沟通状态的满意度。

（三）干预

干预策略的选择在一定程度上也是基于前述收集到的客观和主观数据。工作人员可以根据自身之前类似的服务经验或者专业文献提供的客观证明，选择某个适合在当前服务中使用的特定的干预策略。然而，每个干预还必须满足特定客户的具体需求，评估者需结合时间、地点等条件因素作决策。

当客观数据和主观数据存在分歧时，工作人员应着重分析造成差异的原因，确保对服务对象的问题和需求有很好的理解，进而为其量身设计最适当的干预策略。干预策略的实施时间由工作人员和服务对象共同决定。如果干预效果朝着实践目标改进，就说明干预是合理的；否则，需要改进或制定新的干预策略。当然，也会出现变化不足或缓慢的情况。但只要总体上是成功的，就应该继续下去，不过频率和强度要更高一些。继续干预一段时间后，看看是否再次得到改善，当数据显示服务对象已经达到项目目标或实践目标时，工作人员需终止干预，进入项目维护阶段；反之，则需要尝试新的干预。项目的维护阶段也很重要，评估者要确保实践目标的达成以及服务对象有持续向好发展的趋势。如果出现停滞和倒退，则必须在实现实践目标之后继续进行测量，以确保项目目标的达成确实稳定在预期的水平和方向上。

（四）终止和跟进

一旦确定项目目标已经完成，下一步就是终止和跟进。当相关数据表明实践目标和方案目标已经实现，且趋势较为稳定时，可以终止服务。在现实中，其他因素也需要考虑，如在客户的社会环境中可用的支持系统的数量和类型，以及客户生活中可能的应急事件的性质和规模。在作出结束服务的决定时，必须仔细权衡这些因素，包括主客观数据产生的信息。

后续阶段的考察是项目评估的常规部分。然而，很多社会工作项目并未设计任何形式的后续活动，只有少数是以零星或者非正式的方式进行后续评估活动的。在服务终止后，评估者需要决定是否进行后续行动、采取何种形式实施以及如何监测服务效果。数据可以帮助评估者决定是否有必要进行后续检查，如果数据显示客户没有达到项目目标，或者只是勉强达到了目标，后续跟进是必要的；否则，需要作出调整。后续阶段的测量可以通过多种方式进行，例如可以在服务停止后以邮件或电话形式联系以前的服务对象，间隔的时间应逐步延长。

第三节　利用评估基线作决策

一、基　线

基线（baseline）是识别服务对象问题发生的稳定模式，在评估中首先要确定服务对象的基线数据。基线评估法是社会工作者在介入前了解并记录服务对象表现出来的问题，测量服务对象的状况，建立一个基线作为介入效果的初始衡量标准，在评估介入后，再次测量服务对象的情况，通过评估介入前后的变化，研判介入目标的实现程度（马凤芝，2010）。建立基线所需的测量次数和时间取决于服务对象的需要、政策情境以及测量方法的复杂程度等。

基线的确立分为两步：第一，确定介入的目标。第二，选择合适的测量工具，及时测量并记录信息。面谈时，评估对象会讲述很多问题，工作人员应该从哪里开始介入呢？一般而言，需要区分问题的先后顺序，从中选出一个最先需要解决的、可测量的问题。例如，林先生和张女士的夫妻关系最近极度紧张，甚至快要发展到离婚的程度。社会工作者在分别倾听夫妻二人的心声后发现很多问题，例如，财产分割、丈夫深夜不归、夫妻间的冷漠或者吵架等。其中，吵架是影响夫妻关系的主要问题，也正是因为吵架次数太多才导致丈夫深夜不归。同时，吵架也造成了夫妻间的关系冷漠，甚至提出财产分割，为离婚做准备。社会工作者在征得夫妻双方同意的前提下，把调解吵架作为此次介入的目标，主要测量夫妻吵架的次数。使用卡片记录夫妻每周吵架次数，以此建立基线数据。首先，社会工作者要求夫妻双方回顾最近两周内吵架的次数，并做好记录。然后，同时发给夫妻双方相同的卡片，要求他们记录未来两周二人争吵的次数。这四周的数据就构成了基线数据，这段时期叫作基线期（李华伟，2012）。

使用基线进行评估时，社会工作者有时为了建立测量基线会推迟介入，这种情况下可能产生道德和管理上的问题。当评估的目标与实务情境相冲突时，特别是当服务对象处于情况趋于恶化、痛苦加深的危险情况下，社会工作者必须调整基线评估方法。例如，如果社会工作者在第一次会见服务对象时便发现其有强烈的自杀倾向，此时，便不能再等到下一次会见时确定测量基线，以免将服务对象置于危险之中，而应及时调整策略来测定服务对象的绝望程度，使用追忆基线（Retrospective Baseline）的方法，在服务对象同意的情况下，通过查看服务对象记录、请服务对象回忆过去的情形等方式寻找测量基线，或者通过访问服务对象的朋友、家人及同事等途径，填写调查表，以此建立评估基线（库少雄，2004）。

二、基线的确立依据

在项目评估中，基线的确立可以有多种方式，其中服务对象的统计数据、服务统计数据、质量标准、客户反馈、服务对象的变化等是很好的依据。

（一）服务对象的统计数据

评估一个项目的实际服务情况，需要有可靠、有效的人口统计数据。服务对象的统计数据通常是以简单直接的基准形式来表述的，衡量的是服务对象的数量和他们的相应特征，这些特征与项目的服务和结果相关。服务对象的统计数据对资助者、项目评估者和委托机构都很重要。

项目基准不同于项目的目标。例如，一个项目可能是为了维持每月200人服务的基准，而不是为了每月总共服务200位客户。当特定的目标值不确定或无法合理估计时，使用基准数据更可取。单独使用基线数据更倾向于创造一种"计算"的氛围，而不是目标。如果满足基准测试，项目管理人员将放心地继续提供已有的服务。反之，将提醒项目评估和服务机构探索不足的原因，调整项目实践，尽可能满足服务对象的需要。

（二）服务统计数据

服务统计数据也可以作为基线确立的依据，其重点关注项目提供的服务。在项目评估中，项目管理者和资助者对服务数据的统计也非常感兴趣，以确保项目服务的数量与最初的资金预期以及项目逻辑模型中所述的预期相一致。掌握了服务统计数据，工作人员将更有效地管理资源，充分理解项目的运作机制和服务模式。例如，通过跟踪服务各环节的变化，优化稀缺资源的分配。

为服务量设定的值（如每月进行500次会议咨询、20%的咨询项目将在社区进行）说明了项目的目标。将服务从办公室转移到社区，能更好地了解服务对象的需求。同时，跟踪记录与服务地点相关的服务信息可以提供当前实践是否符合此目标的反馈。一般情况下，项目服务数据可以通过项目的联系表或记录案例笔记的文档来获取。只要服务的类型与提供的服务数量被记录下来，评估者就可以跟踪每一种服务的数据。为了确定服务的地点和时间，需要将特定的项目添加到联系表格或以系统的方式进行收集。

（三）质量标准

与质量标准目标的实现有关的数据对评估的方案规划和发展过程是有帮助的。质量标准通常是评估者在过程评估中关注的焦点。在评估框架内，最有效的服务是那些提供给服务对象的系统的服务，大多数社会服务项目都坚信能够为服务对象提供最佳的服务实践，但很少有人真正监督实践的实施效果。加之，社会工作实践以及干预措施是相对复杂的，服务对象往往是一个异质性强的群体而非单个人，因此，很难在单一个体的评估工作中确定质量标准。项目评估者相信社区资源在加强家庭方面的影响。在提供服务的过程中，每个家庭至少会提出一项社区资源建议。

衡量质量标准所需的数据可以通过"客户联系表单"或在客户日志上创建适当的项目来收集，以此作为评估的基准，通过长期收集质量标准数据，促进项目评估从理念转化为实践。没有达到基准，可能导致评估者对基准中的设定值进行修改，或者以某种方式对项目评估的过程进行修改，同时对工作人员加强培训，以增加实现基准的可能性。如果符合基准，评估者可以更详细地审查现有的做法和程序。项目实践可以被监控，以确定什么样的方法是最有效的。此外，基准可能会被修改，以便它们更好地与公开的质量标准保持一致。

质量标准提供了有关项目实践的数据，能够揭示与目标不一致的情况。这些数据促使评估者对评估标准进行审查和反思，以进一步促进项目的决策。

（四）客户反馈

在项目评估中，从服务对象和利益相关者（志愿者、推荐机构）中收到的反馈是评估者需要关注的领域。通常情况下，反馈通常集中体现为服务对象的满意度。但是，满意度高或者评价好的项目不一定说明项目的服务效果好。因为，客户可能喜欢一个项目，但并未因为这个项目而发生任何积极的改变。不过，评估者可以从利益相关者的态度中获得关于这个项目的有利的意见和评论。反之，满意度不高，则直接表明项目提供的服务存在问题。

客户反馈跟踪数据是通过在服务完成时填写满意度调查表来收集的。满意度评估可以设计为几个维度，诸如服务的帮助性、工作人员的支持性以及对项目服务的总体满意度等。其中，帮助性可以通过强烈反对、不同意、同意、强烈同意 4 个带有程度意味的指标来设计，而项目基准可以设定为至少 70%的服务接受方评分为"同意"或"非常同意"。项目的整体满意度可以设定为：非常低的、低的、适中的、高的、非常高的，而基准可以设定为 75% 或更多的客户将项目满意度评为"高的"或"非常高的"。

（五）服务对象的变化

项目评估需要关注服务对象的切实变化，并调整改进服务，这是社会服务组织存在的原因。借助标准化的测量工具评估结果，有利于作出科学的决策。服务对象的变化反映了服务的质量，评估者可以据此来与项目目标相对比，衡量项目的有效性。例如，退出项目干预时，服务对象的抑郁指数降为 30 分，同伴关系平均提高 15 分，说明服务项目的有效性。为了确保项目以最有效的方式运行，评估者可以检查结果，并根据委托机构和服务对象的需要对项目决策进行调整。对于提供直接服务的专业人员来说，结果测量为项目评估提供了一个框架，同时也促进了与服务对象间的沟通。

在项目评估中，费用、质量、风险、技术条件也会影响决策，评估者要结合实际情境，动态调整决策方案。特别是在某些特定专业项目的评估中，可能需要专业性人才。例如，在长护险试点政策推行中，借助老年人能力评估师的专业分析，可以对老年人的能力进行测评，这在政府购买养老服务项目评估中将发挥日益重要的作用。

在老龄化率迅速增长的当下，随着养老机构设立许可的取消①，养老机构服务评估制度将成为事中、事后监管的重要手段。从制定国家标准《养老机构服务质量基本规范》《养老机构服务安全基本规范》《养老机构等级划分与评定》等管理和服务标准入手，指导项目评估者据此衡量养老机构服务能力和效果。同时，将评估结果向社会公开，作为取得建设补贴、运营补贴、福彩公益补助以及表彰的重要依据。

---

① 国务院取消养老机构设立许可　养老服务业"放管服"释放改革红利. 中华人民共和国民政部，http：//www.mca.gov.cn/article/xw/mtbd/201808/20180800010522.shtml.

第四节　评估与决策能力建设

在作决策时，评估者的能力非常重要。服务对象的抑郁、低自尊、强迫性沉思（Obsessive Rumination）等心理状况是否得到了改善，是不容易看清楚的，必须通过专业、系统的评估方法与程序，用事实来证实工作的绩效。随着社会现象复杂性和服务对象需求的提升，倒逼评估者加强能力建设。

Johnson（1995）认为，社会工作者的核心能力体现在专业价值、知识和技术等方面，这是社会工作的行动基础。同样，项目评估者解决问题的过程需要感觉、思考到行动的统一，这是项目评估的基础。评估者必须适应评估环境和技术流程，掌握专业技术能力和信息管理知识，熟悉评估技术和流程，并在评估实践中不断巩固。依据不同的评估实践需求，项目评估者扮演着不同的角色。Barkdoll（1980）认为，评估者的角色通常有 3 种：一是"科学家"，这种角色最符合象牙塔里的学者对数据的重视，置身于方案的政治性和实用性之外，理性、客观地评估测量工具是否有效、数据收集者的技能是否熟练、整体研究设计是否合适。二是"咨询师"，评估者与方案分析师合作，建立对信息需求的共识，并共同决定评估的设计与用途。三是"监督者"，以独立性和批判性的思维，对项目进行客观的评判，衡量项目评估的有效性。

一、专业能力

由于社会现象复杂多样，社会服务的边界和领域在不断拓展，加之固有的不确定性，实践中评估者的能力可能遭遇不足，从而影响评估进度或评估质量。遇到这种情况，评估者应及时向项目委托人说明缘由，不要害怕对自己的声誉或竞争力产生不利影响，应积极与委托人协商是否可以聘请专家或者其他具有相关评估经验的员工联合开展评估，并在评估报告中说明采取的措施、可能的风险等。

项目评估是实践性较强的工作。评估行业、机构及每个评估者应共同努力,不断提升评估能力和评估质量。这就需要评估者保持和发展专业技能,珍惜评估实践机会,积极参加评估培训类课程。同时,项目评估机构要适当创造条件,开展研究项目;与外机构联合组织研讨交流活动;通过轮岗、借调和派遣等形式帮助评估者提升专业技能。此外,评估行业协会可以定期开展培训,积极举办交流活动,邀请社会服务机构、项目评估机构共同参与,通过发布行业标准等措施促进项目评估行业的整体发展。例如,养老服务评估者的专业建设。由于养老服务评估工作专业性强,标准比较细致,政府应积极提供政策环境支持,引导建立和培育专门的评估机构。与此同时,依托大中专院校、示范养老机构以及社会组织等,不断加强养老服务类项目评估机构的建设;建立养老服务评估专家队伍,积极开展技术指导,提供有力的人才支持;选择责任心强、业务素质过硬、具备多学科知识的复合型人才参与评估。

(一) 专业知识

通过社会工作项目评估,尽可能识别利益相关者的需求。评估者应当具有必要的专业知识背景,熟悉项目评估理论、方法和规范,掌握一定的评估实务技巧。同时,评估者还应积极参加培训,不断提升业务技巧,能够恰当运用评估方法开展评估。另外,也要具备良好的评估方案的设计能力和较强的评估报告撰写能力。

(二) 沟通表达能力

在项目评估中,评估者应能够充分理解项目委托人的观点和需求,同项目的利益相关者有效沟通和对话。同时,应能够全面、准确地收集评估资料,在项目评估报告中客观、精准地表达评估意见。

(三) 职业判断能力

项目评估者应清醒地认识到自身的能力是否能胜任特定的评估任务。评估管理者也应对评估团队中各人员的专业素质和能力技巧有清晰的判断。对于某些特定的评估任务，评估者需能够满足项目委托者的特定要求，避免因语言、风俗习惯、公共关系方面的限制而降低评估质量。

（四）从业经验

项目评估者在以往评估中取得的业绩是判断评估者能力的重要依据。目前关于社会工作项目评估尚未形成系统的知识体系，评估者要借助以往的评估实践经验证明自己有能力承担新的项目评估。

二、文化能力

（一）文化能力的重要性

从大环境来讲，种族、阶级、宗教、肤色差异是客观存在的。从个人角度来说，每个人都是独特的，在感知、交流和行为等方面可能会呈现一定的差异性。因此，评估者在开展项目评估时必须具备一定的文化能力，以跨文化融合的思维，弥合文化堕距，促进评估结果的客观性和科学性。同时，许多文化和伦理学问题是相互交织在一起的。

根据美国评估协会（2004）规定的"尊重个人"原则，评估者应尊重人与人之间的差异，注意文化差异对评估过程的影响。项目评估不仅是收集数据、分析数据和报告结果的技术实践，还包括与各组织中的不同利益相关者的有效合作，与服务对象一起澄清期望、识别兴趣、调和差异，并赢得他们的支持和信任。一个具有文化能力的评估者致力于在评估过程中厘清不同利益相关者的不同观点和利益。在具体评估过程中，评估者必须清楚了解文化对服务对象和评价过程的影响，善于建立人际关系和工作关系，当与不同的文化群体交流或在不同的文化环境中工作时，有能力适应评估的技术流程，有效地与不同背景的人进行互动，使服务对象适应评估环境。

评价者需要秉持尊重差异的基本态度，了解不同文化背景下委托机构或者服务对象的意愿，真正相信文化差异是丰富评估手段的来源，而不是需要克服的障碍。特别是评估者需要有文化意识，警惕自身的感知、沟通和行动受到某种文化场域或政策情境的过度影响，从而阻碍与受助者之间有效的沟通和良好关系的建立。

（二）文化能力的提升

在不同的文化环境中或与不同文化背景的人进行工作，评估者需要不断提升工作技能，使评估过程在这些环境中更有意义。提升文化能力的手段包括以下几种。

1. 弥合文化差距

Ogburn（1922）提出了文化堕距（culture lag）概念，认为社会变迁主要是文化的变迁。文化主要由物质文化和适应文化构成，物质文化包括房屋、工厂、技术等；适应文化包括各类规则、制度、民俗、信仰等；两者相互依赖。当物质文化变迁时，适应文化也会发生相应的变化。然而，二者的变迁并非同步，物质文化的变迁往往比较快，而适应文化却有着根深蒂固的惯性和滞后性。当物质文化发展了，原有的习俗、观念、信仰和行为方式并未作出相应调整，因此导致社会的失调（李华燊，2011）。评估本身是一项基于文化的活动。为了在跨文化工作中发挥作用，评估者需要有一定程度的文化意识，了解文化对人类价值观、态度、行为以及互动过程的影响。此外，评估者应该理解诸如民族中心主义、文化认同和刻板印象等概念，这些都可能是有效沟通和建立良好关系的障碍。评估者需要对工作采取开放和接受的态度，并真正相信文化差异并不构成障碍，反而可以加强和丰富评估过程。在不同的环境中实践的评估者也需要有高度的自我意识，认清自身的文化价值观、沟通模式和专业工作经验，以及可能对评估工作产生的影响。

以灾后重建为例，如果在灾后重建中，物质文化与适应文化的变化速度不一致，便容易造成文化堕距现象。灾后重建往往是一个短期的、自上而下的现代化推进过程，在此过程中，各种新设备、新规划等技术元素率先被采用，而与此相适应的新价值观却无法在短期内普及。由于场域内原有的文化观念不能适应新的物质环境，文化堕距便会产生。尽管这一堕距会随着时间的推移自然消除，但是政府有关部门及社会工作人员仍需要及时对灾区群众进行针对性的疏导，促进当地居民新的价值观的培育，提升灾后重建项目的运行效率。

2. 进行跨文化交流

当项目评估者追溯参与者的世界观、价值观乃至社会结构形成背景，并将这些知识纳入研究设计和实施过程时，跨文化评估的有效性便大大增强。评估者要意识到文化影响的重要性，消除自身的偏见，促进实际的跨文化沟通。跨文化交流有许多模式。Porter 和 Samovar（1997）提供了一个有效的方案。在这个模型中，感知被视为通往交流的门户，它们是人们选择、评估和组织有关外界信息的手段。评估者通过旅行、在不同的文化环境下工作或者在不同的社区生活等方式，与其他文化接触、积累经验，提高文化意识。

评估者要培养跨文化的沟通技巧。在跨文化交流中，评估者以开放的态度接纳服务对象的差异，是有效沟通的基础。然而，有效的跨文化交流也需要对文化及其交流符号有清晰的了解。理解常见的非语言和语言交流符号的意义是很重要的，有利于增进信息传递和接收的准确性。评估者可以通过阅读以特定文化为背景的小说、观看高质量电影等，为项目评估做好充足的准备。

3. 了解历史

了解将要进行评估的文化群体的历史是很重要的，有助于界定评估客体的价值观、态度和信仰。例如，对于某些移民群体，逃离压迫是一个主要的主题；对于反家暴组织的受害妇女，新发现的自由和机会有助于构建一种积极的文化和生活态度。除了历史、群体特有的文化结构、过程和框架外，理解塑造个人、群体感知和交流的特定价值观、信仰和观点以及这些文化结构、过程和框架是至关重要的。此外，还要考虑时间概念，重视不同时期服务对象的变化，这些都将成为开展项目评估的参考。

4. 与利益相关者合作

评估既是一个技术过程，也是一个建立关系结构的过程。培养文化意识和跨文化沟通技能，使评估者融入特定的群体文化，是进行有效评估的基础。调整评估过程和方法，确保工作流程是合适的，使之适应进行评估的组织文化。通过项目评估，最终产生适合利益相关者的文化、对利益相关者有益的产品和服务（Mckinney，2014）。在项目评估方发布评估报告、说明项目完成情况时，资助方可能会发现社会工作服务的价值，从而继续进行资助；进一步地，增强利益相关者和服务对象对项目评估的认同感和归属感。

三、应急管理能力

（一）应急管理能力的重要性

项目评估机构需要具备应急管理能力。评估者对评估技术运用不熟练，导致评估计划不能顺畅进行，甚至面临技术风险时，或者因评估方案设计缺陷，造成数据计算错误，进而降低评估的准确性时，项目评估者应做好紧急应对预案体系，及时调整评估策略和手段，确保达成项目评估目标。

应急管理需要评估者尽可能在比较短的时间内对危机事件的发生和可能的演化趋势作一个总体的分析和判断，减少危机事件信息缺失，为应急指挥提供辅助决策（腾五晓，2014）。Roberts（2000）在研究中提出了指导灾难工作的 ACT 工作模式，帮助社会工作者提升行动效能。其中，A（Assessment）代表评估，C（Connecting & Crisis Intervention）代表链接和危机介入，同时也包含关键事件压力解说的意思（Critical Incident Stress Debriefing，CISD），T（Treatment）代表治疗。在应急救援中，社会工作者需要运用这些能力疏导群众心理，为其排解压力。项目评估者也必须具备这些能力，通过对社会工作者具备的这些能力的考核，评估社会服务项目的有效性。Chou 等（2001）以突发地震事件为例，论述了灾后紧急救援期间，社会工作者发挥的功能包括：对受灾的个人及其家属提供支持；帮助其链接资源；防止受灾群众产生严重的身心健康问题；防止受灾群众的家庭或社区瓦解；提升受灾居民的福利。在上述服务过程中，社会工作者扮演的角色包括支持者、咨询者、协调者、需求评估者、危机介入者、教育者、增能者以及倡导者等（张粉霞，2013）。项目评估者需要从这些方面考察社会服务项目以及社会工作者的能力和素质。同时，评估者自身也应该具有危机救援意识，积极从这些方面评估灾后援助项目的实施效果，总结进一步的改进方向。

（二）项目评估中应急管理能力的应用

Dziegielewski 和 Powers（2005）强调了项目评估中危机干预的重要性，提出危机干预能够促进评估规划方案的设计和优化。新冠肺炎疫情防控为分析项目评估提供了大量素材。从项目评估的视角剖析，可以看到我国社会工作者在此次疫情防控工作中暴露出自身的一些弱点（关信平，2020；文军，2020）。首先，在疫情防控中，社会工作仍然依靠原有的行政体系，专业社会工作机构和社会工作者的力量参与不明显；其次，社会工作服务受到传统行政手段的影响，专业方法运用不足，专业价值难以体现；最后，社会工作在具体的领域和工作环节仍然存在缺位现象，忽视了对部分特殊困难群体的帮扶与关怀。因此，需要充分调动社会工作者在突发事件中的紧急参与，提升应急服务能力与水平，加强社会工作制度建设，促进社会工作者在突发事件中更加有序且高效地应对。

四、项目评估能力建设

项目评估能力，无论对于服务岗还是管理岗而言都需要重视，可以通过实践训练不断开发提升。此外，还应做到以下几点。

（一）重视项目督导者的作用

无论一项评估项目的目标和设计方案如何完善，在执行过程中都会不可避免地发生偏差。督导之所以能够发现管理机制上的问题，主要是以局外人的身份，以客观中立的视角，发现一些关键的问题，帮助评估者分析潜在的影响因素可能导致的结局，继而纠正偏差。

在项目评估中，督导能够对项目执行过程进行督查，判断目标的完成进度、工作质量和效果，采取纠正措施或调整方案（李洁雪等，2007），因此应重视项目督导者的作用。督导者通常会首先询问评估者是依据哪些理论来进行评估的，以明确项目评估的目标、服务使用者的目标以及服务购买者的目标；其次，分析团队资源和能力；最后，评估干预方案、测量工具以及数据分析的科学性。项目评估督导者要有扎实的理论学习能力和敏锐的评判能力，保持中立客观的立场。目前的社会工作服务实务中，社会工作者往往认为服务对象是一个孤立无援的角色，服务方案的设计不注意发挥服务对象的积极性和潜能，只注重解决服务对象急需解决的问题，从而降低了服务效果。督导者应协助评估者获取全面有效的资料信息，对评估资料作出预判，综合利用问卷、观察、访谈、实地考察、前后测等多种评估方法，从而保证项目评估的准确性。

彭思敏、钟慧琴（2018）以深圳市"老伙伴志愿行"——低龄老人服务高龄老人项目为例提出，督导者发现项目的服务需要评估中存在诸多问题，例如活动执行前没有做好评估设计、盲目采用评估工具、主观意愿影响评估结果、较多开展康娱活动以及过分夸大工作成效等，从而严重影响了服务成效以及社会工作专业的服务水平。主张通过扎实的理论学习、灵活运用多样化的测量工具等方式，提升社会工作服务需要评估的实操水平。

（二）聘请评估顾问

针对专业性较强的项目，项目评估管理人员有时需考虑雇用有经验的评估者提供咨询和建设性意见。这时，项目评估者需要处理好与外部评估者的关系，明晰希望评估顾问给予哪些支持，以及在整个评估过程中如何与其互动。结合项目评估的环节和步骤，项目评估者与评估顾问的关系如表 13-1 所示。

表 13-1　项目评估者与评估顾问的角色对比

评估阶段	项目评估者	评估顾问
促进利益相关者参与	（领导角色） 明确利益相关者，即谁应该参与项目评估	（支持角色） 通过激励、协调利益冲突等途径引导利益相关者参与

续表

评估阶段	项目评估人员	评估顾问
项目开发与评估设计	（共享角色） 与评估顾问分享对该评估计划的知识描述程序，设计评估问题与评估实施方案	（共享角色） 牵头开发评估的程序（逻辑模型等），尽可能让项目工作人员和利益相关者参与描述项目的过程
评估过程与实施	（共享角色） 收集主客观数据，集中精力进行评估	（领导角色） 参加个案、小组、访谈、调查过程，协助评估者获得评估数据
总结评估结论	（共享角色） 项目工作人员应帮助评估者解释数据并制定建议	（共享角色） 可以担任所有数据分析活动的负责人
应用评估结果	（领导角色） 确保使用和分享评估结果	（支持角色） 在项目评估中期和后期，以一种促进应用的方式呈现评估结果

（三）降低评估者的焦虑

评估者在计划和进行评估时也会经历焦虑。评估焦虑会进一步导致评估者难以获得所需的数据、缺乏关键利益相关者的合作等，从而对评价结果的有效性提出挑战。缺乏方案改进、绩效和生产力的下降、对评价方案和效果不满意等问题，可能有许多来源，其中包括评估者与委托机构之间缺乏充分的对接和相互理解、利益相关者的竞争、工作负荷过重、个人冲突以及时间或预算等方面的限制等。

评估者只有充分意识到自己在评估中的角色以及利益相关者的需求，才能够更好地识别潜在的焦虑来源，并在整个评估过程中疏导压力。

（四）避免陷入误区

1. 晕轮效应

评估者要避免因被评估者的某种表现而产生错误的印象。例如，有时被评估者某一方面的出众或糟糕行为，会令评估者形成很深的印象，进而投射到被评估者表现的其他方面，从而造成评估偏差。评估者应避免晕轮效应发生，坚持客观、公正的原则，阶段性地定期进行评估，让被评估对象充分地参与互动。

2. 趋中性误差

评估者要避免将评估结果集中分布在中间区域的倾向，尽量使评估更加专业、客观和精准。

3. 近况效应

督导评估所依托的应该是被评估者整个评估阶段的综合表现，而非近期的表现或典型事件（张洪英，2018）。

参考文献

American Evaluation Association. （2004）. Guiding principles for evaluators. Retrieved February 23, 2011, from http：//www. eval. org/Publications/GuidingPrinciplesPrintable. asp.

Barkdoll G. Type Ⅲ evaluations：A method to strengthen evaluation in smaller programs with similar purposes. Evaluation Practice, 1980, 14（2）.

Chou Y. C. , Wang Z. R. , Tao F. Y. , Tse D. K. Evaluating Roles and Functions of social workers in 921 Earthquake, Research Report of the Scientific Committee of the Central Administration Bureau, Taiwan, 2001.

Dziegielewski S. F. , Powers G. T. Designs and Procedures for Evaluating Crisis Intervention. In A. R. Roberts（Ed. ）. Crisis intervention handbook：Assessment, Treatment, and Research（3rd ed. ）. New York：Oxford University Press, 2005.

Grinnell R. M. , Gabor P. A. , Unrau Y. A. Program Evaluation for Social Workers. Oxford：University Press, 2017.

Johnson L. C. Social Work Practice-a Generalist Approach（5th ed. ）Boston：Allyn and Bacon, 1995.

McKinney R. Research with minority and disadvantaged groups. In R.

Grinnell R. M., Unrau Y. A. Social work research and evaluation：Foundations of evidence-based practice. New York：Oxford University Press，2014.

Ogburn，W. F. Social Change with Respect to Culture and Original Nature [M]．New York：Huebsch，1922.

Porter R. E.，Samovar L. A. An introduction to intercultural communication. In Samovar L. A.，Porter R. E. (Eds.)．Intercultural communication：A reader (8th ed.)．Belmont，CA：Wadsworth，1997.

Roberts A. R. An overview of crisis theory and crisis intervention. In A. R. Roberts (Ed.)，Crisis intervention handbook：Assessment，Treatment，and Research (2nd ed.)．New York：Oxford University Press，2000.

Rubin A.，Babbie E. Research methods for social work. Pacific Grove. CA：Brooks，1993.

Yueh-Ching Chou，"Social Workers Involvement in Taiwan's 1999 Earthquake Disaster Aid：Implications for Social Work Education"，Social Work and Society (International Online Journal)，2003，1. http：//www. socwork. net/ 2003/1.

关信平．加强制度建设，充分发挥社会工作在抗疫治理中的专业优势 [J]．社会工作，2020 (1).

库少雄．社会工作评估——单样本设计 [J]．北京科技大学学报（社会科学版），2004 (9).

李华燊．汶川重建的"文化堕距"现象分析——基于社会影响评估的视角 [J]．城市发展研究，2011 (6).

李华伟．基线评估法在社会工作实务过程中的应用 [J]．社会工作，2012 (6).

李洁雪，胡志，秦侠．关于艾滋病防治督导与评估几个理论问题的探讨 [J]．中国卫生事业管理，2007 (1).

马凤芝．社会工作实务 [M]．北京：社会科学文献出版社，2010.

彭思敏，钟慧琴．浅析社会工作服务需求评估能力的提升——以"老伙伴志愿行"低龄老人服务高龄老人项目为例 ［J］．中国社会工作，2018（31）．

滕五晓．应急管理能力评估：基于案例分析的研究 ［M］．北京：社会科学文献出版社，2014．

威廉·费尔丁·奥格本．社会变迁：关于文化和先天的本质 ［M］．王晓毅，陈育国，译．杭州：浙江人民出版社，1989．

文军．疫情防控中的社会工作：可为与不可为 ［J］．社会工作，2020（1）．

徐莉，王红岩．项目评估与决策 ［M］．北京：科学出版社，2006．

张粉霞．灾害社会工作的功能检视与专业能力提升 ［J］．华东理工大学学报（社会科学版），2013（11）．

张洪英．社会工作督导理论与方法 ［M］．北京：中国社会出版社，2018．

第十四章　启发和传播

社会工作者关注服务对象的问题和情境，制订详细的介入计划并具体实施。在社会服务项目完成之后，服务对象、督导者和社会工作者都会反思：介入方法是否有效？服务对象的行为是否发生了积极的变化？其需求在多大程度上得到了满足（库少雄，2004）？解决好这些问题，能够推动项目评估的发展。如今，在资源有限、人们个性化需求增强的情境下，项目评估已成为一个不可或缺的程序（陈锦棠等，2008）。将项目评估结果公开呈现，便于项目评估的委托机构、服务对象以及项目的利益相关者检视项目评估的作用和意义。当前，社会影响评价广泛应用于社会服务项目的评估中。通过宣传和推广评估结果，一方面，可以检视评估的专业性、规范性；另一方面，可以探查社会服务项目的服务能力、文化价值和社会意义。最终，实现评估者和评估对象的双向促进，为服务对象提供更好的服务。

第一节　项目的社会影响评估

项目的社会评价是分析项目与当地社会环境相互影响的一种方法，可以从经济效益、社会效益、环境效益或者有形的、无形的效益等维度考察（林金炎，2017）。合理的社会影响评价有助于提升决策的科学水平。对项目进行严格而规范的评估具有诸多实用目的，不仅可以作为项目是否继续扩展的决策依据，还能够提高项目管理和评估的绩效，满足项目各方的需求（Rossi et al.，2002）。同时，还可以评估新项目的用途和创意。

一、社会影响评估的内涵

社会影响评估（Social Impact Assessment，SIA），又译作社会影响评价，是一种项目评价的方法，能够就政策、措施或项目实施结果对社会各方面产生的影响进行综合性评价，当前已经被国际社会认为是一套系统完善的评价方法。社会影响评估以人为中心，着重考察项目产生的社会影响和社会风险，通过个体、组织、群体乃至社会结构的变化和表现来衡量。项目的社会影响评估是促进利益相关者有效参与、优化项目建设方案的重要工具和手段。当前，国内外对社会影响评估的概念尚无统一的界定。Burge（1995）认为，社会影响评估是预测政策行动或政府行动可能带来的社会后果的过程。Barrow（2000）更侧重评估采取措施前后某项行动给人们生活带来的显著或持续性变化。Becker（2001）将其定义为"识别出某个项目或者某项干预措施对个人行动、组织发展或社会系统变迁有关的现实或理想中的影响"。尽管这些定义之间有差别，但有一个共同点，即重点预测干预行动（政策、规划、项目）带来的各种积极或消极的社会影响、存在的社会风险及其与当地社会的互适性。

二、社会服务项目的社会影响评估

影响评估是评估项目的净结果（顾东辉，2009）。在公益项目评估理论中，社会影响是指存在于项目中的个体与社会环境间产生的约束力（于秀琴等，2020）。社会服务项目的社会影响评估，是指在项目结束后，全面评估此类项目，让政策制定者、评估委托方、服务对象、项目资助方以及其他利益相关者能够有效地了解项目实施的效果，反思服务项目应该继续扩大或是废止。为测量项目评估的影响，需要在项目评估的开始和结束环节进行评估。在社会服务领域进行社会影响评价的好处在于，可以从更广泛的角度对社会服务的成效进行评估；凸显社会服务对个人、社区乃至社会带来的正面影响，让政策制定者来决定项目是否值得推广。作为公共服务的重要组成部分，社会服务项目应尽可能面向困难群体和特殊群体，其运行成效切实关乎群众的幸福感和公平感。

社会影响评估已经成为评估项目可行性研究的重要参考依据。社会服务项目评估的社会效应在于，兼顾各利益相关者的视角，提升项目评估结果的认可度。首先，对委托机构有着建设性影响，能够促进机构提高服务管理能力和发展能力，评估项目的社会可行性，保障项目的服务对象及其利益相关者的利益。其次，对评估机构自身的影响，能够促进评估者专业水平的增长，反思项目评估的意义。再次，对于评估本身而言，以项目为抓手，在实践中检验并深化评估理论，促进项目评估影响力的传播，引导更多的机构重视项目评估。最后，从社区发展的层面来说，项目评估是以一定的服务实践为支撑的，基于实践的评估能够提升社区服务能力，改善社会资本、社会关系网络、信任等（黄建生等，2013），促进社会效益的最大化。随着国家对社会服务的重视，中央和地方政府部门、基金会和非营利组织等纷纷资助或开展社会服务项目，然而，这些关乎群众福利的社会服务项目运行成效如何，亟待系统、可靠的社会影响评估。

当前，关于社会服务的社会影响评价理论体系和指标设计仍不完善，参与评估的服务项目类型仍然有限，应尽快梳理并完善社会影响评价的内涵和逻辑，在实践中不断丰富社会影响评价的框架及方法，促进本土化发展，为项目评估带来更科学、完整的评价范式，提升社会服务的评估水平。政府购买社会公益服务政策和实践的深入，要求评估者更科学、全面地评价社会服务项目的质量。因此，在社会服务领域应积极运用社会影响评价的框架、方法，拓展社会服务项目，尽可能在养老助残、扶贫帮困、安置帮教等领域，增加群众的净福利。

三、如何进行社会服务项目的社会影响评估

在社会服务项目评估中，评估者不仅要注重项目的实施情况，还要注

重项目评估产生的社会效果。项目评估在规划、设计、实施过程等环节应有严格的监测，同时，对项目实施后的社会效果还要有详细科学的分析和公正的评价，不仅要关注服务对象的反馈情况，还要结合利益相关者特别是第三方系统的评估报告综合分析（黄建生等，2013）。

　　社会服务项目的影响往往是中长期的，如儿童的行为塑造、社区文化和公民素养的培育等，需要持续地介入干预过程。社会影响评估重在观察服务对象所处系统的改变，然而，项目实施带来的社会效益及其对决策的影响有时很难进行测算，需要从多维度剖析，结合项目评估目标、委托方的需要、服务对象境况的改善及满意度的提高、利益相关者的反馈等角度，运用个人访谈、小组讨论、利益相关者分析法，全面、客观地考量项目的服务效果，以便作出正确的决策，扩大项目的社会影响（高华等，2018）。项目评价的结果应形成独立的研究报告，并通过报告会等形式交流，引导其他社会服务机构采纳有启发性的解释。

　　作为社会福利和公共服务领域，社会服务的影响评价可基于社会研究方法开展调查和分析（巴比，2009）。社会学家吴宗法（2003）、施国庆（2003）等系统梳理了社会影响评价的方法，认为可以从社会学、人类学、管理学和经济学的范式，对社会服务项目的社会影响进行评价。他们认为，社会影响评价方法属于应用社会学领域，进而创建了项目社会学这一分支。随着研究的深入，社会影响评价由最初反映项目与社会人群的关系逐渐转变为研究城市开发计划、规划及政策所产生的负面影响对地方及区域居民的冲击，并通过连续的社会监测加强对居民利益的综合性研究的过程（Dale et al.，2001）。

　　通常，可以从个人的行为、认知变化以及社区社会关系等多方面设计社会服务项目的评估指标（苏国安、张兆球，1999）。例如，"大爱之行"[①] 项目团队从个人、社区、机构 3 个层面对"全国贫困人群社工服务及能力建设"项目进行了社会影响评价，分别设置了贫困人群需求识别及

---

① 　https：//www.sc.gov.cn/10462/10464/10727/10731/2014/1/29/10292588.shtml.

服务设置、居民参与方式、志愿服务的频率、社区资源挖掘与整合、社会工作者能力和专业发展等十余项评估指标（李昺伟等，2016）。陈根锦（2020）从妇女、机构、社区以及政府政策4个层面对广东省某大型妇女公益项目进行了社会影响评价，并设置出近50项评估指标。评估体系和指标选定后，再结合服务实践判定某项服务或干预措施是否产生了预期的效果。

项目中包含着一系列连贯性的信念、假设和期望，某种项目活动是直接原因，而其社会收益是最终得到的结果（Rossi et al.，2002）。项目的社会影响可以借助过程评估来反推，即从项目投入（时间、金钱、物资以及技术）、项目具体活动（如工作坊、个案、小组以及社区工作）、服务效果（服务对象的改变、社会影响）及其相互之间的逻辑联系等方面反思项目的设计（刘江，2015）。在社会服务项目评估中，也常常采用程序逻辑模式（Program Logic Model）对项目逻辑展开评估（陈锦堂等，2008）。当然，也可以回归项目本身，反思项目评估实际达成的目标与理想目标之间的冲突；与项目中的利益相关者（服务购买方、需求方以及提供方）共同识别项目的服务品质、具体服务的质量，测评服务对象、评估委托机构、服务资源方的满意度以及符合质量品质规定的服务在所有服务中的比例（Martin & Kettner，1999）。最后，回归宏观的视野，评估项目与政策环境的匹配度，即该项目实施情况与国家社会救助等政策的契合度及其在政策场域中的潜在关系和价值。

第二节　评估报告的撰写与发布

一、撰写评估报告

（一）评估报告的结构和内容

社会工作项目评估的结果最终以评估报告的形式展现。项目评估报告的主要功能如下：第一，展现项目的运行情况和实际效果，为公益慈善项目运行提供评估参考。第二，促进社会工作评估行业长远发展。第三，起到监督和约束的作用。评估报告首先应内容全面、重点突出，客观、合理地评判是否达到评估目标的预期要求。其次，将项目评估的受益群体及利益相关者界定清楚。再次，列明评估中所用的理论支撑、评估方法。最后，反思评估中的困难与评估报告的局限性。一旦完成评估，就应该及时形成书面文字，并将评估报告提交给项目评估委托方，适当情况下会向利益相关者公开。评估报告的优势在于，评估者在撰写过程中可以对内容进行整理和完善、重读和查对，避免漏记和遗忘。

对于评估者来说，写作技能是仅次于评估技能的一个重要方面。撰写项目评估报告时应该避免的几个问题：忽略采样的非随机性、对偏差的局限性缺乏认识、以偏概全、忽略不明显的差异等。评估报告的格式并无固定要求，可以是自由格式，能够反映被评估对象的经验、问题及建议即可；也可以是固定格式，有相对固定的写作提纲和模板，评估者将内容填入即可（郭景萍，2015）。固定格式的评估报告，从结构来看，一般包括标题、导言、评估方法、评估发现、结论和建议、参考文献、附录（赵海林，2018）。

（1）标题。包括被评估的项目名称以及评估重点（需要评估、项目理论评估、过程评估、结果评估、效率评估或综合性评估）。

（2）导言。包括项目总说明、项目概况、评估（市场、地理）环境等，主要介绍评估报告的结构、项目评估的背景、原因、目标，陈述评估问题。

（3）评估方法。包括规划方案、进度安排、资金预算、项目评估基础数据的预测和选定等，通常介绍评估采用的设计方法以及具体步骤，包括资料收集和分析方法等。

（4）评估发现。通常要陈述评估开展情况、工作表现、岗位任务完成情况、效益评价、风险分析等。

（5）结论和建议。总结评估发现，针对项目服务中的不足和潜在隐患提出切实可行的对策建议。

（6）参考文献。罗列项目评估所参考的各项文献名称。

（7）附录。一些评估报告还可以将评估中涉及的重要文献、评估工具、数据资料等内容以附录的形式呈现。

（二）评估报告的评价标准

除了结构和内容完整、语言表达清晰流畅外，还应着重对评估报告的质量予以自评（顾东辉，2009；Grinnell，2017）。

- 评估目的、问题和过程是否清晰表述？
- 评估设计方案是否合理？是否与评估目的和亟待解决的评估问题相匹配？
- 收集的资料是否充足和可信？分析工具的选取是否恰当？
- 评估发现是否基于所收集和分析的资料？评估结论是否基于评估发现？
- 对策建议是否基于评估？是否合理并具备可操作性？
- 在评估研究中是否参考了必要文献并在文献参考部分将文献名称列出？

参照这些标准有助于在检验评估报告质量的同时，评判评估研究的信度和效度，进一步反思社会服务项目评估的质量。

（三）报告评审

为了确保评估报告的质量，项目评估者或评估委托方会对报告进行评审。一种方法是同行专家评阅。由专家审查评估方法是否科学，并依据评估报告中的方法和资料推演结论是否可以接受。另一种方法是成员检查。即将评估报告交给服务对象以及项目执行方确认，核查项目评估者对资料的解释与资料提供者的原意是否相一致（赵海林，2018）。

二、发布评估结果

评估项目的委托方与评估团队应该就评估结果如何发布达成协议，鼓励对项目评估报告的利用，扩大项目评估的影响。在项目评价总结报告中，可以将评估分解为影响（Impact）、效能（Effectiveness）、可持续性（Sustainability）和可应用性（Transportability）4个方面（Stufflebeam，2003）。同时，还应对服务项目的品质和重要性进行评价。最重要的是说明项目在何种程度上满足了服务对象的需求，并把评估结果反馈给评估的委托方以及项目的利益相关者。

政府主管部门应倡导培育学习型文化，推动社会服务机构之间、评估机构之间形成学习型氛围；增设申诉渠道，便于各方及时、充分反映评估过程中的问题，保证项目评估的公正性。

三、项目的后评价及后评价报告

项目前评价主要是为项目的立项决策提供可靠的依据，而项目后评价主要是为了检查项目是否按原计划执行，执行过程中有无重大调整及执行效果如何，总结实施的经验教训，以便改善决策和管理（林金炎，2017）。通过后评价，对已完成的项目进行系统、客观的分析，考察项目目标的完成情况，效益指标是否达成，为未来制定新的项目决策储备经验。

项目后评价也可以分为项目过程评价、实施效果评价和影响评价，结合各利益相关者的需求，最终形成后评价报告。

第三节　评估结果的使用与传播

对项目进行评估，不仅是为了解决理论问题，更重要的是出于服务的延续和管理的现实需要（Allen-Meares，2008）。项目评估的价值在于利用评估结果，进一步指导社会实践的发展。评估结果的形式包括结论、经验教训、建议以及新方法的呈现等。评估结果的实际用途可以有以下几点（Kusek & Rist，2004）。

一、为决策提供依据

项目评估的结果可以启发项目的实际管理层思考，哪些计划、任务需要调整；哪些活动或资源投入是有价值的；未来需要实施哪些新的计划等。同时，项目评估的结果可以促进机构管理者思考政策或计划失败的原因，是自身设计存在缺陷，还是外力的干扰阻抑等。在这个意义上，评估结果能够提供一种强的因果关系证据。评估报告可以促进对问题进行重新研究，进而采取相应的策略。

二、支持机构或组织的改革创新

项目评估结果能够向利益相关者传递组织正在努力的信号，增进公众对组织的认可。良好的反馈能够增加组织管理者的自信，进一步促进他们发挥主观能动性，创新服务管理模式，提高工作效率。同时，组织管理者也应对评估报告保持机敏，思考问题所在并及时纠偏。

三、应用案例

评估的目的是检验已完成的服务达到预期的程度，通过评估得到的反馈来促进服务的改善。

（一）养老服务项目评估

本质而言，项目评估是工具。在各领域的实际应用中，需要丰富功能，发挥评估的价值。比如，社会工作者参与养老服务类项目评估，评估者可能需要思考如下问题。

- 社会工作介入城市社区居家养老服务有哪些可行的路径？如何使用程序逻辑模式对老年人公益服务项目进行设计和评估？
- 政府向社会组织购买养老服务项目实施的背后，是否真正满足了老年群体的需求？项目实施的成效及质量如何？社会工作机构的自主性思考是什么？在政府购买服务的背景下，当专业社会工作机构嵌入社区时，会对双方的权力关系产生怎样的影响，尤其是会对社会工作者的专业性和自

主性产生怎样的影响？（朱健刚、陈安娜，2013）

- 社会支持网络取向的干预评估在养老服务项目运用中的重要性如何？如何对老年人的个人和社区支持网络进行干预评估？

厘清这些问题对于发掘老年人的特长和潜能，引导他们积极融入社会支持网络，并获得来自他人的尊重、关怀和支持方面而言，有重要的意义。

针对失独老年人的社会项目评估，评估目标可以从以下 3 个方面展开设计。第一，失独老年人个体功能的恢复。包括：协助所服务的失独老年人获得需要的医疗、养老资源，通过同质或同辈群体的人际关系支持，改善他们的情绪与认知。第二，促进失独老年人的社会融入。打破失独老年人的自我封闭，使其融入群体中，通过群体参与社区活动。第三，整合资源，提升社会工作服务质量。为社会工作者提供较为系统化的工作方式和服务技巧的知识，链接并整合政府公益创投资源、高校社会工作教育资源、其他社会工作机构服务资源、辖区单位和基金会资源（马良，2016）。

针对老年人需求评估中第三方评估机构欠缺、养老机构等级评定标准缺失等情况，《民政部在关于成立第三方老年人能力评估机构的提案答复的函》（民函〔2018〕704 号）中提出，建立完善老年人需求评估制度。采取政府购买服务、社会工作介入等方式，鼓励社会力量参与，完善评估组织模式。进一步完善评估指标体系，以确定老年人服务需求为重点，突出老年人自我照料能力评估，评估指标逐步涵盖日常行为能力、精神卫生情况、感知觉情况、社会参与状况等方面，推动建立科学、全面、开放的评估指标体系。结合长期照护服务保障制度建设进程，推动与卫生、医疗保障等部门建立统一的长期护理评估体系，科学合理确定老年人失能状况和护理服务等级。

（二）社区矫正项目的项目评估

有效的社区矫正工作项目评估，能够充分了解社区矫正对象的需要，预防矫正对象再犯风险，帮助其重新回归社会。以项目的形式进行社区矫正工作，经过第三方评估后作出一份客观、公正的评估报告，提交给项目的主管方（或购买方），作为评判社区矫正项目实施成效的重要依据（程潮，2019）。同时，可以促进社区矫正工作者重新反思、总结自己的工作过程。

随着社区矫正工作实践的深入开展，各地逐渐形成了丰富的经验和成果。北京市司法所利用《社区矫正工作人员综合状态评估指标体系》，对矫正对象制定有针对性的监管和帮扶措施。然后，根据矫正方案的实施效果和矫正对象的现实表现，每6个月予以调整，促进客观、科学地进行评估（连春亮，2013）。广东省注重发挥司法社会工作服务机构在社区矫正风险评估中的作用，广州市司法局在2009年主导创立了全国首个非营利司法社会工作组织——广州市尚善社会服务中心，通过对服刑人员进行"释放前风险评估"，制定风险评估报告，谨慎地作出结论。如今，《北京市社区服刑人员综合状态评估指标体系》和《广州市司法社会工作服务项目评估办法》已经成为各地开展社区矫正项目评估的重要参考标准。

（三）灾后救助项目评估

人类文明的发展、科学技术的进步也增加了不确定性，各种天灾人祸的发生更是给人们带来了极大的痛苦，令社会成员处于一种危险的状态，甚至使得社会结构丧失所有或部分功能（Fritz，1961）。此时，国家采取积极的行动，调动各方力量开展灾后救助项目和灾后重建项目，为灾民提供实质性的物质和心理帮扶。在项目实施过程中，还需要专业人员对这些社会服务项目的效果进行评估。这样，才能不断提升灾害救助水平。就灾后重建项目而言，社会服务项目评估者经过不断的探索，大致形成了输入评估—输出评估—效果与影响评估—效能评估4个评估步骤（朱晨海，2009）。通过人、财、物的投入，服务设施及环境的变化，人们心理态度的改变等方面，评估灾后救助政策的效果。张欢、任婧玲（2014）基于受灾群众需求的感知以及对以人为本的社会政策的理解，建立灾后救助政策的生活质量评估框架和公平感评估框架，评估了汶川地震和玉树地震后救助政策的效果。回顾前述评估结果，研究已有的评估框架，能够为今后应对灾难事件积累经验，同时也激励我们进一步探索新的项目评估框架。

参考文献

Barrow C. J. Social Impact Assessment：An Introduction. New York：Oxford University Press，2000.

Becker H. A. Social impact assessment. European Journal of Operational Research，2001，128.

Burge R. J. A Community Guide to Social Impact Assessment，Social Ecology Press，Middleton（WI），1995.

Dale A.，Talyor N.，Lane M. Social Assessment in Natural Resource Management Institution. Australia：CSIRO Publishing，2001.

Fritz C. E. Disaster，Contemporary Social Problem. New York：Harcourt，1961.

Grinnell R. M.，Gabor P. A.，Unrau Y. A. Program Evaluation for Social Workers：Foundations of evidence－based programs. Oxford：University Press，2017.

Kusek J. Z.，Rist R. C. Ten Steps to a Results－Based Monitoring and E-valuation System. A Handbook for Development Practitioners. Washington DC：The World Bank，2004.

Stufflebeam D. L. The CIPP Model for Evaluation. In Stufflebeam，D. L.，Kellaghan T.（Eds.）. The International Handbook of Educational Evaluation（Chapter 2）. Boston：Kluwer Academic Publishers，2003.

Martin L. L.，Kettner P. M. 服务方案绩效的评量：方法与技术［M］. 赵善如，译. 台北：亚太图书出版社，1999.

Allen－Meares P. 学校社会工作［M］. 陈蓓丽，蔡屹，曹锐，等，译. 上海：华东理工大学出版社，2008.

Rossi P. H.，Freeman H. E.，Lipsey M. W. 项目评估：方法与技术［M］. 邱泽奇，等，译. 北京：华夏出版社，2002.

艾尔·巴比. 社会研究方法（第十一版）［M］. 邱泽奇，译. 北京：

华夏出版社，2009.

陈根锦．支持妇女计划影响研究初探报告［D］．澳门理工学院，2020.

陈锦棠，等．香港社会服务评估与审核［M］．北京：北京大学出版社，2008.

程潮．社区矫正与工作评估：理论与实践［M］．北京：社会科学文献出版社，2019.

高华，等．项目可行性研究与评估（第二版）［M］．北京：机械工业出版社，2018.

顾东辉．社会工作评估［M］．北京：高等教育出版社，2009.

郭景萍．社会工作机构的运作与管理［M］．北京：北京大学出版社，2015.

黄建生，等．社会评估与民族地区发展——《云南省扶持人口较少民族发展规划（2006—2010 年）》实施过程的社会评估［M］．北京：人民出版社，2013.

库少雄．社会工作评估——单样本设计［J］．北京科技大学学报（社会科学版），2004（9）．

李昫伟，等．中国贫困人群的社工服务："大爱之行"项目研究［M］．北京：社会科学文献出版社，2016.

连春亮．社区矫正工作规范［M］．北京：群众出版社，2013.

林金炎．公共项目评估导引与案例［M］．北京：经济科学出版社，2017.

刘江．社会工作服务评估：一个整合的评估模型［J］．社会工作与管理，2015.

马良．生命影响生命：浙江省计生特殊家庭老年社会工作示范项目优秀案例集［M］．杭州：浙江工业大学出版社，2016.

施国庆，董铭．投资项目社会评价研究［J］．河海大学学报（哲学社会科学版），2003（2）．

苏国安，张兆球.活动程序的计划执行和评鉴［M］.香港：香港城市大学出版社，1999.

吴宗法，王浣尘.投资项目社会评价及其应用［J］.上海交通大学学报（哲学社会科学版），2003（4）.

于秀琴，等.公益慈善项目管理与能力开发［M］.北京：清华大学出版社，2020.

张欢，任婧玲.灾后救助政策评估——以灾民为中心的新框架［M］.北京：社会科学文献出版社，2014.

赵海林.社会服务项目运作实务［M］.北京：中国人民大学出版社，2018.

朱晨海.结果导向的社会工作评估指标体系建构研究——以都江堰市城北馨居灾后重建服务为例［J］.西北师大学报（社会科学版），2009.

朱健刚，陈安娜.嵌入中的专业社会工作与街区权力关系——对一个政府购买服务项目的个案分析［J］.社会学研究，2013（1）.

第十五章　结　语

第一节　项目评估正变得日趋重要

随着"公共管理社会化"与"公共服务市场化"的发展，政府不再是公共服务的唯一供给方，而是通过购买服务的方式，委托各类社会工作机构提供服务。随之社会工作服务领域也逐步拓展，老年人日托服务、临终关怀服务等新的服务模式和创新型项目不断涌现。这种情况下，社会工作服务质量问题日益受到关注，对服务项目开展评估成为重要议题。

就评估组织方而言，当前社会工作服务项目的购买单位以政府为主体，包括国家、省、市、区、街道、社区等不同主体，同时还有基金会、大型企业等。社会工作服务项目评估可以是购买方自行评估、委托第三方专业技术评估机构开展评估、机构内部组织开展评估等。通过构建基于结果导向的社会工作服务评估体系，对服务质量进行有效监管与控制，促使提供服务的社会工作服务机构保持活力，加强管理，改善业绩，提高责信度，提升服务品质与服务效率。

随着项目评估实践的发展，评估组织、评估主体、评估指标、评估方法等也呈现多样化的发展趋势。项目评估已逐渐成为教育、健康及福利方面不可或缺的一部分（Daniel et al.，2007）。相应地，项目评估学科也将在学术和实践领域更具价值。社会工作服务项目评估逐渐成为衡量项目实施是否有效、社会服务能否持续的依据。随着国民经济的持续发展和生活水平的提高，国家越来越重视社会服务的发展，加上长护险试点、三孩政策的提出，政府部门、基金会和民间资本等支持以项目的形式开展社会服务。作为国计民生重要的政策实践，如何更科学和全面地评价社会服务项目的质量是一个重要课题。科学的社会工作项目评估，能够检验项目实施成果，促进服务优化，获得利益相关者的认同和支持。

项目评估是一门实践性很强的学科，也是一个需要情感投入的行业，项目评估者始终需要抱着谦虚谨慎和耐心的态度，关注委托方和服务对象的需求，避免对数据和大量庞杂信息的过度解读。中国是目前世界上发展最快的国家，尽管社会工作的发展和社会项目评估的开展大量借鉴了西方的技术和理念，但随着客观现实的多样性以及变化的复杂性，只有立足乡土情感价值倾向，将这些方法本土化，切合实际进行项目评估和探讨，及时总结经验和不足，才能使评估方法更丰富且富有生命力。观察项目评估过程中多主体的情感互动与情感能量积聚，深入了解服务对象的情感期望结果和实际变化，确保服务对象成为项目评估的有力发声者。

随着乡村振兴战略的提出，对于乡村中困难群体的就业、就医、教育等问题，可以融入社会工作的思路，通过社会工作服务项目帮助解决，在项目评估中尤其应关注群众的心理、认知与行为改变情况，探索有效的项目评估结论的管理和决策运用方式。

第二节　项目评估的发展建议

对于社会组织项目而言，评估往往与问责相联系（Grinnell，2017），考察其是否对个人及社会问题的解决有益。所有的评估都是以"价值"为中心的（邓恩，2002）。评估也带有自身的价值和目的，具有价值两面性（滕五晓，2014）。社会项目评估需要一个良好的政策制度环境，但是，当前尚未建立专门的行业规定和评估准则。因此，政府和行业组织应共同努力，促进社会工作项目评估的制度化发展。项目评估机构的理性逻辑和行为策略是影响评估效果的直接因素，专业规范的评估有利于机构的专业化发展，亦能扩大社会工作机构的知名度，调动社会工作者的服务积极性。政府、评估方、社会工作机构和一线社会工作者应通过赋权手段，使服务对象乃至广义上的受益者能够参与评估设计、实施和结果分析等环节。

项目评估不仅要强调干预的过程，更要重视结果。如果无效的干预一直持续，不仅耗费公益资源，也会给服务对象带来打扰甚至伤害，最终降低服务效果。评估者要注重细节设计，谨慎应用"评估模型"等理论工具，避免"过度科学化"而产生的构建数据和填表的形式主义。社会服务特别是公益活动是"慢活"，公共服务的输出，特别是关乎人格化的"产品"短期内难以量化（刘建娥，2020）。在项目评估中，技术、技能和人际关系都是非常重要的。在具体的实践过程中，第三方评估是一个各利益方不断博弈、不断建构的过程。项目评估是社会工作、项目管理中必要的环节，除了关注服务对象的诉求，还需重视利益相关者的关系。项目评估中，社会工作者要处理好与政府相关部门、服务对象、社区居民等利益相关者的关系，利用好政策、人力、经济等资源。

同时，评估者也要防止评估过程中衍生出的服务方数字造假、记录造假、文件造假等违反评估伦理的行为。项目评估的目的是"以评促建"，评估实践形态则可能呈现"形式完美但内容空洞""形式潦草且内容空洞""形式潦草但内容丰富""形式完美且内容丰富"四种结果（顾江霞，2021）。在实际评估中，评估者应杜绝前三种情况，切实发挥项目评估的作用。

社会工作服务项目评估是社会工作的有机组成部分。为推动社会工作服务项目的有效实施，促进社会工作高质量发展，必须加快社会工作服务评估机制建设，促进评估指标体系优化，加强评估结果的运用和推广等。具体可以从以下几个方面入手：首先，建立社会工作服务项目评估制度，改进评估组织方式，积极培育社会工作评估主体，促进社会工作服务项目评估的科学性和规范化。其次，重视评估对象的参与，充分收集项目委托方、服务对象以及利益相关者的意见反馈，评估结果由政府、社会服务机构、社会第三方机构共享。最后，推动社会工作实务评估与研究的结合，促进评估智能化转向。社会工作项目评估机构应不断探索，不断丰富评估内容，理论与实际相结合，依托现代信息技术，提升评估技术和手段，使社会项目评估的实践始终符合社会发展的趋势和公共服务的发展，更好地满足公众的需要。

第三节　畅想项目评估的未来

社会服务项目评估的最终目的是满足服务对象的需求（比如增进学生学习，在教学与行政、医疗与健康或生活品质方面有实际或潜在的贡献等），而不仅是为了达到委托机构的发展需要。可以清晰地看到，当前项目评估已经在戒毒、就业、治安评价、灾后救助、流动人口的社区融入等方面发挥了重要作用。学者应积极结合本土的评估实践总结经验，同时，借鉴国外优秀的项目评估理论和方法，在实践中探索前进。本质上，项目评估是一项实践工作，而非学术性互动，我们并非妄想构建一些理论或者一定要创造社会科学知识，或者使其成为一种现实方案，而是将其作为探索有规律地反馈和指导评估实践的过程。

Stufflebeam 等（1985）强调，评估的目标在于改进，而不是证明。社会服务项目评估是提升服务质量和效益的重要路径。只有以开放的姿态，引导利益相关者参与项目评估体系的设计和运行，在评估过程中引入增权模式，持续收集各方的反馈，才能推动项目评估不断走向科学化，同时促进我国社会工作事业的发展。

参考文献

Grinnell R. M., Gabor P. A., Unrau Y. A. Program Evaluation for Social Workers: Foundations of Evidence - Based Programs. Oxford: University

Press，2017.

Stufflebeam D. L.，Shinkfield A. J. Systematic evaluation：A self-instruction guide to theory and practice. Boston：Kluwer-Nijhoff，1985.

Daniel L.，Stufflebeam，George F. M.，Thomas K. 评估模型（第二版）[M]．苏锦丽，等，译．北京：北京大学出版社，2007.

顾江霞．当专家与街头官僚相遇：建构主义视角下社区治理项目评估实践分析[J]．社会工作，2021（6）.

刘建娥．政府驱动视域下公益创投项目评估及地方实践[J]．福建论坛（人文社会科学版），2020（7）.

滕五晓．应急管理能力评估：基于案例分析的研究[M]．北京：社会科学文献出版社，2014.

威廉·N. 邓恩．公共政策分析导论（第二版）[M]．谢明，杜子芳，译．北京：中国人民大学出版社，2002.